DARROW L. MILLER

LA LIBERACIÓN DEL MUNDO

una

RESPUESTA CRISTIANA

al

ISLAMISMO RADICAL

y el

FUNDAMENTALISMO
ATEO

EDITORIAL
JUCUM

P.O. BOX 1138 TYLER, TX 75710-1138

Editorial JUCUM forma parte de Juventud Con Una Misión, una organización de carácter internacional.

Si desea un catálogo gratuito de nuestros libros y otros productos, solicítelos por escrito o por teléfono a:

Editorial JUCUM
P.O. Box 1138, Tyler, TX 75710-1138 U.S.A.
Correo electrónico: info@editorialjucum.com
Teléfono: (903) 882-4725
www.editorialjucum.com

La liberación del mundo: Una respuesta cristiana al islam radical y al fundamentalismo ateo

Versión española: Antonio Pérez
Edición: Miguel Peñaloza
Publicado por Editorial JUCUM
P.O. Box 1138, Tyler, TX 75710-1138 U.S.A.

Publicado originalmente en inglés con el título de
Emancipating the World: A Christian Response to Radical Islam and Fundamentalist Atheism

Publicado por YWAM Publishing
P.O. Box 55787, Seattle, WA 98155-0787 U.S.A.

ISBN 978-1-57658-751-5

Primera edición 2013

Impreso en los Estados Unidos

[El reino de Dios] es el plan más radical jamás propuesto a la mente y la lealtad del hombre… Reúne todo lo bueno de cualquier sistema de pensamiento y religión, cumple el bien, limpia el mal, y se extiende más allá de todo lo jamás pensado o soñado.

E. Stanley Jones, *The Unshakable Kingdom and the Unchanging Person*

ÍNDICE

Parte 1: Las guerras gemelas

Parte 2: La Gran Comisión

AGRADECIMIENTOS

Todo proyecto editorial supone un esfuerzo de grupo. Incontables personas plantean preguntas profundas o hacen observaciones estimulantes. Los titulares de los noticieros y sucesos actuales escriben la historia. Estas y otras influencias empujan la atención del autor en nuevas direcciones. Cuando uno agradece por escrito siempre corre el riesgo de olvidar la valiosa aportación de alguno. Pido perdón a toda aquella persona que sea pasada por alto.

En primer lugar, me gustaría dar las gracias a mis amigos de la base de JUCUM en Puerto Rico. Gracias a la invitación de Yarley Niño, tengo el privilegio de colaborar con ellos todos los años. Ellos me dan espacio para luchar con nuevas ideas y materiales y me proporcionan excelente retroalimentación. También aprovechan las cosas que les enseño e inmediatamente usan su creatividad para poner lo que oyen en innovadora práctica.

Gracias a Mandie Miller, miembro del equipo editorial de Disciple Nations Alliance (DNA), que hizo una crítica del manuscrito, prestó un leal servicio en el primer borrador y preparó los índices y otro material suplementario. Mandie también dirigió el equipo de evaluación que opinó sobre el contenido del taller que constituyó la base del libro. Gracias Mandie.

Gracias al equipo de evaluación de Puerto Rico, que dedicó muchas horas vespertinas durante la celebración del taller de la «Gran Comisión», a hacer una crítica del mensaje, aportar ideas para mejorar el contenido y sugerir muchas historias e ilustraciones aparecidas en el formato final del libro. Estas personas son Miguel Rodríguez, Nelson Pérez Resto, Natalia Park, Verónica Alegría, Alyssa Boehm, Marcela Plaza, Bob Evans y Samuel Alcaraz.

Mi más profunda gratitud a Gary Brumbellow. Gary es un amigo querido y colaborador, escritor y editor dotado. Él dedicó muchas horas al manuscrito, aportó buenas y agudas preguntas al texto y empleó su pericia para lograr que el libro fuera mucho más legible. De manera misteriosa pudo seguir mi ritmo cuando me hallaba con ganas de escribir y devolverme su trabajo a las pocas horas, o al cabo de un día más o menos. Gary, este libro no habría alcanzado la luz del día sin tu estímulo ni trabajo reflexivo.

DNA debe expresar profundo agradecimiento a la Editorial JUCUM. Tom Bragg, director ejecutivo, y Warren Walsh, gerente editorial y de producción, han creído en sus mensajes y colaborado con nosotros en la mayor parte del esfuerzo editorial. Gracias por creer en nosotros cuando nadie mostraba interés en autores desconocidos, cuyos mensajes eran a veces un reto para la corriente tradicional de pensamiento en torno a la iglesia, la misión, la pobreza y el desarrollo.

Gracias en particular a Ryan Davis, mi editor de la Editorial JUCUM, por su excelente y oportuna edición del manuscrito. Su labor ha mejorado inmensamente su estructura, flujo y sustancia narrativa.

Gracias a mi amiga Joyce Ditzler por su aportación crítica cuando me proponía alargar un manuscrito que luego se convertiría en este libro. Gracias al pastor Tyler Johnson, de la iglesia Redemption Church, en el Valle del Sol, por desafiarme a detenerme en algunos puntos importantes que necesitaba revisar. Gracias a Timothy Friberg, lingüista y helenista, por ayudarme a analizar «por tanto, id».

Gracias a AF, PA, JT y JB, por compartir su pasado en Oriente Medio y Norte de África. Estos amigos dedicaron horas a derramar lo que he escrito sobre el islam. Su amplia experiencia vital en el mundo islámico ha proporcionado análisis, información y sugerencias en cuanto a la mejora de esta sección invaluable del libro.

Gracias a Scott Allen, presidente de DNA, amigo y colaborador por más de veinticinco años. Gracias por su amor a las ideas, por nuestras largas conversaciones a lo largo de los años, y por su estímulo en este y otros proyectos editoriales.

Como siempre, debo dar las gracias a la novia de mi juventud, Marilyn, por su paciencia conmigo al tener que pasar muchas horas inclinado sobre mi computadora. Gracias por su compañía en la vida y por su apoyo al llamamiento conjunto de Dios a nuestras vidas.

Por encima de todo, mi agradecimiento al Dios vivo, Creador del universo, quien nos creó para vivir en libertad y redimirnos por el sacrificio de su Hijo para vivir en libertad. Sin Dios y la libertad que Él nos ha concedido, no seríamos capaces de dejar nuestras firmas en el universo ni contribuir a la edificación de las naciones.

Sin todos ellos, y sin la ayuda de otros, este libro no habría podido nacer. Gracias.

Cualquier error de sustancia o de detalle incumbe exclusivamente al autor. Tómense la libertad de escribirme para sugerir alguna corrección o crítica. Deseo de corazón formar parte de una comunidad que crece y aprende.

PREFACIO

El orden internacional posterior al 11/9 depende de la suerte que corre un combate global «por el corazón y la mente de las personas y el alma de las naciones». Esto es lo que asegura Darrow Miller, autor, conferenciante, maestro y activista por el pobre y el necesitado, en este nuevo libro de importancia vital.

La agresión lanzada un fatídico día de septiembre despertó súbitamente en la conciencia contemporánea el conocimiento de que los yihadistas combaten en la que Miller califica de «guerra de Oriente». La tiranía islámica se está extendiendo a medida que los peones de la «guerra santa» luchan por someter toda tribu y nación bajo el dominio del islam por cualesquier medio necesario, como armas de fuego, filo de espada o explosión de bombas en ataques suicidas. Si tomamos a los islamistas al pie de la letra, el uso de ingenios nucleares y otras armas de destrucción masiva está lejos de ser inimaginable.

Cabría esperar que los países occidentales, por un sentido de auto-preservación, se levantaran para defenderse de este ataque. Pero, ¡ay!, no ha sido así. En vez de ello, constatamos vacilación, perplejidad y negación rotunda.

¿Qué razón explica tan débil respuesta? Miller explica que la «guerra de Oriente» está siendo facilitada por una «guerra en Occidente». El ateísmo y la secularización han producido una anarquía moral que está destruyendo la capacidad de Occidente para, por lo menos, levantarse para responder al grave ataque que amenaza su auto-preservación.

Las ideologías ateas han desatado un ataque contra la verdad, la bondad y la belleza. La verdad ha quedado reducida a la subjetividad —lo que funcione para ti en cierto momento—. La bondad queda así disuelta en relativismo moral —lo que es bueno para ti puede no serlo para mí—. Y la belleza se pierde en la banalidad y la vulgaridad de la cultura de la publicidad y el entretenimiento.

Mientras la máquina de relaciones públicas liberal y secularista encubre este derrumbamiento de la cultura occidental con elocuentes eufemismos de liberación, Miller lo percibe más claramente: diagnostica que la descomposición interna de Occidente está en la base de su vulnerabilidad suicida a la agresión externa. Ciertamente, los grupos yihadistas suelen justificar su violencia apuntando a la degradación moral y cultural de Occidente. Así pues, las dos guerras están vinculadas a un nivel profundo.

¿Qué se puede hacer? ¿Puede Occidente organizar una resistencia efectiva? ¿O ha alcanzado el conflicto el punto de no retorno?

Darrow Miller arguye que la situación es desesperada pero aún hay esperanza. Estados Unidos y Occidente aún poseen el capital espiritual necesario para responder al desafío de la tiranía islámica y del secularismo moralmente debilitante. La cuestión fundamental es si Occidente se aprovechará de estos recursos para combatir, repeler y vencer este doble ataque contra la libertad y la dignidad humanas.

Después de diagnosticar el problema, Miller despliega la segunda parte de su *Liberación del mundo* para argüir que es clave alcanzar una comprensión cabal, auténtica, del cristianismo histórico para salir victorioso en ambos frentes. Esta sección del libro se dedica a proponer que la comunidad cristiana tiene que asumir un llamado bíblico progresivo, precisamente este tipo de reto, aquí y ahora en esta vida, en vez de darle la espalda y concentrarse en una espiritualidad privada en espera de un futuro en el cielo.

El llamado bíblico se expresa en una relación intrínseca entre la conocida, aunque bastante mal entendida, «Gran Comisión» (Mt 28:18-20) y el descuidado, aunque esencial, «Mandato Cultural» (Gn

1:28). El Mandato Cultural nos recuerda que los seres humanos, creados a imagen de Dios, son llamados a ejercer una solícita mayordomía sobre la creación. Es decir, el sentido de Génesis 1:28 de «sed fructíferos y multiplicaos» y «llenad la tierra y sometedla» no es una llamada simplista a reproducirse y llevar la voz cantante. Más bien, comunica el reto que el Creador plantea a la humanidad de ir al mundo y desplegar creatividad para desarrollar su creación en maneras que demuestren amor y respeto por la raza humana y la naturaleza.

Además, la más básica y extensa de las tareas humanas sigue en vigor, aunque el mundo esté caído y desolado. La bondad de la creación proclamada por Dios aún no ha sido destruida por el mal.

Ni tampoco la vida en este mundo ha de ser despreciada como si careciese de «valor eterno», y por lo tanto, tratada como una pérdida absurda de tiempo si se compara con «las cosas de Dios». Esta devaluación sabe a cultura griega antigua, con su baja estima del mundo material y el cuerpo físico considerado desde una perspectiva no integral, como cárcel del alma de la que se intenta escapar.

En realidad, este mundo y la vida humana que contiene, incluida la existencia en sus aspectos físicos y materiales, son precisamente «cosas de Dios». Usando un lenguaje vernáculo, son «cosa de Dios». Pensar y actuar de otra manera es abrazar no el cristianismo histórico ni la Gran Comisión, sino una versión inferior de un cristianismo debilitado por una especie de «Comisión *Griega*» (como la define Miller).

En La liberación del mundo resulta patente la incisiva, fundamental, concepción de Miller de las cosmovisiones, producto de años de experiencia duramente conseguida por las naciones del mundo. Él ha sido testigo personal del poder de las ideas para elevar y mejorar una sociedad —o esclavizarla y empobrecerla—. Ha viajado, enseñado y trabajado codo a codo con africanos y haitianos, con mentalidad animista, o sometida al vudú, y con musulmanes sometidos a la cosmovisión islámica.

Miller ha sido testigo directo de la manera en que las ideas conforman no sólo la forma de pensar de las gentes, sino también las instituciones políticas y sociales que crean. *La liberación del mundo* se propone comunicar el poder humanitario y revolucionario del evangelio para crear sociedades que fomentan la libertad y la prosperidad. Es un amor al prójimo proyectado a la plenitud de la creación, no limitado por espiritualidades privatizadoras o introvertidas aplicaciones eclesiásticas.

«La verdadera espiritualidad», empleando la expresión de Francis Schaeffer, cubre la totalidad de la vida. O, como dice Miller, la vida en comunidad con nuestro Padre celestial es una existencia en la que la humanidad ora y trabaja, cultiva y filosofa, ama y protege, para que se cumpla su voluntad... ¿dónde? «En la tierra como en el cielo».

Desgraciadamente, comenta Miller, algunos miembros de la comunidad cristiana leen ligeramente esa primera parte: «en la tierra». No obstante, el Creador llama a su pueblo a administrar la creación y amar a su prójimo en esta vida presente, aquí y ahora, no sólo en la venidera. Para hacer caso a esa llamada, cada generación debe responder a las amenazas y preguntas del mundo real que surgen en su momento histórico particular.

Por tanto, la iglesia como comunidad viva de humanidad renovada, tiene el potencial de ser nada menos que un campo de instrucción para educar y equipar a los peones de vanguardia para actuar eficaz y concretamente en la presente lucha en los dos frentes bélicos. Por lo que toca a la humanidad, el amor y la buena vecindad, los secularistas y los yihadistas deben ser retados aquí, hoy, «en la tierra».

La resistencia no brota de un paganismo recalificado (libertinaje autónomo o estado secularizado) ni de una religiosidad blanda (tú tienes tu «verdad» privada; yo mi «Jesús»). El contragolpe, surge más bien del amor abnegado y la sabiduría de seres humanos que abrazan un Cristo público y verificable que derrotó el odio y la muerte en el espacio y en el tiempo.

En el transcurso de la historia humana, la verdad se puede adquirir pero también se puede perder. Las civilizaciones surgen y declinan. Pero cualquiera que sea la condición actual de una sociedad, la novedad de vida para un individuo y para un pueblo está siempre a la puerta.

Pero nada de esto ocurrirá sin una causa efectiva. Porque en este mundo la libertad es axiomática, pero nunca automática. Es necesario introducir una clave para activar lo que se nos ha dado incrustado en la buena creación de Dios. Afortunadamente, para el pobre y el necesitado, para el rico y el acosado por el tedio, y para los fuertes en poder pero débiles en el amor, el sentido de la vida y la humanidad, la narrativa de libertad para el hombre ha sido siempre un mandato eterno de Dios.

La liberación del mundo es un libro particularmente oportuno y necesario. En él late el pulso de su autor, esto es, libertar, dignificar, enriquecer y liberar. Ofrece una forma de romper estereotipos para librarse de formas de espiritualidad demasiado raquíticas para el pleno florecimiento de la vida humana, demasiado restrictivas para el ser humano creado a imagen de Dios. Y proporciona una base verdadera y humana para vencer el mal con lo verdadero, lo bueno y lo hermoso.

Es alentador imaginar el aspecto que un país o un pueblo puede ofrecer si se toman en serio las lecciones contenidas en este libro y se aplican a la vida cotidiana, las estructuras corporativas, las obras misioneras y las instituciones públicas. Esto sabemos: Occidente comenzaría a redescubrir sus fundamentos últimos para garantizar un estilo de vida libre y humano. En cuanto a los abogados de la tiranía islámica y el fundamentalismo ateo, tal vez ignorarían lo que les sacude en un principio, pero su desconcierto duraría probablemente breve tiempo. Realmente es imposible frenar las Buenas Nuevas.

J. RICHARD PEARCEY
Bloomington, Minnesota
14 de enero de 2012

J. Richard Pearcey es experto en estudios de cosmovisión y director asociado del Francis Schaeffer Center for Worldview and Culture de la Universidad Bautista de Houston. Es también director y editor de The Pearcey Report (www.pearceyreport.com) y su blog Pro-Existence. Autor, editor de libros y conferenciante, Pearcey fue anteriormente redactor jefe del periódico Human Events de Capitol Hill y editor asociado del informe Evans-Novak Political Report.

INTRODUCCIÓN

Choque de civilizaciones

La libertad es una gracia común. Todos los seres humanos han sido diseñados para vivir en libertad. Pero las sociedades libres no caen del cielo. Nacen en el corazón de la gente, se asientan sobre principios bíblicos y se establecen por la obediencia a todo lo que Cristo ha mandado. Para que las naciones sigan siendo libres, deben transmitirse a nuestros hijos y nietos las lecciones de la libertad. Por eso he escrito este libro. Que a Dios le agrade usarlo.

Me hallaba en la ducha, escuchando la radio, cuando el programa fue interrumpido para dar un anuncio de última hora: a las 8:46 de la mañana un avión se ha estrellado contra la torre norte del World Trade Center de Nueva York. Rápidamente me envolví en una toalla y salí chorreando a encender la televisión. La cámara captó la imagen en ese mismo instante. Fui testigo de una escena increíble: un segundo avión, un reactor comercial, se estrellaba contra la torre sur. ¡No era un accidente! Ese día era el 11 de septiembre de 2001; me hallaba presenciando un punto de inflexión en la historia.

Desde una caverna, en algún lugar cercano al puerto Khyber, en la escabrosa región de Tora Bora, Afganistán, Osama bin Laden, fundador de la organización yihadista de al-Qaeda, declaraba la guerra a los Estados Unidos. El mundo ya no sería igual.

Aunque ignorado por muchos, ese ataque no sobrevino sin advertencia. Osama bin Laden había enviado una «Declaración de Guerra» al entonces Secretario de Defensa, William Perry, cinco años antes, el 23 de agosto de 1996. Pero antes de estrellarse los aviones contra las torres gemelas, pocas personas habían oído hablar de al-Qaeda o de bin Laden, y mucho menos de su declaración de guerra.

Tres narrativas rivales

La perspectiva políticamente correcta es enmarcar este conflicto en términos criminales: terroristas como bin Laden son criminales que deben responder ante la justicia. Pero esto es guerra, no actividad criminal. Soldados, terroristas y civiles —madres e hijos inocentes, entre ellos musulmanes, budistas, hinduistas, secularistas, judíos y cristianos— están siendo asesinados. Y las ciudades son atacadas con bombas.

El choque en el que estamos sumidos es una batalla por el corazón y la mente de las gentes y el alma de las naciones. Es un *choque de civilizaciones,* tomando prestado el provocativo título del libro de Samuel Huntington.[1] Es una batalla de concepciones contrarias conformadas por tres colosales ideas metafísicas: la anarquía moral, la tiranía y la libertad.

La *anarquía moral,* o libertinaje, es producto del materialismo ateo y el humanismo secular de Occidente.[2] Esta ideología considera la verdad, la moral y la belleza relativas; la gente es libre de hacer lo que bien le parece a sus propios ojos, sin restricciones morales o sexuales. Una dimensión de esta cosmovisión es el hedonismo: «Comamos, bebamos y alegrémonos, porque mañana moriremos». El símbolo de esta clase de vida es el preservativo.

Otra idea predominante, que ha tenido subyugados a muchos países a través de la historia, es la *tiranía.* Fue la realidad impuesta por el comunismo y el fascismo del siglo XX, y actualmente abrazada por la minoría yihadista del islam fundamentalista.[3] Los tiranos gobiernan a sus cautivos de forma opresiva y violenta. El símbolo de la tiranía es la espada.

Los secularistas y los yihadistas no son irracionales. Funcionan racionalmente, pero a partir de asunciones falsas. Pueden estar sinceramente motivados y pensar que abogan y trabajan por el «bien de la humanidad», pero la sinceridad no justifica sus convicciones ni sus actos.

La tercera idea predominante, la *libertad*, proviene del teísmo judeocristiano —cosmovisión bíblica— que es la raíz de la civilización euro-americana. La libertad es el fundamento de todas las culturas y países florecientes. Brota del evangelio de Jesucristo, vivido y proclamado.[4] El símbolo de este estilo de vida es la abnegación de la vida crucificada en Cristo.

Examinando estas tres narrativas, entendemos que este choque de civilizaciones es un combate entre el desorden (desenfreno sin orden) del ateísmo moderno y posmoderno, el orden tiránico (sin libertad) de los yihadistas, y la libertad (orden de autonomía interna basada en principios bíblicos) que hay en el reino de Dios.

Esta guerra no se ganará con espadas, balas ni bombas. La ganará el bando más convencido de la verdad de su concepción moral, en el que militan vidas rectas y sacrificadas por los demás. Vencerá la supremacía de la verdad sobre falsedad, de la justicia sobre la corrupción, de la libertad sobre la tiranía, de la libertad sobre el libertinaje, del amor sobre el odio, y de la belleza sobre la vileza y la fealdad. La ganarán los que esgriman mejor sistema de ideas o «teología», teología encarnada en este mundo pobre y quebrantado.

Dos perspectivas de la Gran Comisión

Durante buena parte del siglo XX, la iglesia estuvo dominada por una cosmovisión dualista que separaba el ámbito espiritual del ámbito físico. Esta separación creó un marco para entender la naturaleza y la misión de la iglesia, las Escrituras, y lo que significa ser cristiano. Pero el universo, tal como lo revelan la creación y la Biblia, no se sostenía sobre esta dicotomía. En la cosmovisión judeocristiana, Dios es Señor de toda vida, no sólo la vida espiritual, y los seres humanos han sido creados para cultivar una relación con Él y regir sobre la tierra. La misión, la naturaleza de la iglesia y la vida cristiana son integradoras y comprehensivas.

Las dos cosmovisiones que coexisten en la iglesia originan dos ideas muy distintas de la Gran Comisión, el último mandato que Cristo dio a sus discípulos. La primera concepción, modelada por el dualismo, valora lo espiritual por encima de lo material, conduce a una misión sólo preocupada por el futuro —cuya móvil es salvar almas para el cielo—. La segunda concepción, modelada por el paradigma bíblico, entiende que la sangre de Cristo fue «derramada» para «reconciliar consigo todas las cosas» (Col 1:20), lo que conduce a una misión comprehensiva para restaurar a las personas, las naciones y la creación.

Según la primera concepción, la Gran Comisión no es «grande»; es limitada. El propósito de este libro es devolver la «grandeza» a la Gran Comisión.

La Gran Comisión es antes que nada la misión de Dios. Refleja la «gran agenda» divina para este mundo. Es un reflejo del corazón de Dios, cuyo deseo es que todas las naciones sean bendecidas y florezcan. El cumplimiento de la misión se celebrará cuando tenga lugar el retorno de Jesucristo, la instauración de la Nueva Jerusalén y la congregación de las naciones al final de los tiempos.

Aunque la Gran Comisión es la misión de Dios, Él ha delegado ciertas responsabilidades en su pueblo, el cuerpo de Cristo, para que aquella se culmine, tanto en la iglesia universal como local. Por eso se denomina «*co*-misión». Es tanto misión de Dios como nuestra.

La estructura de este libro

Este libro consta de dos partes. En la Parte 1, las Guerras Gemelas, examinaremos el contexto contemporáneo de la Gran Comisión. Cada generación tiene su propia realidad en la que representar a

Cristo y llevar a cabo su comisión. La realidad de la Gran Comisión a principios del siglo XXI es que estamos en guerra. En el fondo, esta guerra es una rebelión en los cielos de Satanás contra Dios, de las fuerzas de las tinieblas contra las de la luz. Y sin embargo, esta guerra se dirime en la tierra. En nuestra generación, la guerra se manifiesta en dos frentes, la *guerra en Occidente* y la *guerra de Oriente.*

La guerra en Occidente es un conflicto por el alma de Occidente —la guerra cultural—. Esta es una conflagración entre un ateísmo dominante y un teísmo judeocristiano durmiente. La guerra de Oriente es la declarada por una pequeña banda de yihadistas. Ésta es primeramente una guerra por el alma del islam entre los yihadistas y los musulmanes moderados. El vencedor determinará la naturaleza del islamismo futuro y su relación con el mundo. Actualmente los yihadistas están a la ofensiva, tanto en tierras musulmanas como en su ataque a Occidente.

En la Parte 2 comentaremos la Gran Comisión como se expresa en Mateo 28:18-20. Veremos que Cristo es rey de cielo *y* tierra. Él tiene una tarea realizar por todos los cristianos, dondequiera que se hallen, la cual no es otra que el discipulado (podríamos decir incluso edificación) de las naciones. Esta responsabilidad fundamental comprende dos tareas secundarias: bautizar a las naciones, maravillarlas con la naturaleza y el carácter de Dios y enseñarlas a obedecer todo lo que Cristo les ha mandado, para reflejar la verdad, la bondad y la belleza de su reino.

La Gran Comisión es un movimiento divino global que propicia la restauración de todas las cosas que han sido dañadas por la rebelión del hombre contra Dios y su orden; debe ser la respuesta de la iglesia al conflicto desencadenado en Occidente y atizado en Oriente.[5]

Mi motivación

En el año 2004 se completó el borrador de la Constitución Europea. Brillaba por su ausencia toda referencia al papel del cristianismo en el establecimiento de los cimientos históricos de la civilización europea. Cuando un pueblo se aparta de sus raíces, ya sea por negligencia o por elección, ese pueblo y esa cultura fenecen. Al escribir estas líneas, estamos asistiendo al suicidio cultural de Europa y nos estamos acercando a un punto de no retorno que determinará si EEUU sobrevivirá como país libre.

Como ciudadano estadounidense que ama la libertad y la maravilla que nace de los principios judeocristianos, y como residente en una comunidad global, me quebranto viendo caer países que avanzan hacia el desorden y languidecen en la pobreza.

Para que las naciones florezcan deben estar sujetas al marco del orden creado por Dios. Para ser empapados y transformados por este orden, los pueblos han de ser sabios. Deber estudiar la revelación que Dios ha hecho de sí mismo en la creación y en su Palabra. Deben entender los principios básicos que sustentarán su alma y la harán florecer.

En un viaje reciente a Asia, leí *The American Cause,* obra del historiador y crítico social estadounidense Russell Kirk. En la introducción del editor, Gleaves Whitney cuenta un caso que motivó a Kirk a escribir este libro. Ocurrió a principios de los años cincuenta durante la guerra de Corea. El jefe de inteligencia del Ejército Chino Popular Voluntario, con base en Corea del Norte, reflexionó en lo poco que los prisioneros de guerra estadounidenses conocían la fuerza impulsiva que conformo la fundación y la libertad de su país. Este oficial de inteligencia escribió a su comandante en Pekín acerca de los prisioneros de guerra: «Hay poco conocimiento o entendimiento, incluso entre los graduados universitarios estadounidenses, de la historia y la filosofía política de su país, de sus organizaciones federales, estatales y comunitarias; de los derechos estatales y civiles; de la protección de la libertad y de cómo estas cosas actúan supuestamente en su propio sistema».[6]

Tristemente, más de seis décadas después que estas palabras fueran escritas, las cosas no han mejorado. Antes bien, se ha deteriorado. Como dijo Ronald Reagan, cuadragésimo presidente de EEUU, «la libertad es una cosa frágil y nunca está a más de una generación de su posible extinción».[7]

Para que EEUU y Europa sigan siendo libres, hemos de reflexionar en las raíces evangélicas de la civilización occidental. Los que habitan en países que luchan contra la pobreza, la corrupción y la esclavitud tienen que entender que el fundamento de las sociedades libres se encuentra en la Gran Comisión. Tenemos que ser gente que piensa a partir de los modelos y principios bíblicos.

Russell Kirk afirma que Grecia murió porque su pueblo rehusó pensar: «Demóstenes, el gran patriota ateniense, rogó a sus conciudadanos, cuando éstos parecían demasiado confundidos y divididos para resistir la tiranía macedónica: *«En el nombre de Dios, les ruego que piensen»*. Por mucho tiempo, muchos atenieses se burlaron de la súplica de Demóstenes... Sólo a la hora undécima se percató Atenas de la verdad de sus exhortaciones. Pero fue demasiado tarde. Así puede ocurrir hoy con los estadounidenses. *Si somos demasiado indolentes para pensar, puede que tengamos que rendirnos ante nuestros enemigos mañana»*.[8]

En Occidente, ni los cristianos ni los gentiles han reflexionado seriamente en los fundamentos que sustentan el orden occidental, de modo que han extirpado inconscientemente nuestras raíces nacionales. Debemos despertar antes que sea demasiado tarde.

En los últimos años, muchos cristianos han amado a Cristo con todo su corazón pero no han acertado a amarle con toda su mente. Y ahora nos enfrentamos a ideólogos seculares y yihadistas que saben quiénes son y lo que se proponen. Ellos cuentan con una narrativa que guía sus vidas; pretenden imponer sus ideas al mundo. El autor estadounidense Paul Berman declara: «Los terroristas hablan locamente de cosas profundas, sería mejor que los antiterroristas hablaran con cordura de cosas asimismo profundas... ¿Quién defenderá las ideas liberales de sus enemigos?».[9]

Los fundadores de los EEUU eran cristianos. Muchos eran puritanos o estaban influidos por el pensamiento puritano. Los puritanos cruzaron el Atlántico con la Biblia en la mano y la concepción bíblica en la mente; los principios bíblicos informaron su idea de gobierno. Ellos pensaban teológicamente, de modo que el lenguaje fundacional de EEUU fue teológico, no psicológico, como lo es el lenguaje que rige actualmente el discurso nacional. Los puritanos fueron *conscientemente cristianos.*

Muchos cristianos funcionan con una *memoria cercana.* Actúan inconscientemente atendiendo a los principios bíblicos pero no relacionan su fe con su estilo de vida en la esfera pública.[10] Otros cristianos, y no cristianos también, funcionan con una *memoria distante.* Actúan conforme a su legado (p. ej., son trabajadores esforzados o viven frugalmente) pero no saben por qué. Viven así porque así fue como sus padres vivieron.

Yo me siento constreñido a llamar a los cristianos, por amor a Dios y por la salud y la prosperidad de sus países, a *pensar* y *actuar* conscientemente desde un marco bíblico.

Después de la resolución del Tribunal Supremo en el caso *Roe contra Wade* de 1973, me impliqué activamente en la lucha por la dignidad de la mujer para rescatar bebés no nacidos del cuchillo y las sustancias químicas de los abortistas. Tres veces fui arrestado y encarcelado por participar en este tipo de actividades. Pero durante esas experiencias me sentí un cristiano más vivo y más consciente que nunca.

Debo aclarar que no soy un erudito; tampoco un activista social que ha descubierto el poder de las ideas. Me he interesado toda mi vida en la misión, la pobreza, el hambre y el poder de la cosmovisión y los principios bíblicos para sacar comunidades y aun naciones del pozo de la pobreza.

Me siento bastante cómodo escribiendo sobre las guerras de cultura en Occidente porque las he vivido, he participado en ellas, he visto el profundo impacto que han provocado en Europa y el que están provocando en EEUU. Del mismo modo, he estudiado las Escrituras toda mi vida adulta y entre mis temas preferidos destacan la Gran Comisión[11] y la Comisión Cultural[12] (o Mandato Cultural).

En cuanto al islam y al movimiento yihadista, no hablo como experto. He leído considerablemente sobre este asunto desde el 11/9 pero ciertamente no soy un experto. No obstante, he contado con la ayuda y el consejo de varias personas que conocen a fondo el islam.

El propósito de este libro es presentar un examen renovado y global de la Gran Comisión a la luz del contexto moderno de las guerras de cultura en Occidente, y contra los yihadistas de Oriente, y llamar a la iglesia a involucrarse en estos grandes conflictos de nuestro tiempo.

En definitiva... Es llamar a la iglesia a pensar y actuar. Ésta necesita una vez más actuar conscientemente a la luz de la convicción bíblica, involucrarse en los conflictos que están dominando y transformando (o deformando) el mundo actual. Es despertar a la iglesia durmiente de su plácido sueño para que se enrole en la batalla por el alma de las naciones y el futuro del mundo, antes que sea demasiado tarde. Es animar a la iglesia a colaborar con los musulmanes moderados (razonables) y los secularistas por el bien de sociedades libres y justas. Es llamar a la iglesia a empezar a crear células de amor para servir y ministrar a los musulmanes, los yihadistas, los ateos y neo-paganos en sus propias comunidades.

Escribo en primer lugar para los cristianos reflexivos que meditan en lo que se requiere para edificar naciones libres y justas y se dedican a edificarlas. En segundo lugar, escribo para los cristianos que arden por la misión y desean entender mejor la misión de la iglesia y, en especial, el significado de la Gran Comisión. En tercer lugar, escribo para todos los cristianos en cualquier lugar que son testigos de la desintegración moral y espiritual de su sociedad —o de la yihad que viene— y que necesitan un nuevo marco de referencia para responder mejor a estos conflictos.

Exploraremos asuntos que están hoy en el candelero. Mi intención es escribir de manera sustancial y respetuosa. No me importa que mis palabras no sean políticamente correctas tal como dictan el establishment y los medios académicos occidentales. Si mis palabras no siempre son «agradables», al menos he intentado hablar candorosamente, sin rencor, y he procurado escribir con convicción y civismo.

Optimismo y oportunidad

La gente suele preguntarme: «Teniendo en cuenta la pobreza que hay en el mundo, la creciente bancarrota moral y espiritual de EEUU y Europa y el avance del islam en Europa y de los yihadistas en Asia, Oriente Medio y regiones de África, ¿cómo puede usted ser optimista?».

Aunque algunas porciones de este libro puedan parecer descorazonadoras o abrumadoras, no hay por qué desanimarse. Se nos recuerda cuál debe ser nuestra actitud en atención a las palabras de Hebreos 12:2-3: «Fijemos la mirada en Jesús, el iniciador y perfeccionador de nuestra fe, *quien por el gozo que le esperaba*, soportó la cruz, menospreciando la vergüenza que ella significaba, y ahora está sentado a la derecha del trono de Dios. [3]

Así, pues, *consideren a aquel* que perseveró frente a tanta oposición por parte de los pecadores, *para que no se cansen ni pierdan el ánimo*. Fijemos la mirada en Jesús, el iniciador y perfeccionador de nuestra fe, quien *por el gozo que le esperaba*» (NVI).

Podemos animarnos fijándonos en el ejemplo de Cristo. También hemos de ser optimistas porque sabemos que Cristo ya ganó la batalla que marcó el punto de inflexión de todo el conflicto espiritual,[13] por lo cual sabemos cómo acabará. Y conociendo el final de tan gloriosa historia, podemos vivir esperanzados soportando todos los conflictos que sobrevengan.

Las crisis crean oportunidades y las grandes crisis crean grandes oportunidades. La iglesia occidental afronta dos graves crisis. La guerra en Occidente crea la oportunidad de restaurar la *ortodoxia* cristiana —cosmovisión bíblica holística— en la iglesia. Esta guerra llama a la iglesia a declarar la verdad ante la mentira, a crear belleza en una sociedad cada vez más fea y vulgar, a ser buena y hacer el bien,[15] a desafiar el mal y la injusticia en la sociedad. La guerra de Oriente puede empujar a la iglesia a la *ortopraxia* —práctica de la ortodoxia—, a amar a todos los musulmanes y ocuparse de los que están atrapados en la pobreza, tanto física como espiritual.

¿Aprovecharemos estas oportunidades o esconderemos la cabeza en la arena haciendo caso omiso de las guerras gemelas hasta que sus consecuencias llamen a nuestra puerta? La respuesta que demos a estas dos crisis tiene potencial para renovar el compromiso de la iglesia para cumplir la Gran Comisión. Espero que todos los cristianos reconozcan y aprovechen la oportunidad que tienen por delante, por el bien de la comunidad, la nación y el mundo.

PARTE 1

Las guerras gemelas

CAPÍTULO 1

La guerra de Oriente: ¿Es esto una guerra?

Dos grandes civilizaciones parecen oponerse en intrincada confrontación a varios niveles de actividad humana. Una se asienta en los países musulmanes y la otra en Occidente.

—Akbar S. Ahmed

Se ha declarado la guerra contra los países occidentales y su concepción moral. El 11 de septiembre de 2001, cuatro aviones comerciales fueron secuestrados por los yihadistas y utilizados como bombas. Dos atacaron el World Trade Center, símbolo de la prosperidad económica estadounidense. Otro voló hacia el Pentágono, símbolo de su poderío militar. Y a un cuarto avión se le impidió atacar un tercer objetivo, supuestamente símbolo del poder político de EEUU, como el Capitolio o la Casa Blanca, cuando los pasajeros del vuelo 93 de las líneas aéreas United atacaron a los secuestradores y forzaron la caída del aparato en un campo de Pennsylvania.

Los diecinueve secuestradores eran militantes musulmanes dirigidos por Osama bin Laden y se proponían matar el mayor número posible de ciudadanos estadounidenses. Casi tres mil víctimas inocentes murieron aquel 9 de septiembre, entre ellas, ciudadanos de más de cincuenta países, superando el número de personas fallecidas en Pearl Harbor. Este suceso conmovió el mundo entero y ciertamente cambió el curso de la historia.

En este capítulo examinaremos la naturaleza histórica y religiosa de la guerra que los yihadistas han declarado a Occidente y lo que se juegan los que valoran la libertad.

El Preludio

Antes del 11/9 muy pocas personas habían oído hablar de Osama bin Laden y su organización al-Qaeda. No obstante, antes del 11/9, el exiliado saudí había declarado la guerra a EEUU y comenzado a atacar intereses estadounidenses. El 26 de febrero de 1993, los yihadistas atacaron el mismo World Trade Center con un camión bomba, matando a seis personas e hiriendo a 1.042. El 13 de noviembre de 1995, cinco estadounidenses fueron asesinados a causa de la explosión de un coche bomba en Riad, capital de Arabia Saudí. El 25 de junio de 1996, la base estadounidense en las Torres Khobar, Arabia Saudí, fue alcanzada por una bomba que hirió a varios centenares de personas y mató a diecinueve.

Finalmente, el 23 de agosto de 1996, cuando al parecer estos ataques no habían aún conseguido la atención del gobierno de EEUU, Osama bin Laden emitió en varias páginas su «declaración de guerra contra los Estados Unidos por ocupar el territorio de los dos lugares santos». Desde una remota cueva perdida en las escarpadas montañas afganas, envió su documento al entonces Secretario de Defensa de EEUU, William Perry. «Estos jóvenes [los yihadistas] aman la muerte tanto como vosotros la vida», escribió. «Estos jóvenes no piden explicaciones, anuncian cantando que no hay nada que explicar entre nosotros, sino matanza y degüello».[1] Estas escalofriantes palabras apuntan al corazón del conflicto entre los yihadistas y Occidente: ¡ellos aman la muerte tanto como nosotros la vida!

Yo me considero buen lector, me mantengo al tanto de los grandes asuntos internacionales, pero nunca había oído esta «declaración de guerra» hasta que empecé a investigar para escribir este libro. ¿Cómo podía haber pasado por alto algo tan importante? ¿Consideraron la prensa y los gobiernos occidentales esta declaración poco significativa como para publicarla? Matthew Robinson, profesor asociado de Justicia Criminal en la Universidad Appalachian State, documenta docenas de informes, que se remontan a 1994, de intentos de terroristas islámicos maquinando usar aviones comerciales como bombas.[2] ¿Cómo pudo el gobierno de EEUU estar tan dormido? ¿Cómo pudo sorprender tanto al mundo?

Debido a que la «declaración de guerra» de bin Laden, en 1996, no recibió la atención del mundo, él y el líder de la Yihad Islámica Egipcia, Ayman al-Zawahiri, médico egipcio exiliado, fusionaron sus organizaciones. El 23 de febrero de 1998, emitieron una *fatwa* (disposición religiosa islámica) en nombre del Frente Islámico Mundial. La fatwa, «yihad contra los judíos y los cruzados», incluía esta disposición

> El matar a los estadounidenses y sus aliados —civiles y militares— es una obligación individual de todo musulmán; puede hacerlo en cualquier país que sea posible, para liberar la mezquita al-Aqsa y la mezquita santa [La Meca] de sus garras, y para que sus ejércitos abandonen todas las tierras del islam, sean derrotados y sean incapaces de amenazar a ningún musulmán. Esto concuerda con las palabras del todopoderoso Alá «y combatir contra los paganos sin cuartel como ellos lo hacen contra ustedes», y «combatirles hasta que no haya más tumulto ni opresión, y prevalezca la justicia y la fe en Alá.[3]

Después de la promulgación de la fatwa, el 7 de agosto de 1998, centenares de personas fueron asesinadas en atentados simultáneos perpetrados en las embajadas estadounidenses en Nairobi, Kenya, y Dar es Salaam, Tanzania. A raíz de esto, bin Laden fue incluido en la lista de los diez personajes más buscados del Buró Federal de Investigación (FBI). El gobierno estadounidense catalogó al refugiado saudí como «criminal» y la violencia que había perpetrado como actos criminales, pero rehusó categorizar sus ataques como actos de guerra.

Menos de un año antes, el 11/9, el 12 de octubre de 2000, la yihad volvió a golpear, esta vez contra el destructor estadounidense USS Cole. El ataque, llevado a cabo en el puerto yemení de Adén, mató a diecisiete soldados estadounidenses e hirió a treinta y nueve.

¿Es ésta la Tercera Guerra Mundial?

El 11 de septiembre de 2001 significó claramente una encrucijada en la historia de la humanidad. Uno de los más destacados eruditos estadounidenses en el tema del islam, Bernard Lewis, profesor emérito de estudios sobre Oriente Próximo de la Universidad de Princeton, reseña la naturaleza dramática del 11/9 con estas palabras: «Hay veces en la larga historia de la aventura humana en las que se atraviesa una verdadera encrucijada, un importante cambio: el fin de una era y el comienzo de otra nueva. Estoy cada vez más convencido de que nos hallamos inmersos en ese cambio en el tiempo presente —cambio histórico comparable con eventos como la caída de Roma, el descubrimiento de América y otros semejantes».[4]
Del mismo modo, el periodista y autor Thomas Friedman, tres veces ganador del premio Pulitzer, escribió sus impresiones mientras presenciaba el colapso de las Torres Gemelas: «Cuando contemplé en directo por la CNN la implosión y el derrumbamiento de las Torres Gemelas en las calles de Manhattan, me pareció que el rumbo de la historia, no importa hacia dónde se hubiera dirigido antes de esa mañana del 11 de septiembre, acababa de dar un giro espectacular y que una nueva historia surgiría del infierno de las torres».[5]

El autor, historiador y quincuagésimo octavo Presidente de la Cámara de Representantes de EEUU, Newt Gingrich, compara el actual conflicto con la Tercera Guerra Mundial, en todo sentido tan grave y peligrosa como los dos grandes conflictos del siglo XX».[6]

Aunque el 11/9 supone, ciertamente, un punto de inflexión en la historia del mundo, quizás tan significativo como la caída de Roma, o la Primera y la Segunda Guerras Mundiales, no marca el comienzo de una nueva guerra. Es más bien continuación de una guerra conocida como la Larga Guerra, iniciada con Mahoma, cuyos orígenes se remontan a la historia antigua.

Historia del conflicto

Las tres grandes religiones monoteístas —judaísmo, cristianismo e islamismo— proceden todas ellas de Abraham. Los judíos y los cristianos remontan su ascendencia a Abraham a través de Isaac (los cristianos no judíos están espiritualmente injertados en la estirpe de Judá descendiente de Isaac).[7] Los árabes remontan su ascendencia a Abraham a través de Ismael.

Como Sara, esposa de Abraham, no pudo concebir, dispuso que su criada, Agar, durmiera con su marido. Agar concibió un hijo, y Sara, en un arrebato de ira, echó a Agar al desierto.[8] En este relato aparecen dos importantes palabras proféticas: Los descendientes de Agar «serían demasiado numerosos para ser contados» (Gn 16:10), e Ismael sería un «asno salvaje» que «se mostraría hostil con todos sus hermanos» (16:12; 25:18). La primera profecía se ha cumplido, así como también la segunda. Los descendientes de Ismael (árabes, no todos musulmanes) se han mostrado hostiles los unos con los otros por generaciones. Los árabes hacen uso del proverbio: «Yo contra mi hermano; mi hermano y yo contra mi primo; mi primo y yo contra el extranjero».[9]

Un descendiente de Ismael, Mahoma, profeta fundador del islam, conquistó Arabia en 630 AD. Después de la muerte de Mahoma, los árabes nómadas abandonaron la península arábiga y retaron a los *kuffar* «infieles» en Persia, Siria, Armenia, Egipto y Norte de África desde el año 632 al 661. En 637, los seguidores de Mahoma conquistaron Jerusalén, capital de los judíos y cuna del cristianismo. Los árabes edificaron allí la cúpula de la Roca, tercer lugar santo del islam, para demostrar la supremacía del islam sobre el judaísmo y el cristianismo. La cúpula de la Roca fue edificada sobre el monte Moriah, monte del templo, el lugar más sagrado de los judíos. En la cúpula de la Roca hay una inscripción que arremete contra la doctrina cristiana de la deidad de Cristo: «Él es Dios, Uno, el Dios Eterno, que no ha engendrado ni ha sido engendrado».[10]

Después de conquistar la tierra de los judíos y los cristianos, los musulmanes barrieron el norte de África, luego cruzaron el estrecho de Gibraltar y penetraron en España y Portugal, y después avanzaron por el Mediterráneo hasta el sur de Italia, extendiendo su dominio hasta la zona fronteriza del sur de Francia. Al mismo tiempo, el islam se extendió por el este hasta Afganistán, Uzbekistán y Pakistán. Finalmente, con la contribución de los *dhimmis* (no musulmanes residentes bajo la ley islámica) el islam estableció su Edad de Oro.

Entre 1096 y 1024, cuatro oleadas de cruzadas católico-romanas, cada una de las cuales duraría varios años, hicieron retroceder la marcha del islam. La conducta de los ejércitos «cristianos» no fue como la de los musulmanes, que han alimentado el odio contra los cristianos hasta el presente.

Con la creación del imperio otomano en 1299, los musulmanes se extendieron hasta el sur de Europa y por el resto del suroeste asiático los tres siglos siguientes. Constantinopla, capital oriental de la cristiandad, cayó en poder de los musulmanes turcos en 1453.

El avance islámico en Europa tocó a su fin el 11 de septiembre de 1683, cuando los musulmanes fueron derrotados a las puertas de Viena.[11] El islam siguió, no obstante, extendiéndose por el sur y por el este, hacia el interior de África, la India y sudeste de Asia, hasta alcanzar las Filipinas. Después, con la caída de los imperios mughal y safavid en el siglo XVIII, y del imperio otomano, al finalizar la Primera Guerra Mundial, la propagación del islam se ralentizó y la influencia política musulmana decayó.

Aunque los occidentales pueden haber olvidado la historia, los musulmanes, no. Por eso un puñado de yihadistas, exiliados en cuevas montesas de Afganistán, escogió el 11 de septiembre de

2001 —cuando se cumplía el 318 aniversario de su derrota en Viena— para atacar a la mayor potencia militar y económica del mundo. El islam vuelve a la carga; la Larga Guerra prosigue.

Resistencia contra Occidente

Los musulmanes disfrutaron ininterrumpidamente de un gobierno que duraría desde 632 hasta 1924, algo que no tiene casi parangón en la historia universal. El último califato (gobierno del sucesor de Mahoma) fue establecido por el imperio otomano en 1517. El 24 de julio de 1923 fue establecida la nueva Turquía «secular», y el califato fue constitucionalmente abolido el 3 de marzo de 1924.

Los musulmanes suníes quedaron desolados por la abolición del califato. Cuatro años después, el maestro de escuela egipcio Hasan al-Banna fundó el primer movimiento fundamentalista suní moderno, la Hermandad Musulmana (al-Ikhwan al-Muslimun). Así comenzó la resistencia contra los musulmanes moderados y Occidente.

La profesora de la universidad de Yale, Joanne Meyerowitz, transcribe la reacción de al-Banna contra Occidente:

> Me sentí horrorizado por «la ola de ateísmo y lujuria que inundó Egipto» después de la Primera Guerra Mundial. Los europeos victoriosos importaron sus mujeres medio desnudas en estas regiones, junto con sus licores, sus teatros, sus salones de baile, sus diversiones, sus historias, sus periódicos, sus novelas, sus caprichos, sus juegos estúpidos y sus vicios». ... Repentinamente, el corazón del mundo islámico estuvo invadido por «escuelas e institutos científicos y culturales» europeos que sembraron duda y herejía en el alma de sus hijos y les enseñaron a degradarse, denigrar su religión y la tierra de sus padres; a despojarse de sus tradiciones y creencias, y a tener por sagrada cualquier cosa que fuera occidental».[12] Uno puede fácilmente imaginarse la perplejidad y la ira de los musulmanes piadosos que presenciaban el avance de una cultura amoral, atea, que barría el mundo.

El siguiente cambio trascendental para los musulmanes llegó después del holocausto judío de la Segunda Guerra Mundial, con el auspicio europeo del nacimiento de Israel. Por generaciones, tres comunidades de fe: judía, cristiana y musulmana habían vivido en relativa paz en la tierra de Palestina. Esto cambió con la Resolución 181 de las Naciones Unidas, de 1947, que partía Palestina en un estado árabe y otro judío y dividía a Jerusalén. Esto creó un estado judío en el corazón del mundo musulmán. Y aunque los judíos celebraran la posesión de un territorio patrio, creó grave malestar entre los palestinos.

Con la afluencia de los judíos europeos, las comunidades judías de Palestina se extendieron y se multiplicaron. Después de la resolución 181 de la ONU, estalló la violencia entre las comunidades palestinas y judías. El 15 de marzo de 1948, al día siguiente de declararse la independencia de Israel, los ejércitos de los países árabes vecinos atacaron al estado judío en ciernes. La subsiguiente derrota de dichos ejércitos fue oficialmente reconocida por el armisticio de 1949, que originaría 650.000 refugiados palestinos. En 1956, 1967 y 1973, los árabes lanzaron sin éxito nuevos ataques contra Israel.

¿Cómo pudo la diminuta nación de Israel vencer a los más poderosos ejércitos árabes? Aunque muchos árabes creyeron que ello fue debido a un ejército más grande y más moderno, algunos plantearon la cuestión de distinta manera: ¿Cómo pudo el ejército del Dios judío y cristiano derrotar a los ejércitos de Alá? Muchos musulmanes creyeron que el islam se había contaminado y corrompido por el secularismo moderno. Quizás Alá castigaba a los árabes y los musulmanes por su infidelidad. Y así surgió un nuevo fundamentalismo cuyo objetivo yihadista fue purificar la fe —vencer al «enemigo cercano»— de musulmanes secularizados y apóstatas.

El 19 de diciembre de 1989, el diario kuwaití *Al-Qabas* informó que Hashemi Rafsanjani, presidente de Irán (1989-97), había adoptado la visión a largo plazo. Este conflicto no era nuevo, sino que venía de antes. «Todo problema en nuestra región se puede rastrear hasta este sencillo dilema: la ocupación de dar al-islam [la casa del islam] por los infieles judíos o los imperialistas occidentales... El conflicto perdurable entre Ismael e Isaac no cesará hasta que el uno o el otro sea totalmente vencido».[13]

La batalla para rescatar Palestina de los judíos sigue siendo el foco del conflicto con Occidente. Pero la guerra trascendente gira en torno a los ideales y la concepción moral que conformará el mundo. El 7 de octubre de 2001, Osama bin Laden declaró: «Estos acontecimientos [del 11/9] han dividido el mundo entero en dos bandos, el de los creyentes y el de los infieles —Dios nos guarde de ellos—. Todo musulmán tiene que esforzarse para que triunfe su religión. El viento de la fe está soplando».[14]

Una guerra de religión

¿Tomaremos la palabra de gente como bin Laden y Rafsanjani al pie de la letra y reconoceremos que ésta es una guerra de sistemas de creencias sagradas? La mayor parte de los medios de comunicación occidentales, diarios y élites universitarias son culturalmente relativistas; no tienen oídos para escuchar las proclamas de los yihadistas. Ven en la pobreza y la injusticia cometida contra las sociedades musulmanas la fuente principal del odio de los yihadistas contra Occidente. Con todo, como hemos visto, ésta no es la retórica que sustenta a al-Qaeda. Las élites del mundo occidental han adoptado la postura de Neville Chamberlaine, y negado el peligro que nos amenaza.

Mary Habeck, profesora asociada de estudios estratégicos de la Universidad John Hopkins, ha escrito:

> La necesidad constante de hallar explicaciones que no tengan nada que ver con la religión para justificar los ataques, dice, en realidad, más de Occidente que de los yihadistas. Los sabios occidentales han fracasado generalmente en tomarse la religión en serio... Los secularistas descartan el claro sentido de las declaraciones en torno a la religión hechas por los propios yihadistas. Para entender por qué éstos declararon la guerra a EEUU para intentar matar a cuantos estadounidenses pudieran, hemos de estar dispuestos a escuchar sus propias explicaciones. No hacerlo implica imponer una interpretación

> occidental a los extremistas. En realidad, oírnos a nosotros mismos y no escucharles a ellos.[15]

Hemos sido testigos de esto una y otra vez en las declaraciones políticamente correctas efectuadas por el presidente Obama y su administración. En noviembre de 2009, el comandante del ejército de los Estados Unidos Nidal Malik Hasan, musulmán radical, exclamó «Alá es grande» mientras mataba a catorce personas y hería a treinta y una en la base militar de Fort Hood. Janet Napolitano, Secretaria de Seguridad Interior, comentó acerca de esta atrocidad: «Era un individuo que obviamente no representa a la fe musulmana».[16] En febrero de 2010, el informe cuatrienal del Departamento de Seguridad Interior «no hizo ninguna referencia a la naturaleza islámica de la amenaza».[17]

En la actualidad, muchos académicos, periodistas y oficiales de gobierno, ven el mundo a través de cristales ateos y materialistas. Ven todos los problemas y sus soluciones a través de anteojos políticos y económicos. No son capaces de entender que los yihadistas pueden estar motivados por creencias religiosas. Robert Spencer, autor y director estadounidense de Yihad Watch, dice:

> Ni siquiera los del *Wall Street Journal* entienden que la primera motivación de los yihadistas es la ideología religiosa, no resentimiento nacido de la injusticia económica o la marginación. La injusticia económica y la marginación son cosas que ellos entienden; una ideología religiosa que mueva a los hombres a sacrificar buenas vidas para consagrarse al asesinato y la destrucción queda tan lejos de su forma de pensar que ni siquiera lo pueden imaginar, y asumen que toda la evidencia que tienen delante de sus ojos indica otra cosa.[18]

Una llamada a despertar

El conflicto actual entre Occidente y el islam es una batalla actualizada de una guerra antigua que comenzó con la enemistad entre los hijos de Abraham. Esta guerra prolongada es un choque de concepciones e ideales. Originalmente fue un choque entre los seguidores de Mahoma y los paganos, judíos y cristianos. Actualmente es un conflicto entre los yihadistas y la modernidad. Se ha identificado acertadamente como choque de civilizaciones.

Los musulmanes ven hoy acertadamente un Occidente movido por una concepción del mundo ateo-materialista, carente de normas morales. Son testigos de un derramamiento infeccioso de ideología secular y materialista en el mundo a través de un torrente de películas, televisión, e internet. En una manifestación reciente en un país musulmán, los manifestantes llevaban carteles con imágenes pornográficas tomadas de internet, con rótulos que decían: «Esta es la clase de libertad que ofrece Occidente», insinuando que la inmoral sociedad occidental está completamente degenerada.

Occidente fue mucho tiempo considerado judeocristiano. Aunque fue fundado sobre principios y cosmovisión bíblicos, muchos lo consideran hoy post-cristiano. Los gobiernos europeos operan desde una concepción secular aplastante y los EEUU siguen su ejemplo. El Occidente moderno vive en el presente. El nuestro es un periodo narcisista, obsesionado con el yo. La generación actual desdeña la historia, vive una vida material en el presente y gasta como si no hubiera mañana.

El filósofo, poeta y novelista hispano-estadounidense, George Santayana, (1863-1952) acuñó la famosa expresión: «Los que no recuerdan la historia están condenados a repetirla».[19] El finado Daniel J. Boorstin, librero del Congreso, autor, historiador, abogado y profesor, hizo un llamamiento similar a Occidente para que despierte:

> En nuestras escuelas actuales, la historia de la nación ha sido sustituida por estudios sociales... En nuestras iglesias, el esfuerzo realizado para contemplar la naturaleza esencial del hombre ha sido desplazado por el evangelio social —cual es la controversia contra los vicios favoritos de hoy—. Nuestros editores ya no buscan lo permanente y lo perdurable, sino que emplean su energía en la búsqueda estéril

> de comentarios sociales en boga... Nuestros comerciales conciben frenéticamente sus nuevos modelos para el nuevo año, que dejarán de ser novedosos cuando aparezcan nuevos diseños tres meses después... Nos hemos convertido en una nación de catastrofistas de corto plazo. Es decir, hemos perdido el sentido de la historia.[20]

Boorstin y Santayana aseveran que no podemos entender el presente ni el futuro sin entender el pasado. Los cristianos, y todos los que abrazan las libertades judeocristianas, deben despertar. Estamos inmersos en una batalla por el futuro de nuestros países y el futuro del mundo. La supervivencia de nuestra libertad depende en parte de que comprendamos y respondamos a la guerra de Oriente.

Mientras tanto los musulmanes se interesan bastante por la historia. Sus buenos recuerdos alimentan actos y actitudes de comunidades fundamentalistas y yihadistas. Éstos viven actualmente un conflicto histórico. Éste no sólo envuelve a los yihadistas y los pueblos de Occidente; abarca también a los grupos musulmanes que luchan por el alma del islam.

CAPÍTULO 2

La lucha por el alma del islam

Esta no es una película sobre el islam. Describe la amenaza del islam radical. Sólo un pequeño porcentaje de los 1.300 millones de musulmanes son radicales. Esta película trata de ellos.

—M. ZUHDI JASSER, *La tercera yihad*

Aunque hay muchas religiones locales y regionales en el mundo, tres se disputan la primacía global. La más extendida es el cristianismo, con 2.100 millones de adeptos; el ateísmo es la tercera «religión» más extendida, con 1.100 millones de adeptos.[1] El islam es la segunda, con 1.500 millones, casi el 22 por ciento de la población mundial.[2]

Según una investigación realizada por the *Pew Forum on Religion and Public Life,* Indonesia, con 203 millones de musulmanes, es el país que mayor población musulmana acoge.[3] Aunque se piensa que Oriente Medio y norte de África son corazón del islam, debido a su menor población, sólo representan aproximadamente el 20 por ciento de los musulmanes del mundo. Asia-Pacífico tiene el mayor porcentaje de musulmanes del globo, con más del 60 por ciento. África subsahariana tiene el 15,3, Europa el 2,4 y las Américas el 0,3 por ciento.[4]

En este capítulo, propondremos un breve panorama del islam, después nos detendremos en el conflicto con él —la lucha por el alma del islam— y finalmente examinaremos el estado actual de los musulmanes en el mundo.

Panorama del islam

El islam, junto con el judaísmo y el cristianismo, es una de las bien conocidas religiones monoteístas del mundo. El monoteísmo se opone a creencias como el ateísmo, el monismo (p. ej., el hinduismo) y el politeísmo. (p. ej., religiones tradicionales africanas). Los musulmanes creen en un solo Dios creador de los cielos y de la tierra. Las tres religiones monoteístas remontan su génesis espiritual a Abraham.

El término islam deriva del árabe *salama,* cuyas consonantes S-L-M significan «seguridad» y «paz». *Islam* significa «aceptación», «rendición» o «sumisión». La paz en la vida sólo se consigue mediante una completa sumisión o rendición a Alá (Dios Todopoderoso) y al islam. Alá recibe noventa y nueve nombres, entre otros los de Creador, Sustentador, Misericordioso, Compasivo, Juez, lo Trascendente y lo Eterno.

El islam fue fundado por Mohamed ibn Abdullah, el «último profeta». Mahoma nació en La Meca, península arábiga, en el año 570 y murió sesenta y dos años después, en 632 AD, en la ciudad de Medina. Mahoma fue líder general de su pueblo y una figura religiosa, política y militar. Se horrorizó ante los ídolos y el politeísmo de su tiempo y enseñó el culto a Alá como único Dios verdadero.

Los musulmanes, como los judíos y los cristianos, son «Pueblos del Libro». Creen que Adán, Nuh (Noé), Ibrahim (Abraham), Musa (Moisés), Dawud (David) e Isa (Jesús) —entre otros— fueron profetas. Reconocen la Torá, los Salmos y los Evangelios como revelación divina. El Corán, dado a Mahoma, es la revelación definitiva de Dios, y sustituye a las demás escrituras.

Hay dos fuentes principales de autoridad para los musulmanes: el Corán y la Sunna. Corán significa «recitación» y contiene la revelación del ángel Gabriel a Mahoma durante un periodo de veintidós años en La Meca y Medina. La segunda fuente de autoridad es la Sunna, «senda transitada». Este «camino del profeta» proporciona la aplicación cotidiana de los principios coránicos a través de los dichos y el estilo de vida del propio Mahoma.

Los cinco pilares del islam

Los cinco pilares del islam (arkan al-islam) son los cinco deberes comunes a todos los musulmanes devotos. Si cumple estos deberes, el musulmán tiene más posibilidades de llegar al cielo. Son:

Al-Shahadah — Testimonio de la fe. El testimonio es: «Soy testigo de que no hay otro Dios más que Alá y Mahoma es su mensajero». Esta es la declaración de fe del musulmán. Establece explícitamente una naturaleza unitaria, no trinitaria de Dios, y supone uno de los puntos principales de desacuerdo con el cristianismo. También instituye a Mahoma como revelación definitiva de Dios.

Al-Salat — Oración. La oración del musulmán es un acto de adoración a Alá. Un musulmán devoto ora hacia la ciudad santa de La Meca cinco veces al día: antes del amanecer, al mediodía, por la tarde, después de la puesta del sol y por la noche.

Al-Zakat — Limosna. La limosna es considerada un medio de purificación y crecimiento. Es una combinación de impuesto y dádiva para ayudar a mantener la igualdad social; se sugiere dar el 2,5 por ciento de la riqueza acumulada por una persona para ayudar a los pobres. Pero los musulmanes más devotos darán más en secreto.

Al-Sawm — Ayuno. El Ramadán es el mes noveno del calendario islámico, mes de ayuno para los musulmanes devotos. En este mes, los musulmanes evitan comer, beber, fumar y tener relaciones sexuales desde que amanece hasta que el sol se pone. El ayuno es un tiempo de purificación y re-dedicación a Alá, un tiempo de disciplina para fortalecer al musulmán frente el pecado.

Al-Hajj — Peregrinación. La meta de todo musulmán es hacer una peregrinación a La Meca. El corazón de la peregrinación es dar vueltas en torno a la *Kaaba* (cubo), primer lugar de adoración de Mahoma. La tradición asegura que Abraham levantó allí piedras para sacrificar a su hijo. Unos dos millones de musulmanes de todos los rincones del mundo completan la hajj cada año. Los musulmanes creen que la persona que lleva a cabo debidamente la peregrinación, regresará a casa siendo tan inocente como un recién nacido, libre de todos los pecados cometidos hasta entonces.

Ramas del islam

El islam, como el cristianismo y el judaísmo, es monoteísta, pero no uniforme. Los musulmanes comparten creencias básicas, pero están divididos por distinciones teológicas, ideas sobre el poder y prácticas religiosas. Las dos ramas principales del islam —suníes y chiíes— constituyen el 99 por ciento de todos los musulmanes. Los suníes representan aproximadamente el 85 por ciento, y los chiíes (seguidores del islam chi'a) el 15 por ciento. El islam suní y chií están también muy subdivididos.

La separación entre el islam suní y chií no es primordialmente una cuestión teológica, sino de gobierno. Un grupo de seguidores de Mahoma creía, cuando sobrevino la muerte del líder, que éste no había nombrado sucesor. Pensaba que su sucesor sería un «líder piadoso» y escogieron a Abu Bakr al-Siddiq, compañero de Mahoma, como primer califa (sucesor). Este grupo fue conocido por el nombre de suníes, «seguidores de la costumbre del profeta».[5] Un segundo grupo de seguidores creyó que la sucesión debía ser hereditaria y reconoció al primo y yerno de Mahoma, Alí ibn Abi Talib, como legítimo heredero. Alegando que Alí había sido nombrado ante cincuenta mil personas, fueron conocidos con el nombre de chiitas, de *chi'at Alí*, «partidarios o ayudadores de Alí».

Los suníes destacan en todo el mundo musulmán (al-Sunna significa «principio» o «senda»), siguen la senda de Mahoma, su profeta, y creen que el pueblo musulmán debe ser guiado por un califa como jefe de estado y líder político. Los suníes tuvieron califato desde el año 632 hasta 1924, en que fue abolido por el parlamento secular turco. Por otra parte los chiíes residen en Irán, Yemen, Irak, Azerbaiyán, Líbano y Pakistán. No honran a un califa como jefe de estado, sino que creen que el islam debe ser dirigido por un *imam*, o descendiente hereditario de Mahoma a partir del cuarto imam, Alí. El duodécimo imam desapareció en 939, y los chiíes esperan su retorno como *Mahdi*, el redentor del islam que librará la tierra de la maldad, la injusticia y la tiranía.[6]

Una rama minoritaria del islam, digna de mención, es el sufismo. Los sufíes son de tendencia mística, y son considerados herejes por la mayoría de suníes y chiíes. Los sufíes se entregan a cultivar una espiritualidad personal y una vida de oración, y se centran en aspectos internos antes que sociales, económicos y políticos del islam.

La lucha por el alma del islam

En marzo de 2003, un grupo de profesionales musulmanes de Phoenix, Arizona, organizaron el Fórum Islámico Estadounidense por la Democracia. Para distraer la atención de los musulmanes estadounidenses del «islam político», es decir, del islam como ideología político-religiosa, Zuhdi Jasser, doctor en medicina interna y líder de esta iniciativa, identificó el objetivo de este movimiento: «Hasta que la mayoría de los musulmanes estadounidenses no reforme sus ideas teológico-políticas frente al creciente poder global del movimiento islamista, el terror doméstico no hará sino aumentar como hasta ahora. Debe haber una confrontación pública de ideas en la conciencia islámica que fomente la libertad por encima del islamismo, la libertad por encima de la teocracia y la ley seglar por encima de la ley Sharía».[7]

El esfuerzo de Jasser es loable. ¿Coexistirá el islam con otras creencias? ¿O demandará más bien una sociedad que fusione el islam con la política? La batalla por el alma del islam se recrudece en torno a esta misma cuestión. Por una parte están los moderados, que creen en la revelación y la razón, y desean dirimir el asunto con el resto del mundo en el terreno de juego de las ideas. Por otra parte están los yihadistas que rechazan la razón y pretender destruir el mundo moderno. Los moderados afirman que los yihadistas han secuestrado una religión pacífica. Para los yihadistas, los moderados son musulmanes falsos que han sido asimilados por la modernidad. Cuanto más literalmente un musulmán se tome la revelación que recibió Mahoma en el tiempo que éste estuvo en Medina, más militante será.

Antes de echar un vistazo a la lucha dentro del islam, deben tenerse en cuenta los siguientes puntos:

- Muchos musulmanes son pragmatistas (moderados), no fundamentalistas.
- Muchos musulmanes fundamentalistas no son terroristas.
- En la actualidad, muchos terroristas son musulmanes.

Los yihadistas combaten contra los musulmanes y los matan en Sudán, Iraq, Líbano y Palestina, por mencionar algunos lugares. Matan más correligionarios musulmanes que de cualquier otro grupo. Según un estudio realizado por West Point en 2009, «el hecho es que la inmensa mayoría de las víctimas de al-Qaeda son musulmanes... sólo un 15% de las bajas ocasionadas por los ataques de al-Qaeda entre 2004 y 2008 fueron occidentales».[8] Además, los yihadistas asesinan secularistas en Europa y EEUU; cristianos en África, Indonesia, Pakistán, Filipinas y EEUU; judíos en Oriente Medio; budistas en Tailandia; e hinduistas en Cachemira e India. Los yihadistas están altamente motivados: si caen mientras llevan a efecto la «guerra santa», su recompensa es un salvoconducto que les da acceso al cielo. Los mártires no tienen que esperar hasta el día del juicio.

En esta sección examinaremos cinco escuelas islámicas rivales de pensamiento. Luego repasaremos la progresión de las ideas de Mahoma desde su tiempo en La Meca hasta su tiempo en Medina. Y por último, examinaremos la Edad de Oro del islam y el retorno a su pasado fundamentalista.

Cinco escuelas de pensamiento

Ya hemos visto que el islam es monoteísta y abarca dos grupos principales: suníes y chiíes. El islam puede también dividirse en cinco escuelas de pensamiento: pragmática, reformista, secularista, fundamentalista y yihadista.

Los *pragmáticos* componen la mayor parte del mundo musulmán. Como otros seres humanos, desean vivir y criar a sus hijos en un ambiente seguro y tener suficiente para comer. Pueden tener objeciones vagas acerca del islam y el resto del mundo, pero por causa del temor o por un deseo de seguridad, guardan silencio; siguen la corriente para «sobrevivir». Los pragmáticos se pueden considerar «moderados».

Los *reformistas*, como el Dr. Jasser, creen tanto en la razón como en la revelación. Conciben el islam como una creencia progresiva, racional y reformista. Desean relacionarse con el mundo sin abandonar su fe. Siguen las enseñanzas de Mahoma en La Meca (véase más adelante) y son aliados naturales de sus colegas monoteístas, judíos y cristianos razonables. Los reformistas componen una audaz minoría, y, como los pragmáticos, se pueden calificar de «moderados».

Los *secularistas* son musulmanes de nacimiento, denominación y pasado, no de fe. Rechazan el islam como religión y se apoyan, consciente o inconscientemente, en supuestos ateos. Creen en la razón, niegan la revelación, y se asientan normalmente sobre un sistema de valores y un estilo de vida materialista-secular. Sirva como ejemplo la genial Ayaan Hirsi Alí. Ella se crio en un hogar musulmán estrictamente fundamentalista y rechazó el islam. Después de emigrar a Holanda, escribió el provocativo libro que lleva por título *Mi Vida, Mi Libertad* y llegó a ser miembro del parlamento holandés.[9] Alí huyó a Holanda después que se emitiera contra su vida la amenaza de una fatwa yihadista. Se trasladó a EEUU en calidad de refugiada intelectual, donde ha trabajado como miembro del Instituto American Enterprise, un panel de expertos conservador.

Los *fundamentalistas* son estrictos y procuran observar el Corán y la Sunna. Creen en la revelación divina del Corán, pero rechazan la razón y el compromiso con el mundo. Los fundamentalistas creen que los problemas actuales del islam derivan de la modernización. Observan la bancarrota moral y espiritual de Occidente y su efecto contaminante sobre el resto del mundo —especialmente los países islámicos— y los rechazan de plano. También reciben el nombre de *renovadores*; desean restaurar el islam de los tiempos de Mahoma y sus compañeros. A diferencia de los yihadistas, normalmente son pacíficos, pero pueden simpatizar y apoyar a sus hermanos yihadistas violentos. Aunque, ciertamente, no son tan numerosos como la comunidad pragmática, los fundamentalistas son más en número e influencia que los reformadores o secularistas.

Los *yihadistas* (o islamistas), como sus hermanos fundamentalistas, son también renovadores. Quieren volver al «verdadero» islam. Creen en la revelación divina del Corán, pero en su creencia no hay espacio para la razón. Los yihadistas surgieron de una minoría fundamentalista y siguen las enseñanzas que enseñó Mahoma en Medina, pues creen que todo buen musulmán ha de empuñar la espada y destruir a los musulmanes moderados (reformistas y secularistas, considerados kuffar, «infieles»), así como a Israel y Occidente.[10] Para ellos la fe tiene que ver con todos los aspectos de la vida, incluidas las instituciones sociales, económicas y políticas. El islam debe imponerse sobre los paganos por la fuerza de la espada. El autor cristiano Joel Rosenberg ha captado agudamente el espíritu de esta escuela del islam: «El islam es la respuesta y la yihad el camino».[11]

En este libro no prestaré atención a la mayoría musulmana silenciosa, sino a los yihadistas radicales.

Meca y Medina

Como mencionamos antes, las enseñanzas de Mahoma cambiaron después de abandonar La Meca y trasladarse a Medina. Este cambio acarreó importantes implicaciones que conviene tener en cuenta.

Mahoma nació en La Meca en 570 AD y vivió allí cincuenta y dos años. Él sostuvo que empezó a recibir la revelación del ángel Gabriel en el año 610 y lanzó su misión en 613. Esta revelación fue progresiva hasta la muerte de Mahoma en 632, y fue después recogida en el Corán. Su tiempo en La Meca se conoce como «años de edificación de la fe». Consideró a los judíos y los cristianos como «compañeros del libro» con los que entabló un debate pacífico para tratar de persuadirles de la verdad del islam como revelación definitiva de Dios. Convenció a pocos y Mahoma se frustró.

En 622, Mahoma, hallando oposición, abandonó La Meca y se trasladó a Medina. Este cambio de residencia fue acompañado de una transformación de su pensamiento. La táctica de la persuasión le acarreó escasos frutos, por lo que optó por otra estrategia de conversión: la coacción. A partir de ahora tendría al «pueblo del libro» por «infieles» que debían convertirse mediante la guerra.

El traslado o emigración (hégira) significó un momento clave para el profeta y su religión. El islam dejó de ser un movimiento pacífico y persuasivo y se convirtió en un movimiento político-religioso militante. La hégira fue tan importante que marcó el primer año del calendario islámico.

Mahoma y su ejército conquistaron La Meca en el año 630. Después de su muerte, acaecida en 632, sus seguidores, árabes nómadas, empezaron a extenderse por la península arábiga hacia Iraq, Siria, Irán, Tierra Santa, Egipto y resto del norte de África. Las enseñanzas de Mahoma en Medina fueron inequívocas: el islam debía propagarse mediante la conquista. La era de la persuasión pacífica había concluido.[12]

Estos dos periodos bien definidos de la vida de Mahoma se reflejan en el Corán. La revelación recibida en La Meca llama a los musulmanes a la iluminación, mientras que la de Medina exige una conducta más estridente, menos razonable.

Los musulmanes moderados actuales enfatizan los «textos de La Meca» del Corán. Consideran a judíos y cristianos «pueblo del libro» que ha de ser convertido mediante la persuasión. El islam es una religión de paz; la yihad es un combate en el alma del creyente. El pequeño grupo de reformadores basa sus puntos de vista en estas porciones del Corán. Procuran libertad, iluminación y paz en una sociedad pluralista.

Los musulmanes más estridentes, los fundamentalistas y los yihadistas, enfatizan las partes del Corán desarrolladas en Medina. El islam se propaga por medio de la conquista. Los cristianos y los judíos son infieles que han de ser conquistados y obligados a escoger entre tres alternativas. Pueden hacerse musulmanes, pueden someterse a la *dhimma* (pacto que les permite vivir en completa sumisión al gobierno y sistema impositivo musulmán), o morir. La uniformidad y la tiranía caracterizan a los países regidos por la ley islámica (*sharía*).

Esta tensión entre el pensamiento de La Meca y Medina ha dejado en el islam dos conceptos muy distintos con respecto a la razón (*ijtihad* en árabe). Desde La Meca, la ijtihad enfatiza la indagación independiente, el «pensamiento racional y la búsqueda de la verdad... que cubre la ciencia, el racionalismo, la experiencia humana, el pensamiento crítico, etc.».[13] Desde Medina, la ijtihad adoptó un sentido muy estrecho y legalista, es decir, «un proceso de razonamiento jurídico empleado para determinar la permisibilidad de un acto cuando las fuentes primarias, a saber, el Corán y la Sunna (tradición del profeta), guardan silencio y los expertos precursores de la sharía (ley islámica) no han prescrito nada sobre el asunto».[14]

Ambas partes comenzaron con la revelación, pero sólo los reformistas tienen un concepto de la razón y la libertad de pensamiento que permite al islam tomar parte en el descubrimiento y el discurso mundanos. Los fundamentalistas resuelven las discrepancias que surgen en el Corán aplicando la doctrina del *naskh* o «abrogación». Ibn Warraq (pseudónimo), autor secular nacido en Pakistán y fundador del instituto para la secularización de la sociedad islámica, define así el naskh: «Cuando hay alguna contradicción entre dos versículos del Corán, el último versículo sobresee al anterior».[15] Así pues, los yihadistas creen que las revelaciones de Mahoma en Medina sobreseen las revelaciones del profeta en La Meca. Según el método de naskh, la conquista precede a la persuasión.

Fue la concepción de la ijtihad de La Meca, indagación independiente o libertad de investigación, lo que condujo a la Edad de Oro del islam.

La Edad de Oro del islam

El historiador Will Durant, en *La edad de la fe* describe los días de gloria del islam: «Durante cinco siglos, 700-1200 AD, el islam lideró el mundo en poder, refinamiento de costumbres, nivel de vida, legislación civil, tolerancia religiosa, literatura, erudición, ciencia, medicina y filosofía».[16] Este periodo brillante fluyó de los califatos de Damasco, Bagdad y Córdoba. Los musulmanes, junto con los eruditos judíos y cristianos (los dhimmis), compilaron el mejor pensamiento del resto del mundo—China, la India, Egipto, Persia, norte de África y Grecia—, y lo tradujeron al árabe.

Durante este periodo, los «pueblos del libro» lideraron el mundo en arquitectura (morisca en España, Taj Mahal en India); literatura (cuentos de Aladino, Simbad, y otros como en *Las mil y una noches*) y artes visuales (alfombras persas, cerámica, azulejos, pintura, metalistería, arte de la seda). En medicina, Avicena, «padre de la medicina moderna», desarrolló *El cánon de la medicina,* un extenso compendio sistemático del conocimiento médico de aquellos tiempos. En aritmética, fueron introducidos los guarismos árabes, el álgebra (fundada por al-Khawarizmi) y la algoritmia. En ciencia, los pensadores islámicos contribuyeron a la física experimental, la óptica, la psicología experimental, la astronomía y la química (Jabir ibn Hayyan fue conocido como «padre de la química»). En tecnología, contribuyeron con la cámara, el café, las alas delta, el jabón, la bomba de succión de pistón, el reloj mecánico, el cigüeñal, el candado de combinación numérica, las válvulas, el molino de viento, la pluma estilográfica y las gafas.

El historiador inglés Dean Derhak ha escrito sobre la primacía de Andalucía, la celebrada región del sur de España en la que se encontraron la Europa y el África morisca: «A finales del primer milenio, Córdoba fue la fuente intelectual donde acudió a beber la humanidad europea. Estudiantes de Francia e Inglaterra descendieron a la urbe para sentarse a los pies de eruditos musulmanes, cristianos y judíos, para aprender filosofía, ciencia y medicina… la gran librería de Córdoba contenía unos 600.000 manuscritos».[17] Allí, los musulmanes, en el verdadero espíritu de la ijtihad, se sumaron a los eruditos judíos y cristianos para producir conocimiento.

El misionero, educador e historiador Kenneth Scott Latourette describe el impacto ocasionado por el encuentro de mentes árabes, judías y cristianas en Andalucía: «En la España musulmana había escuelas controladas por los árabes en las que estudiaban cristianos y judíos, así como musulmanes. En buena parte a través de ellos el pensamiento griego pasó a disposición de los eruditos cristianos de la Europa Occidental... Bajo la influencia del pensamiento griego, ya directamente, ya a través de intermediarios árabes musulmanes, las mentes activas e inquietas de los eruditos cristianos de Europa Occidental fueron estimuladas y moldeadas en tanto se dedicaban al estudio de la teología».[18]

Retorno al pasado

La muerte de la visión andaluza y la batalla por el alma del islam renació con el ascenso del Genghis Khan en el siglo XIII, en Asia Central. En 1221, el Genghis Khan y su ejército mongol marcharon contra Persia. En 1258 los mongoles conquistaron y destruyeron Bagdad y exterminaron a los miembros del califato abasida.

Ibn Taymiyyah (1263-1328), erudito islámico suní de Siria, bajó el telón de la Edad de Oro del islam liderando un movimiento que restauraría la estrecha concepción fundamentalista —medinense— de la ijtihad. La revelación permaneció; la razón quedó relegada a su interpretación más estrecha. Andalucía se marchitó y murió. Es irónico que los yihadistas anhelen un retorno a la Edad de Oro del islam, pero repudien precisamente el elemento que hizo posible esa era: la *libertad de pensamiento,* en la que musulmanes, judíos y cristianos razonaban juntamente.

Actualmente se da una tendencia entre los fundamentalistas islámicos a retornar a los dogmas de los padres fundadores del islam. El salafismo es un término que usan los teólogos suníes para designar las tres primeras generaciones de musulmanes conocidos como Salaf al-Salih («predecesores piadosos»), los cuales, según se cree, reflejaron la ortodoxia musulmana. Los salafistas y sus próximos wahabís desean volver a la concepción de dichos precursores de los textos y principios del islam. Cualquier desviación del credo o las costumbres de los fundadores del islam debe ser evitada.

Hoy estamos asistiendo a la batalla por el alma del islam. Es la batalla entre la mentalidad y los métodos de la Meca y Medina. Los fundamentalistas estridentes siguen aumentando; los yihadistas marchan sobre las tierras musulmanas y más allá de ellas para batirse en un conflicto que ha empobrecido a millones de musulmanes en todo el mundo.

El declive del islam

El islam ha declinado desde la Edad de Oro andaluza hasta la desolación. La religión que lideró el mundo en el arte, ciencia, medicina e influencia ha decaído entre Occidente y Asia oriental. Un amigo que ha vivido en el pueblo árabe bastantes años me dijo: «No sé cuántas conversaciones habré mantenido en países musulmanes con gente que trae a colación este tema. Ellos mismos no lo entienden. Se preguntan qué pudo ir mal después del esplendor andaluz, se dan cuenta que el Corán y los hadices no han cambiado, por lo cual se preguntan, ¿cómo es posible que la gloria de aquellos días se ocultara tan drásticamente? Es una pregunta/duda importante que debe plantearse la religión del islam».[19]

Ello se debe al cambio de mentalidad, figurativamente de La Meca a Medina, del poder de la persuasión al poder de la espada, de la revelación y la razón a la revelación irracional. Generalmente, la escasez de recursos no causa pobreza. Antes bien, la pobreza tiene su raíz en la influencia cultural y en un capital metafísico limitado. El *Informe de Desarrollo Humano Árabe 2002*, ha evidenciado su utilidad: «La cultura y los valores son el alma del desarrollo…, instrumentales, en el sentido de que ayudan a moldear las esperanzas cotidianas, los temores, las ambiciones, las actitudes y la conducta de las gentes, y además, son formativos porque conforman los ideales de las gentes e inspiran sueños de una vida satisfactoria para ellas y para las generaciones futuras… Los valores no son siervos del desarrollo; son su manantial».[20]

Varios conceptos esenciales están ausentes en las culturas musulmanas: los seres humanos hechos a imagen de Dios; la dignidad de la mujer; el libre albedrío (el islam es fatalista); la dignidad del trabajo; la libertad de religión, de conciencia y de expresion; la importancia de la razón y la libertad de investigación o indagación independiente; y la justicia y la transparencia.

Deberíamos lamentar la pobreza de los pueblos islámicos, especialmente a la luz de los días gloriosos de Andalucía y la inmensa riqueza petrolífera de muchos países musulmanes. No sólo sufren escasez material, sino otra forma de pobreza humana causada no por la falta de capacidad o de recursos, sino por la cultura fundamentalista y las consecuencias de la violencia yihadista.[21]

Más abajo consideraremos brevemente algunas de las causas y efectos del declive del islam.

Restricción de libertad religiosa, económica y política

Después de las libertades más básicas —el derecho a la vida y la libertad de conciencia— le sigue la libertad de culto. El islam fundamentalista se opone al pluralismo social y genera tiranía religiosa. La institución de la *mutaween* (policía religiosa), encargada de la observancia de la ley islámica, comenzó en Arabia Saudí, se extendió a los talibán de Afganistán, y crece en las comunidades fundamentalistas de otros estados islámicos.

Hay una estrecha correlación entre libertad religiosa y libertad económica y política. Los países con menor libertad religiosa tienen también menor libertad económica y política. Los países árabes son abrumadoramente pobres, como ha declarado el estadounidense de origen libanés Fouad Ajami, experto en cuestiones de Oriente Medio: «El producto bruto combinado de veintidós estados árabes… era inferior al de España».[22] Considere los siguientes datos de empleo y renta per cápita: «Un promedio del 15 por ciento de desempleo en los países árabes representa uno de los índices más altos del mundo en desarrollo… Una de cada cinco personas vive con menos de 2 dólares por día».[23]

El Informe de Desarrollo Humano Árabe proporciona información muy valiosa sobre el estado del islam en los países árabes. Según el *Informe 2009 en cifras*, el PNB (producto nacional bruto) regional de una mayoría de países árabes se situaba entre rentas alta y media-baja, mientras que el 80 por ciento de la población árabe vivía en países de rentas baja y media-baja».[24]

El informe prosigue: «La región árabe es una de las dos regiones del mundo en la que el número de personas desnutridas ha aumentado desde la década de los noventa. Unos 25,5 millones de personas mal alimentadas subsisten en la región, lo que representa casi una de cada 10 personas en los países árabes».[25]

El informe *Libertad en el mundo 2012*, de la Freedom House, revela que el 45 por ciento de la población mundial vive en países libres, el 31 por ciento en países parcialmente libres y el 24 por ciento en países sin libertad.[26] La mayoría de los países musulmanes pertenecen a la categoría de países «sin libertad».

El Informe de *Desarrollo Humano Árabe 2002* cataloga la muerte de la libertad en los países islámicos como sigue: «Este déficit de libertad socava el desarrollo humano... Pese a que la aceptación legal (de jure) de los derechos democráticos y humanos es entronizada en constituciones, códigos legales y pronunciamientos gubernamentales, la implementación de facto se suele incumplir, y en algunos casos, deliberadamente descartar».[27]

La confianza pública en las instituciones del estado es débil. «Un estudio sobre seguridad civil, realizado por el Informe de Desarrollo Humano Árabe 2009, descubrió que sólo una minoría de cuatro países árabes incluidos en el estudio manifestaron un fuerte nivel de confianza en las instituciones del estado».[28]

«En seis países árabes está totalmente prohibido formar partidos políticos. En otros, las restricciones y la prolongación del estado de excepción suelen equivaler a una prohibición de *facto*. Hay miles de prisioneros políticos encarcelados en toda la región árabe».[29]

«El índice de calidad de estados de derecho clasifica la región árabe como la segunda peor del mundo [sólo por delante del África subsahariana]. Este índice se ha deteriorado en la región entre 1998 y 2007».[30]

Restricción de la libre investigación

La libertad de investigación o indagación independiente, refleja la libertad de las personas para debatir ideas procedentes del extranjero. Acerca de las limitaciones educativas en los países musulmanes, Fouad Ajami declara: «Aproximadamente el 40 por ciento de los árabes adultos son analfabetos; sólo el 1,6 por ciento de la población tiene acceso a internet, cifra inferior a la de los estados subsaharianos. La totalidad del mundo árabe tradujo menos libros extranjeros que Grecia».[31] Unos sesenta y cinco millones de árabes son analfabetos; de ellos, dos tercios son mujeres.[32] «En el último milenio se tradujeron al árabe menos de 10.000 libros, lo que equivale al número de libros traducidos al español por año».[33]

¿Qué aspecto ofrece la libertad de expresión islámica? «En el mundo árabe, las restricciones impuestas sobre la libertad adoptan la forma de limitaciones legales a publicaciones, asociaciones, asambleas generales y medios electrónicos, lo que impide que éstos lleven a cabo su función comunicativa y cultural».[34]

Un amigo que ha trabajado años en Oriente Medio me contó que una vez habló con unas vecinas que asistían a la escuela coránica. «Les pregunté qué estaban aprendiendo y recibí la típica respuesta de "Corán" o "No hay más dios que Alá, y Mahoma es su mensajero". Les pregunté si alguna vez preguntaban algo al imam. Con rostros espantados exclamaron que no podían hacer preguntas. Si lo hacían eran golpeadas con el palo o enviadas a casa avergonzadas para recibir una sentencia más dura de sus padres».[35] El espíritu de Andalucía ha sido purgado de las culturas árabes.

Corrupción

La corrupción es un gran obstáculo que se opone a la libertad política y económica. Los países del norte de Europa y América del Norte, acunados en la cosmovisión judeocristiana, han sido históricamente menos corruptos. Según el Informe 2007 de Percepción de la Corrupción, de Transparencia Internacional, en una lista de 179 países «no hay países musulmanes clasificados entre los diez primeros (menos corruptos). Tampoco los hay entre los 20 primeros, ni entre los 30. El país musulmán con menos corrupción, Qatar, figuraba en el puesto 32 de la lista».[36]

Déficit tecnológico

Durante la Edad de Oro del islam, los árabes y los expertos en dhimma, lideraron el mundo en ciencia y tecnología; pero actualmente los musulmanes sufren retraso, que se refleja en buena medida en la escasez de publicaciones científicas. Athar Osama, ingeniero e investigador de políticas públicas, escribe acerca de la escasez de publicaciones científicas en el mundo islámico: «Los países musulmanes contribuyen sólo al 2,5 por ciento de los más de 11,5 millones de trabajos que se publican cada año en el mundo. Esto refleja la poca estima que se concede a la investigación científica en general, y a la publicación de hallazgos científicos en particular, en gran parte del mundo islámico».[37]

El futuro desconocido

Una vez más, deberíamos llorar ante la pobreza del mundo islámico. Además, los cristianos debieran recordar que, por lo que se refiere a las creencias básicas, tenemos más en común con los compañeros monoteístas que con los ateos. Entre otras cosas, creemos que hay un Creador que se ha revelado a la humanidad a través de un libro, y creemos en un universo moral. Estos y otros denominadores comunes contrastan rigurosamente con el concepto de realidad naturalista, impersonal y amoral del ateísmo. El sentido de asociación entre los cristianos y los musulmanes crece o decrece en función del resultado de la actual batalla por el alma del islam.

Al escribir estas líneas, se respira revolución por todo el norte de África y Oriente Medio. Denominada «Primavera Árabe» por los medios de comunicación occidentales, se trata mayormente de un conflicto generacional entre el antiguo orden autocrático y la juventud, que expresa su deseo de «respirar en libertad». No obstante, en este momento parece que la Primavera Árabe se trocará en «Invierno Árabe». Parece que los jóvenes reformadores y secularistas en la vanguardia de la revuelta están siendo sustituidos por yihadistas y fundamentalistas. En vez de libertad y estado de derecho, se está instaurando la ley de la sharía. Los viejos autócratas están siendo reemplazados por nuevos tiranos religiosos. Debemos entender que hace falta más que una revolución para instaurar la libertad. La libertad, como veremos más adelante, nace de la narrativa del teísmo judeocristiano, de una cosmovisión basada en principios bíblicos.

A medida que prosigue la lucha por el alma del islam, los musulmanes radicales tratan de conquistar el mundo por medios violentos, activamente enrolados en la jihad, que en seguida pasamos a examinar.

CAPÍTULO 3

La tiranìa de la yihad

Nunca pediremos ni aceptaremos la paz. Sólo aceptaremos la guerra y la restauración de la tierra usurpada. Hemos resuelto regar esta tierra con nuestra sangre, expulsar a los agresores y arrojarlos al mar para siempre.

—HAFEZ AL-ASSAD

Para los musulmanes, el mundo se divide entre los fieles a Alá y los que no le conocen. Sayyid Qutb (1906-66), autor, poeta y padre intelectual de la militancia islámica moderna, identifica dos clases de sociedad: islámica y *jahil* (ignorante).[1]

Dicho de otra manera, el mundo se divide en *dar al-islam* y *dar al-harb* —casa del islam y casa de la guerra—. La casa del islam está gobernada por los musulmanes bajo la ley sharía (ley islámica). Muchos musulmanes fieles comparten una misión: someter a todo el mundo bajo un sistema de gobierno marcado por la autoridad político-religiosa y la uniformidad del islam. Como hemos visto, algunos musulmanes procuran llevar esto a cabo mediante la persuasión, mientras que otros emplean la tiranía.

Las gentes que no observan la sharía son *jahiliyya* (ignorantes) y constituyen la *dar al-harb*, casa de la guerra. Países como EEUU e Inglaterra, y países musulmanes moderados como Marruecos y Jordania, son *jahiliyya*. Por tanto, están en perpetuo estado de guerra contra dar al-islam hasta que sean sometidos a la ley islámica o conquistados por la espada.

La casa de la guerra está inmersa en una batalla que sólo tiene un final aceptable. La guerra se lidiará hasta que toda persona y nación se una a la casa del islam y los ignorantes proclamen el Shahadah: «No hay más dios que Alá y Mahoma es su profeta».

Basándose en la vida de Mahoma, Sayyid Qutb menciona varias fases de la guerra islámica: «tiempo pacífico de preparación, migración, creación de un estado islámico y, finalmente, guerra abierta».[2]

A través de la historia, las civilizaciones han procurado restringir las prácticas más atroces de la guerra. La Convención de Ginebra, desarrollada después de las atrocidades cometidas en la Segunda Guerra Mundial, supuso un importante esfuerzo moderno por humanizar la guerra. De igual manera, los musulmanes han establecido límites. Como señala Mary Habeck, «la jurisprudencia islámica se basó en el Corán, el hadiz y la vida de Mahoma para determinar la manera islámica correcta de hacer la guerra. La mayoría determinó que las mujeres, los niños, los frailes o las monjas, no combatientes, no podían ser aniquilados; los cautivos no podían ser masacrados inmediatamente; e incluso los animales y los árboles tenían ciertos derechos».[3]

Sin embargo, los yihadistas rechazan tales restricciones, ora propuestas por comunidades internacionales, ora por colegas musulmanes moderados. Para los yihadistas, la sharía antecede a la ley internacional. Ellos abogan por aterrorizar a los civiles y a las naciones para que se sometan. Su guerra es un conflicto sin cuartel.

Significado de la yihad

La palabra yihad aparece dispersa en todo el Corán y significa «luchar, combatir, esforzarse en el camino de Alá». Yihad tiene tres acepciones tradicionales, dos de las cuales reflejan los textos de La Meca y una los textos de Medina. Casi siempre yihad hace referencia a conflicto violento y como tal lo entienden no sólo los extremistas sino la inmensa mayoría de los musulmanes. La pequeña minoría sufí, impulso místico en el islam, interpreta la yihad como un combate interno por la perfección. Los reformadores y los moderados interpretan la yihad —sexta columna del islam— en el sentido de persuadir a los no musulmanes de la veracidad de la fe islámica.

Occidente yerra al no distinguir estas precisiones. Los sufíes y los reformadores pueden interpretar la yihad en un sentido no violento, pero estos grupos son considerados infieles y no son tomados en serio por los yihadistas y otros fundamentalistas que entienden la yihad como violencia y lucha por la defensa de la verdadera religión.

En 1981, el extremista Ayatollah Ruhollah Musavi Khomeini llamó a los musulmanes a la guerra contra los infieles: «Los musulmanes no tienen alternativa si desean que los que detentan el poder obedezcan las leyes y los principios del islam. La guerra santa significa conquista de todos los territorios no musulmanes, y *todos los musulmanes están obligados a combatir en esta guerra*».[4]

La Guerra Santa se declara contra los *kuffar,* pueblos o estados que no reconocen a Alá ni a Mahoma, el profeta de Alá. *Kuffar* (en singular, *kafir*) procede de una raíz árabe que significa «cubrir» y designa a los que encubren la verdad. Hay dos tipos de *kuffar*. El primero comprende los no musulmanes, e incluye gentes de otras creencias, como ateos y paganos. El segundo, los musulmanes que apostatan. El acto de un musulmán por el que declara a otro apóstata se denomina *takfir,* y para los yihadistas es el derecho de matar apóstatas.[5] Los musulmanes pueden ser declarados apóstatas si se alinean estrechamente con Occidente.[6] Frecuentemente, la declaración del takfir es seguida por una fatwa (normalmente, por el fallo de un *muftí* o experto en la ley islámica). Tal mandato equivale a emitir una orden sobre la vida de una persona, permitiendo a los yihadistas asesinarla sin impunidad.

Dos concepciones yihadistas

Aunque los yihadistas atacan a Occidente y a los musulmanes moderados, es importante entender que también se atacan unos a otros. Esto es consecuencia de la división histórica del islam chií y el suní (véase capítulo 2). La división de chiíes y suníes dio lugar a varias matanzas a través de la historia. La guerra Irán-Iraq (1980-88) es un ejemplo trágico de esta disputa, en este caso entre los suníes seculares de Iraq (que dominaron a una población chiita mayoritaria) y los religiosos chiitas de Irán.

Dos concepciones yihadistas han brotado de la división entre el islam suní y el chií. Aunque tanto los yihadistas suníes como chiíes desean que el islam domine el mundo, los yihadistas suníes se esfuerzan por llevar a cabo su objetivo mediante la purificación violenta del mundo, mientras que los yihadistas chiíes tratan de iniciar un conflicto bélico global. Ambas concepciones contrastan con la de los musulmanes más moderados que procuran expandir el islam por medios no violentos.

Quizá, uno de los grupos yihadistas mejor conocidos sea al-Qaeda, dirigido por el finado Osama bin Laden y Ayman al-Zawahiri. Su meta es «establecer la verdad, acabar con el mal e instaurar una nación islámica».[7]

El frente yihadista chií está dirigido por el Líder Supremo de Irán, Alí Jamenei, y el presidente radical de Irán, Mahmud Ahmadineyad. Su meta consiste en dominar todo el mundo, como manifestó el ayatollah Jamenei: «Exportaremos nuestra revolución a todo el orbe. Habrá batalla hasta que el grito de "Alá Akbar" resuene por todo el mundo. Habrá yihad... El islam es una religión de militantes... El islam resultará victorioso en todos los países del mundo, y el islam y las enseñanzas coránicas prevalecerán en él».[8]

La cultura de la muerte

La cosmovisión judeocristiana fomenta una cultura de la vida. Debido a que los seres humanos han sido creados a imagen de

Dios, cada individuo tiene valor intrínseco y Dios le ha concedido derecho a la vida. Toda vida humana, desde la concepción hasta la muerte natural, en cualquier nivel social, es sagrada. Yo creo firmemente que los seres vivos están diseñados para la vida e instintivamente rechazan la muerte como enemigo.

Una sola vida humana tiene una importancia incalculable. Este es el mensaje de la película de Stephen Spielberg, galardonada en 1998 y basada en una historia real, *Salvemos al soldado Ryan*. Durante la invasión aliada de Normandía, en la Segunda Guerra Mundial, un pequeño grupo de soldados estadounidenses fue enviado a rescatar al soldado Ryan, cuyos tres hermanos ya habían caído en el frente. Los jóvenes arriesgaron sus vidas hasta el extremo para salvar la de un solo hombre, el último hijo vivo de su familia.

Los yihadistas se crían en una cultura de muerte. Son instruidos para renegar de su propio instinto natural que les anima a vivir y optan por la muerte. Como manifestó Osama bin Laden en su declaración de guerra: «Estos jóvenes [los yihadistas] aman la muerte como vosotros la vida».[9] La extendida práctica de los ataques suicidas revelan que los yihadistas odian a los musulmanes moderados, a Israel y a Occidente más de lo que aman sus propias vidas.

La primer ministra israelí Golda Meir captó con inolvidable claridad esta cultura de la muerte en una alocución pronunciada en el National Press Club de Washington, DC.: «La paz llegará cuando los árabes amen a sus hijos más de lo que nos odian a nosotros», dijo, implicando que muchas madres palestinas odian a Israel más de lo que aman a sus propios hijos»[10] Doce años después, en una conferencia de prensa concedida en Londres, Meir declaró: «Cuando llegue la paz quizá nosotros podremos con el tiempo perdonar a los árabes por haber matado a nuestros hijos, pero nos resultará más difícil perdonarles por habernos obligado a matar a los suyos».[11]

El jeque Yusuf al-Qaradawi, «el teólogo musulmán del terror», ha declarado: «Los israelíes podrán tener bombas nucleares, pero nosotros tenemos la bomba de los niños y las bombas humanas deben continuar hasta la liberación».[12] El experto en temas de

Oriente Medio Walid Phares afirma que los yihadistas «alaban la muerte como arma para precipitar la victoria, pero también dan culto al concepto de matar por amor a la ideología. "*Naashaq'ul maout kama taashaqun al hayat*" ("estamos enamorados de la muerte")».[13]

La página web de Hamas proclama: «Por la gracia de Alá, hemos levantado una generación ideologizada que ama la muerte tanto como nuestros enemigos aman la vida».[14]

El martirio al servicio de Alá garantiza acceso inmediato al paraíso. La muerte de Ibn Omar Mohamed, caudillo voluntario de las Fuerzas Populares de Defensa del norte de Sudán, no fue seguida de un funeral, sino de su «desposorio». Su familia atavió su cadáver como se suele hacer con un novio, y en este caso, acompañado, además, de setenta y dos novias vírgenes.[15]

El símbolo de la yihad es la espada: conquistar el mundo para Alá. El símbolo del cristianismo es la cruz: el sacrificio del yo para que otros puedan vivir. La yihad llama a sus hijos a matar por Alá para obtener la salvación. El Dios del cristianismo envió a su único Hijo a morir por nuestra salvación. La yihad imputa justicia por medio de obras: se entra en el paraíso perpetrando la muerte de infieles. El cristianismo enseña que la justicia es por gracia: la salvación es por fe en la obra acabada de Cristo en la cruz.

Tácticas yihadistas

El islam se extiende por medios violentos y no violentos. Muchos musulmanes aborrecen la violencia y escogen palabras y actos que afirman la vida para propagar su religión. Los yihadistas, por otra parte, usan cualquier medio, incluida la violencia, con tal de alcanzar su objetivo.

Tecnología y propaganda

Los grupos yihadistas se sirven del internet y la tecnología digital para involucrar a los musulmanes en el combate. Sin los límites de las estructuras gubernamentales, los yihadistas pueden movilizar rápidamente a los musulmanes valiéndose del internet y la televisión por satélite. En septiembre del 2005, cuando un periódico danés publicó ciertas caricaturas políticas de Mahoma, corrió la noticia como la pólvora en las páginas de los noticieros islámicos, y se produjeron alborotos casi al instante en Europa y el mundo musulmán.

Educación

Otra táctica yihadista ha sido la multiplicación de la fundación de *madrasas,* escuelas religiosas islámicas. Las madrasas no enseñan matemáticas, ciencia, arte, historia, literatura o pensamiento, sino que se ciñen a la instrucción religiosa islámica. El laureado con el premio Pulitzer, Thomas Friedman, ha escrito: «Para muchos jovencitos pakistaníes, la única manera de conseguir una educación y tres comidas al día es asistir a una madrasa. En 1978 había tres mil madrasas en Pakistán; actualmente hay treinta y nueve mil, cuya mayor parte producen jóvenes no aptos para la modernidad, que tienen escaso trato con las mujeres y son hostiles a todo lo que simboliza a Occidente».[16]

La riqueza petrolífera saudí ha financiado escuelas wahabís por todo el mundo, así como departamentos de estudios islámicos en las principales universidades occidentales. Alex Alexiev, investigador en el Centro de Política de Seguridad anota: «Aunque nadie sabe a ciencia cierta cuánto han gastado los saudíes en establecerse en regiones no musulmanas, especialmente en Europa Occidental y América del Norte, las sumas son evidentemente enormes. Según informaciones oficiales, los saudíes han construido más de 1.500 mezquitas, 210 centros islámicos, 202 universidades islámicas y 2.000 escuelas para educar a los musulmanes en países no musulmanes».[17] Además de centros culturales islámicos, se están construyendo mezquitas en los campus de las principales universidades estadounidenses.

Sharía

Los fundamentalistas procuran crear «sociedades paralelas» en sus países adoptivos en todo el mundo, no sólo manteniendo su lengua y su cultura étnica, sino también mediante la aplicación de la sharía en sus comunidades. La sharía permite el «asesinato por honor», a ejecutar por los familiares o parientes varones de una mujer adúltera que haya flirteado o sido violada. Tales actos arruinan el honor familiar. La parte ofensora debe morir para que el honor sea restaurado. En EEUU y Europa tienen hoy lugar asesinatos por honor. El 20 de octubre de 2009, Noor Almaleki falleció en Peoria, Arizona, después que su padre Faleh Hassan Almaleki la atropellara con su auto. Noor había acarreado vergüenza a la familia por haberse occidentalizado demasiado y rehusado un matrimonio concertado en Iraq. Además, vivía con su novio estadounidense y con la madre de éste, terreno propicio para el asesinato según la sharía.[18] Almaleki fue convicto de asesinato en segundo grado en febrero de 2011.

Engaño

El engaño (taqiya) es una virtud en dar al-islam, una táctica en la lucha yihadista contra sus enemigos. Es bueno falsear, ocultar o mentir para impulsar el avance del islam. En muchas partes del mundo rara vez son conocidos los políticos por su integridad. Por ejemplo, el desaparecido presidente secularista palestino Yaser Arafat, solía llevar la taqiya a niveles extremos. Cuando se dirigía al mundo de habla inglesa, Arafat aseguraba defender la paz con Israel para poner fin al conflicto palestino-israelí. Pero cuando se dirigía en árabe al mundo musulmán, invocaba una yihad perpetua hasta que Israel fuera removido de la faz de la tierra. La herencia judeocristiana que afirma la confianza y la honestidad, tan necesarias para una sociedad libre y próspera, es despreciada y rechazada por los yihadistas. No es de extrañar que tantas sociedades islámicas sean pobres a pesar de su abundancia.

Paz táctica

La paz táctica (*hudna*) no es una paz permanente sino un cese el fuego, o cese temporal de hostilidades, que permite a los yihadistas rearmarse, reagruparse y prepararse para volver a la lucha. David

Bukay, profesor de estudios sobre Oriente Medio en la Universidad de Haifa, ha dicho: «Los árabes conciben la paz como un instrumento táctico para conseguir un objetivo estratégico: derrotar al enemigo. La paz constituye una pausa temporal en la guerra continua contra el enemigo, hasta que el islam controle todo el mundo».[19] Hemos sido testigos de incontables hudnas en el conflicto de Oriente Medio. El cese al fuego de 2006 en la guerra Israel-Hezbolá fue una ocasión que aprovecharon los yihadistas para reorganizarse, rearmar sus tropas y prepararse para el siguiente asalto.

Los extremistas tienen pocas esperanzas de derrotar militarmente a EEUU y sus aliados occidentales. Pero si pueden sembrar el pánico en el corazón de la población civil, tal vez los gobiernos occidentales capitulen ante las exigencias yihadistas. Tal modelo se ha repetido muchas veces en Europa y EEUU.

Bombas

Ya hemos mencionado algunos de los ataques con bomba usados como táctica previa y posterior al 11/9. Desde el 11/9 ha habido atentados en Bali, Madrid y Londres que segaron muchas vidas. El atentado de Bombay también segó muchas vidas en La India. Casi cada semana explota una bomba en algún lugar, aunque muchos atentados resultan frustrados.

Secuestros

Una de las primeras tácticas terroristas fue el secuestro de aviones y barcos. Los cuatro aviones secuestrados el 11/9 son un buen ejemplo.

Raptos y captura de rehenes

Quizás el caso más famoso de captura de rehenes ocurrió el 4 de noviembre de 1979, cuando un grupo de estudiantes iraníes e islamistas militantes sitiaron la embajada de EEUU en Teherán y retuvieron a cincuenta y tres ciudadanos estadounidenses como rehenes durante 444 días. Los islamistas también han hecho rehenes en otros países, como Filipinas y Yemen.

Ejecuciones

El 23 de enero de 2002, yihadistas de al-Qaeda secuestraron al periodista judío-estadounidense Daniel Pearl en Karachi, Pakistán. La semana siguiente fue apaleado y torturado antes de ser decapitado ante las cámaras.

Utilización de niños

Los yihadistas utilizan regularmente mujeres, niños y mayores como escudos humanos y colocan líneas de fuego detrás de muchedumbres civiles, o equipamiento militar en, o cerca de terrenos escolares, hospitales y mezquitas, para provocar a los infieles a atacarles. El 20 de marzo de 2007 se acercó un auto a un punto de control en Bagdad. Los soldados estadounidenses, al ver que viajaban dos niños en la parte trasera, evacuaron el vehículo. Una vez pasado el control, los adultos saltaron fuera del auto y detonaron una bomba, que destruyó el vehículo con los niños dentro.[20]

Hasta que todo el mundo sea casa del islam, los yihadistas combatirán contra el resto del mundo, casa de la guerra. Pelean por un imperio político-religioso, por un califato global.

El califato global

La palabra árabe *ummah,* «comunidad de creyentes» o «nación» alude a la comunidad musulmana global. Los islamistas procuran una ummah sin fronteras. Mientras que los musulmanes reformados y moderados se conforman con vivir en una sociedad pluralista, los fundamentalistas y yihadistas no desean otra cosa que un califato global.

Como dijimos antes, *califato* procede del árabe y denota jefatura de estado regida por un califa. El califa es un líder político y religioso que aplica la sharía a toda la sociedad, no sólo al ámbito religioso. Los yihadistas no se conforman con gobernar sus propios países; como universalistas, intentan sustituir todos los estados por un imperio islámico. No desean la unión de las naciones, sino uniformidad bajo la sharía. Su objetivo es *dar al-islam* (casa del islam).

El estadounidense de origen libanés Walid Phares, experto en cuestiones de Oriente Medio y terrorismo internacional, dice que «el califato no sólo ejercía la función de interpretar textos sagrados, sino que representaba también un ejercicio de poder y de gobierno equivalente al papado y al emperador fundidos en uno».[21]

El islam tuvo una vez califatos desde Afganistán hasta Portugal, en Oriente y Occidente, desde el norte de África al sur de Europa. El emperador cristiano de Bizancio Justiniano I edificó la catedral de Santa Sofía, una de las más hermosas del mundo. Cuando los musulmanes conquistaron Constantinopla (actualmente Estambul), convirtieron el templo en una mezquita. Una amiga me contó que había visitado la hermosa edificación del siglo VI, convertido en museo en los años 30 por Ataturk, quien fuera presidente secular de Turquía. Ella recuerda que los guías señalaban con orgullo medallones con los nombres inscritos de los cuatro primeros califas y declaraban que esperaban que un día no lejano los califas volvieran a reinar.

Los yihadistas están implicados en una triple misión, o *dawa*, relacionada con el califato. Su primer objetivo es restaurar el islam en todos los países que fueron un día parte de un califato. Esto excluye la paz con Israel; Israel debe desaparecer como nación-estado. En segundo lugar, desean extender el califato hasta incluir a los cincuenta y siete países islámicos del mundo. La fase final es limpiar el mundo de la moral occidental y la bancarrota espiritual concluyendo la dawa y estableciendo un califato universal.

Las solemnes palabras de Walid Phares resumen efectivamente esta sección:

> El término «califato», con todos sus derivados lingüísticos y doctrinales de la terminología salafí actual, está tan cargado y politizado como el «Tercer Reich» lo estuvo para los nacional-socialistas durante la Segunda Guerra Mundial. El «califato» personifica todo aquello que los yihadistas preparan, por lo que trabajan y por lo que matan. Esta palabra ES básica en la guerra del terrorismo... La reinstauración del «califato» es la razón principal por la que

> Osama bin Laden, Ayman Zawahiri, Zarqawi y Adán Gadahn han declarado y llevado a cabo una guerra contra el pueblo de EEUU. Dada su importancia en las actividades yihadistas, el término debe ser tomado en serio.[22]

Las Naciones Unidas reconocen actualmente 192 estados soberanos y sus territorios. Otras once entidades reclaman o procuran ser estados, pero no son universalmente reconocidas como tales. Algunos ejemplos serían el Estado-Ciudad del Vaticano, entidad soberana, pero no universalmente reconocida; Taiwan, que reclama su soberanía, aunque la ONU lo considera territorio de la República Popular China; y el pueblo palestino, que desea emerger del limbo y constituir su nacionalidad.

Los yihadistas quieren cambiar todo este estado de cosas. Vituperan el nacionalismo. Rechazan las fronteras y tratan de instaurar un califato universal, dar al-islam —la casa del islam.

Todo lo anterior plantea una importante cuestión: ¿Es el islam una religión de paz?

¿Una religión de paz?

Una semana después del 11 de septiembre, el presidente George W. Bush visitó el centro islámico de Washington, DC, para tender puentes con la comunidad islámica y tranquilizar los temores del pueblo estadounidense. Durante su breve charla identificó el islam como una religión de paz: «El rostro del terror no es la verdadera faz del islam. El islam no trata de eso. El islam es paz. Estos terroristas no representan la paz. Representan el mal y la guerra».[23]

¿Es el islam una religión de paz? Más importante aún, ¿equivale el concepto occidental de paz, extraído de la Biblia y cimentado en la Paz del Mesías al concepto musulmán de paz?

Si examinamos la raíz del concepto occidental de paz, tal como establecen las Escrituras en el Antiguo y el Nuevo Testamento, podremos compararlo con el concepto islámico correspondiente.

En el Antiguo Testamento, la palabra hebrea *shalom* se traduce por «paz». Su campo semántico abarca: prosperidad (circunstancias favorables); acabamiento (plenitud de una colección); seguridad/salvación (ausencia de peligro); salud (bienestar o integridad); satisfacción/contentamiento; y bendición (muestra de amabilidad).[24] Se suele dar a shalom el sentido de perfeccionamiento de la existencia humana: bienestar, salud y ausencia de preocupaciones. En el Nuevo Testamento, la palabra *eirēnē* se traduce por «paz». Significa armonía, tranquilidad.[25]

Estos conceptos bíblicos aparecen en el *American Dictionary of the English Language Webster,* de 1828, que define la paz de la siguiente manera: «Estar en paz, reconciliado; vivir en armonía. Descanso celestial; la felicidad del cielo. Tranquilidad pública; quietud, orden y seguridad garantizados por las leyes».[26] Así pues, en Occidente, paz significa armonía, comunión, plenitud, tranquilidad, serenidad, salud, bienestar y seguridad —ausencia de guerra o de peligros y ausencia de ansiedad o de preocupación.

Debemos evitar la tentación de asumir que el islam comparte la noción occidental de la paz. Como vimos anteriormente, el término *islam,* deriva de la raíz árabe traducida por «seguridad» o «paz», y significa literalmente «aceptar», «rendir» o «someter». La paz nace solamente de la completa sumisión o rendición a Alá y al islam.

Tal como el concepto unitario de Dios en el islam difiere del concepto trinitario bíblico, así también el concepto musulmán de paz es muy distinto del cristiano. Syed Kamran Mirza, miembro del Instituto para la Secularización de la Sociedad Islámica, define la naturaleza de la paz islámica: «La concepción islámica de la paz significa sumisión o rendición. La paz es posible (según el islam) después de la rendición o el sometimiento del yo. ¿Sumisión o rendición a qué? Sumisión a Alá y a su mensajero Mahoma. Por lo tanto, la paz (islámica) sólo existe en dar al-islam —casa de sumisión—, después de la conversión al islam».[27]

Según contemporáneos no musulmanes de Mahoma, éste usó la expresión árabe *aslim taslam,* «acepta el islam y serás salvo».[28] La paz islámica deriva de la rendición a Alá y al Corán.

Basam Tibi, reformista musulmán oriundo de Siria, profesor de relaciones internacionales en la Universidad de Gotinga, advierte que es necesario distinguir entre el concepto occidental y el islámico de paz: «En primer lugar, ambos bandos deberían reconocer sinceramente que aunque usen términos idénticos, significan cosas distintas para cada uno de ellos. La palabra 'paz', por ejemplo, implica para un musulmán la extensión de dar al-islam —o casa del islam— al mundo entero».[29]

Uwe Siemon-Netto, corresponsal internacional de asuntos religiosos de United Press, comenta la obra del profesor Tibi: «Según Tibi, la pretensión de la conversión de todo el mundo al islam es una pieza inamovible de la cosmovisión islámica. Sólo si se lleva a cabo esta tarea —si el mundo deviene dar al-islam— será también dar a-salam, o casa de paz».[30] El objetivo islamista es expandir los límites de dar al-islam a costa de dar al-harb.

Los islamistas equiparan los términos «espada» y «rendición». La conversión de la yihad es por la fuerza y el filo de la espada. Esto contrasta con la conversión judeocristiana mediante la persuasión y la emancipación. Como símbolo del islam, la espada aparece en las banderas de varios países islámicos y entidades, como Omán, Afganistán y Hamas. La bandera saudí tiene la espada, y además una versión abreviada de la Shahadah islámica, o testimonio de fe: «No hay dios sino Alá y Mahoma es su profeta».

¿Es el islam una religión de paz? Sí y no. Sí, el islam cree en la paz, pero no en la paz como se define en Occidente. Paz según la mentalidad islámica significa rendición, una cabeza inclinada ante la espada. No se puede entender el islam sin comprender cómo interpreta términos como la «paz».

Una cabeza de playa en Occidente

El islam está estableciendo una cabeza de playa en Occidente, llenando el profundo vacío espiritual que caracteriza a Europa y se extiende por EEUU. Una universidad británica estima que en

Inglaterra se han convertido al islam cien mil personas.[31] La NBC News informa que en los EEUU veinte mil personas se convierten cada año, cuatro mujeres por cada hombre.[32] La cultura judeocristiana de Occidente fomenta la libertad religiosa, pero el islam no conoce esta libertad. En muchos países islámicos, el musulmán que se convierte a Cristo lo hace a costa de poner en riesgo su vida.

El FBI informó recientemente que de las dos mil mezquitas que hay en EEUU, un 10% predican la yihad».[33] Y parece que estos sermones están dando fruto. Hezbolá, Al-Qaeda y otros grupos más pequeños y menos conocidos tienen células en EEUU. Estas células alistan e instruyen terroristas nacionales para llevar a cabo ataques en EEUU y en el mundo. El médico reformista musulmán M. Zuhdi Jasser ha documentado la visión y el movimiento yihadista en EEUU en su original documental *La tercera yihad*.[34]

Un artículo titulado «Una célula yihadista estadounidense planeó ataques en Israel, Jordania, Kosovo» pormenorizó el arresto de un grupo terrorista dirigido por Daniel Boyd, natural de Carolina del Norte, en julio de 2009: «Ocho hombres, entre ellos siete residentes en Carolina del Norte, fueron acusados el lunes por un gran jurado federal de EEUU por proyectar llevar a cabo ... «yihad violenta ... en Israel, Jordania y Kosovo. Con tal fin, los miembros de la célula almacenaron armas, se instruyeron en un campamento establecido en Carolina del Norte, viajaron a Oriente Medio y Kosovo y reclutaron compañeros musulmanes. También fueron acusados de proporcionar ayuda a terroristas, como instruirles en el uso de armas, recaudar fondos y preparar viajes».[35]

En octubre de 2002, John Allen Mohamed y Lee Boyd Malvo —los Francotiradores de la Circunvalación— iniciaron un ataque de disparos al azar en Virginia, Maryland y Washington, DC. En tres semanas mataron a diez personas e hirieron de gravedad a otras tres. Después de su apresamiento, la prensa ignoró mayormente el hecho de que ambos varones eran musulmanes y la posibilidad de que sus actos fueran yihad. En la cárcel, Malvo, el asesino más joven, dibujó un retrato de sí mismo y de Mohamed aseverando: «Les mataremos a todos. Yihad ... ¡Allahu Akbar!». Otro dibujo incluía un poema escrito por el actual primer ministro turco, Recep Tayyip Erdogan, que dice así: «Nuestros minaretes son nuestras bayonetas, nuestras mezquitas son nuestros cuarteles, nuestros creyentes son nuestros soldados».[36] También, la mayoría de los medios ignoraron adrede que Mohamed era culpable «bajo una ley antiterrorista aún no aplicada», según la cual «la matanza "concordaba con la directiva u orden" contra un sujeto implicado en acto terrorista».[37]

El comandante Nidal Malik Hasan, psiquiatra en el ejército de EEUU, asistió a una de las mezquitas más grandes del país, Dar al-Hijrah, en Falls Church, Virginia. Las autoridades creen que Hasan era alumno del clérigo radical Anwar al-Awlaki, que enseñaba en esa mezquita.[38] En junio de 2007 Hasan conmovió a sus colegas cuando, en vez de disertar sobre un tema de salud y ceñirse al programa de la conferencia, hizo una presentación titulada *Una concepción coránica relativa a los musulmanes en el ejército de los EEUU.* El 6 de noviembre de 2009, el Comandante Hasan abrió fuego en Fort Hood, Texas, al tiempo que gritaba «Allahu Akbar» (Dios es grande), aniquilando sistemáticamente a catorce personas (entre ellas un niño no nacido) e hiriendo a treinta.

Los islamistas han descubierto que las cárceles estadounidenses son un terreno fructífero para hacer proselitismo entre los reclusos jóvenes de origen pobre y disfuncional. El Fundador de las Fraternidades Carcelarias, Chuck Colson, suscito el debate, como también el director del FBI Robert Mueller, quien ha calificado las prisiones estadounidenses de «terreno fértil para los extremistas».[40] En una audiencia ante el Comité de Seguridad Interior y Asuntos de Estado, la senadora Susan M. Collins disertó sobre los «presos como población particularmente apta para la radicalización».[41] El Fiscal General de Estados Unidos, Alberto Gonzales, ha declarado: «La amenaza de las células terroristas de origen nacional —radicalizadas online, en las cárceles y en grupos de almas socialmente marginadas— pueden ser tan peligrosa como al-Qaeda, si no más».[42]

Estos ejemplos deberían bastar para mostrar que la amenaza de la yihad es muy real, tanto si los occidentales la reconocen, o la creen, como si no. Los que valoran la libertad deben despertar a la realidad de la guerra de Oriente. Los cristianos, como veremos en la segunda parte de este libro, tienen la oportunidad de demostrar el poder del amor sobre el odio en este conflicto de cosmovisiones.

Pero antes de tocar este punto, debemos afrontar otra realidad: nos hallamos inmersos en otra guerra que se dirime en nuestra propia cultura. Y esta guerra, como veremos, está íntimamente relacionada con la guerra de Oriente.

CAPÍTULO 4

La guerra en Occidente: Las guerras culturales

Nuestro país está fundado sobre una farsa: nuestros antepasados fueron blancos, ricos, dueños de esclavos que querían hacer las cosas a su manera. Así que, cuando veo la bandera estadounidense me digo: «Cielo santo, me estás insultando». El poder hacer un desfile de homosexuales en la calle Christopher de Nueva York, en la que se exhiben hombres y mujeres desnudos sobre una carroza, vitoreando: «Henos aquí, somos homosexuales» —eso es lo que me inflama el corazón. No la bandera, sino un hombre o una mujer homosexual que quema la bandera. Me atraganto de orgullo.

—Janeane Garofalo

Generaciones de estadounidenses se han emocionado ante las estrellas y las barras, pero a Janeane Garofalo se le pone carne de gallina viendo homosexuales desnudos quemar la bandera estadounidense. Se está disputando el alma de Occidente. Está en juego la misma esencia de la sociedad occidental, en general, y de los Estados Unidos de América, en particular.[1]

En los primeros tres capítulos examinamos la amenaza externa al mundo occidental, la guerra de Oriente. Ahora nos fijaremos en una crisis interna. La guerra en Occidente es una batalla de ideas, ideales y concepciones enraizadas en cosmovisiones contrapuestas. Es una guerra cultural. Un bando resultará victorioso y el otro perdedor. Una batalla se perdió en Europa cuando el consenso cultural negó resueltamente la rica herencia cristiana que constituyó la base de la civilización occidental. En los EEUU, la batalla se está aún dirimiendo. La cosmovisión que venza decidirá la naturaleza de la sociedad estadounidense y si vamos a seguir siendo una nación libre. También determinará la manera en que Occidente responderá a la guerra de Oriente.

La fundación de una nación

John Adams, segundo presidente de EEUU, dijo en enero de 1776: «La base de todo gobierno dimana de algún principio o pasión en la mente del pueblo. Por tanto, los principios más nobles y los afectos más generosos de nuestra naturaleza tienen más posibilidades de apoyar los modelos más nobles y generosos de gobierno».[2]

Análogamente, el gran novelista ruso Aleksandr Solzhenitsyn escribió: ««La fortaleza o debilidad de una sociedad depende más de la calidad de su vida espiritual que de su nivel de industrialización. Ni una economía de mercado ni siquiera la abundancia generalizada constituye el máximo logro de la vida humana. Si la energía espiritual de un país está agotada, no será salvada del colapso por la estructura gubernamental más perfecta o por ningún desarrollo industrial».[3]

Las naciones se fundan sobre ideales y convicciones religiosas, que, a su vez, conforman la cultura. Es decir, la cultura es una manifestación del culto. El *culto* (sistema de adoración), ya sea ateo, demoníaco o teísta, producirá la *cultura* de un pueblo. A su vez, la cultura establece los principios básicos sobre los que se asientan las estructuras sociales, económicas y políticas, institucionales y legales de la sociedad. Así pues, el ámbito espiritual influye en el ámbito natural a través de la cultura.

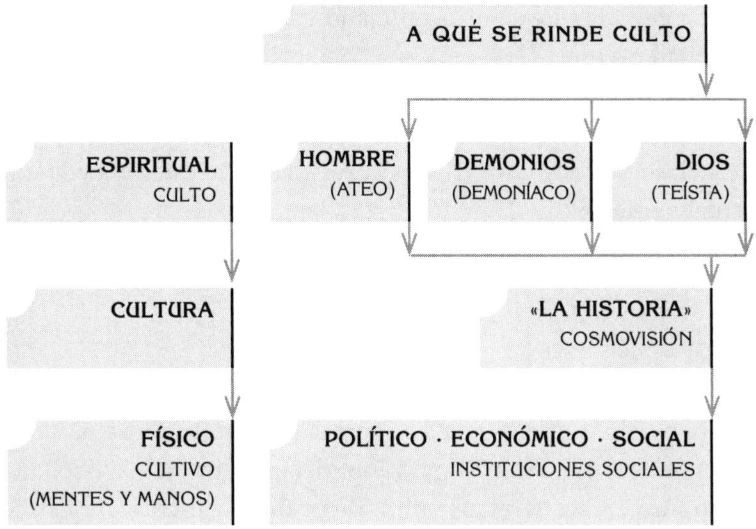

Figura 1. Lo espiritual influye en lo físico a través de la cultura

Bruce Frohnen, profesor de leyes e investigador en el Russell Kirk Center para la Renovación Cultural, explica:

> La cultura deriva del culto. Esto no es un juego de palabras. Cultura y culto tienen una raíz latina común, colo, colui, cultum, que significa cultivar —como el cultivo de un jardín o del propio carácter—, desarrollar hábitos adecuados, excelsos... Un pueblo crece unido a partir de su culto común. A medida que el pueblo desarrolla hábitos litúrgicos comunes... desarrolla también hábitos sociales por lo que toca a cosas como la cocina, el arte y los ritos cotidianos. Estos hábitos comunes unen al pueblo en una cultura común. También vinculan, para siempre, la cultura de un pueblo con su religión común.[4]

El historiador Russell Kirk confirma que «la cultura surge del culto;... cuando la creencia en el culto se ha debilitado calamitosamente, la cultura decaerá rápidamente. El orden material descansa sobre el orden espiritual... La cultura sólo se puede renovar si el culto es renovado; y la fe en el poder divino no se puede espolear sólo cuando conviene».[5]

La cultura que se crea refleja los dioses que se adoran. Una sociedad no puede fundarse más que en lo religioso. Cuando los fundamentos religiosos de una sociedad se derrumban, o se hunde la sociedad o tendrá que ponerse un nuevo fundamento para crear otra clase de sociedad. Esta es la realidad que estamos viviendo actualmente en EEUU.

Dos naciones, una geografía

Los Estados Unidos son geográficamente una nación, pero dos países por lo que respecta a su forma de pensar. El autor, consejero político, comentarista y columnista sindicado Pat Buchanan es uno de los «guerreros culturales» de Occidente. Su explicación de la actual división de EEUU da en el clavo: «Ya no habitamos el mismo universo moral. Ya no somos una comunidad moral. Somos dos países. Una parte de EEUU se ha separado y la otra no tiene ningún interés en restablecer la Unión».[6] Del mismo modo, en su libro America's Real War (La verdadera guerra de EEUU), el rabí Daniel Lapin apunta: «Ya no somos una nación sometida a Dios. Somos dos naciones separadas con dos concepciones morales distintas e incompatibles».[7]

Observamos esta polarización en muchas dimensiones de la vida en EEUU: el Tribunal Supremo, el electorado, un montón de asuntos, como la sacralidad de la vida y la naturaleza del matrimonio, progresistas frente a conservadores, republicanos frente a demócratas, población rural frente a la urbana.

Durante la elección presidencial de 2000, el finado periodista de televisión Tim Russert popularizó los términos «estados rojos» y «estados azules» —de tendencia republicana y demócrata—. Los informativos enseñaban mapas que mostraban la ancha sección central de EEUU, apodados los «estados de sobrevuelo», en rojo. Las grandes ciudades y los centros mediáticos, en azul. Los expertos retratan esto como una realidad política, pero yo arguyo que estriba en el nivel más profundo de la cosmovisión. Las plataformas políticas se basan en principios más hondos como la «santidad de la vida» frente al «derecho a decidir de la mujer».

Estos principios derivan de paradigmas. Por ejemplo, el paradigma bíblico afirma que las personas han sido creadas a imagen de Dios; por tanto, la vida es sagrada. De ahí se sigue que las políticas y los partidos asentados sobre la cosmovisión judeocristiana tratan de proteger la vida humana. Por otra parte, el materialismo ateo, considera a los seres humanos como meros animales; en él prevalece el postulado darwinista de la supervivencia del que mejor se adapta. Tal paradigma conduce inevitablemente al aborto: un adulto tiene la capacidad (y se merece el derecho) de poner fin a la vida de su bebé más débil. Desde esta perspectiva, derivan políticas, partidos y leyes que apoyan el aborto.

Muy a menudo en la lucha por un país, confundimos los *asuntos* con el asunto. Deberían preocuparnos el aborto, la cohabitación, los nacimientos fuera del matrimonio, el racismo, la corrupción económica y política, la esclavitud sexual, el divorcio, la violencia escolar, la adicción a las drogas y la destrucción del medio ambiente. Tenemos que resistir tales males en los programas y las políticas. Estas cuestiones son importantes, pero ninguna de ellas constituye el asunto. Revelan el verdadero asunto. Pero no debemos conformarnos con ganar batallas aisladas si perdemos la guerra. La cuestión estriba en el choque de cosmovisiones, una teísta y la otra atea. Desde luego, debemos hacer frente a tales cuestiones en los programas y las políticas, pero si no acertamos a pelear la batalla en el plano de los principios y los paradigmas, perderemos, en última instancia, la guerra.

Dos cosmovisiones

Esta lucha trasciende diferencias políticas, de raza o de género. Radica en un nivel más profundo que republicanos y demócratas, blancos y negros, mujeres y hombres. Es una pugna de sistemas sagrados de credos, concepciones e ideologías. Sistemas de fe contrarios que compiten por el alma de Occidente. Los teístas judeocristianos creen en la razón y la revelación (véase el capítulo 15). Defienden una nación sometida a Dios; aunque está por ver si luchan por ello. Por otra parte, el ateísmo niega a Dios. Lo único que existe es la naturaleza. El hombre es el centro del universo. No hay revelación, sólo razón. Estos son los hijos de la Ilustración que nació en Europa.

La misma separación existe entre Europa y EEUU. Frank Heisbourg, director de la Fundación de Investigación Estratégica, con base en París, reflexiona sobre la brecha abierta en la concepción moral: «Las referencias bíblicas en la política, la división del mundo entre bueno y malo, estas son cosas que los europeos no captan... En muchos aspectos, me parece que ya no formamos parte de la misma civilización».[8] Los dos continentes tuvieron una historia y una cultura comunes, pero Europa ya ha cortado sus raíces y EEUU se está alejando de ellas.

El resultado de este conflicto decidirá qué marco moral y metafísico regirá la vida en EEUU e influirá en el resto de Occidente y del mundo. Una serie de credos conformarán la base de las leyes nacionales. Una, como exploraremos más adelante, decidirá lo que es bueno, verdadero y bello.

Hace más de 150 años, Abraham Lincoln comprendió este conflicto de concepciones. Pronunció su discurso «La casa dividida» el 16 de junio de 1858, en Springfield, Illinois, cuando aceptó la nominación republicana para el senado de los EEUU. En él parafraseó las palabras de Jesús en Mateo 12:25: «Todo reino dividido contra sí mismo quedará asolado, y toda ciudad o familia dividida contra sí misma no se mantendrá en pie». Los EEUU estuvieron divididos en torno a la esclavitud. Esta hendidura apareció cuando una parte descartó la afirmación de la Declaración de Independencia «que todos los hombres son creados iguales». Las proféticas palabras de Lincoln permanecen:

> Una casa dividida no puede sostenerse. El Gobierno no puede resistir, de manera permanente, ser a medias esclavista y a medias emancipador. No espero que la Unión se disuelva, no espero que la casa se derrumbe, lo que espero es que cese de estar dividida. Será una cosa u otra. O

> los adversarios de la esclavitud impiden que ésta se siga extendiendo y la colocan donde la mente pública pueda descansar, en la confianza de que con el transcurso del tiempo se logrará su extinción final, o sus defensores la impulsan y la hacen avanzar hasta que se vuelva legal en todos los estados, viejos y nuevos... del Norte y del Sur.

Lincoln demostró que tenía razón: la nación no se disolvió. Tuvo que sufrir la sangrienta Guerra Civil (1861-65), contienda en la que murieron 620.000 soldados para salvar la Unión al afirmar que «todos los hombres son creados iguales».

Hoy afrontamos un nuevo conflicto de concepción moral. Francis Schaeffer lo explica claramente en su libro *Manifiesto cristiano*:

> Estas dos visiones del mundo [teísmo judeocristiano y humanismo secular] se erigen como totalidades antitéticas en contenidos y en conclusiones naturales —incluidos los frutos sociológicos y gubernamentales, y de manera específica, la ley—. Estas dos concepciones del mundo no sólo son diferentes por lo que respecta a su interpretación de la naturaleza de la realidad y la existencia. Producen también, inevitablemente, frutos radicalmente distintos. La palabra clave de lo que venimos diciendo es *inevitablemente.* No es por azar que acarreen consecuencias distintas, sino que es absolutamente inevitable que las originen.[10]

Estados Unidos atraviesa una realidad similar a la que vivió Abraham Lincoln hace 150 años. Hay una guerra en curso por el alma de la nación. O Dios es reconocido como soberano, o el hombre pretenderá serlo. Seremos «una nación sometida a Dios» o «sometida al hombre». Nos hallamos inmersos en una guerra cultural. Que Dios nos libre de la guerra *civil.*

Cambiar la historia

Hemos visto que las guerras culturales son consecuencia de cambios de culto y de cosmovisión. La civilización occidental nació del teísmo judeocristiano. Esta concepción dio paso al deísmo de la revolución francesa, que a su vez dio paso al ateísmo modernista, que abrazó el discurso de la supervivencia del que mejor se adapta. Actualmente estamos avanzando hacia una era posmoderna de neo-paganismo, de culto a la naturaleza.[11]

En el libro *El libro de la risa y el olvido,* el novelista checo-francés Milan Kundera describe el poder de cambiar la historia para transformar una nación: «"Se empieza a liquidar un pueblo", dijo Hübl, "arrebatándole la memoria. Se destruyen sus libros, su cultura, su historia. Y después se escriben otros libros, se enseña otra cultura y se inventa otra historia para sustituir a los primeros. Luego la gente empieza a olvidar poco a poco lo que es y lo que era"».[12] Esto es exactamente lo que sucedió en Europa y está teniendo lugar hoy en EEUU. Nuestra historia está siendo demolida y se está escribiendo otra nueva. Los intelectuales occidentales arguyen que fue la Ilustración deísta, no el teísmo judeocristiano, lo que produjo la civilización occidental.

James Kurth, profesor de ciencias políticas en Swarthmore College expone el siguiente argumento: «El verdadero choque de civilizaciones no será entre Occidente y uno, o más, de los países restantes. Será entre Occidente y el post-Occidente, en el mismo Occidente. Este choque ya ha tenido lugar en el cerebro de la civilización occidental, la clase intelectual estadounidense. Desde ese cerebro se está extendiendo ahora a la clase política».[13]

Con el viraje del teísmo al ateísmo, de la verdad revelada a la «verdad» creada por el hombre, una nueva meta-narrativa se ha adueñado de la élite intelectual occidental. Desde esta fortaleza intelectual, se abre ahora camino en la vida común de los países occidentales. Hollywood es una avenida por la que esto sucede. William Lind, director del Centro para el Conservadurismo Cultural, declara: «La industria del ocio... ha absorbido por completo la ideología del marxismo cultural [ateísmo] y lo predica incesantemente... en parábolas: mujeres fornidas que apalean a hombres débiles, niños más sabios que sus padres, clérigos corruptos contrariados por vagabundos criticones... homosexuales varoniles que llevan vidas normales. Todo es fábula, inversión de la realidad».[14]

El lenguaje es otra avenida. En Occidente, en los últimos cincuenta años, cambios en el uso del lenguaje han precedido a cambios culturales. La expresión «calidad de vida» ha sustituido a «santidad de vida». El lenguaje de la psicología ha sustituido al de la teología: el «pecado» ha pasado a ser «enfermedad». La autoridad fue arrebatada al pastor y al sacerdote y entregada al psiquiatra.

La plaza pública

¿Qué fue lo que condujo a estos cambios culturales en Occidente? ¿Cómo pudo ser que la moralidad bíblica diera paso a la inmoralidad atea? Jim Nelson Black, investigador principal de Sentinel Reseach Associates, explica:

> Una de las causas principales del declive de la sociedad estadounidense en el último siglo ha sido la tendencia de los cristianos —que cuentan con soluciones prácticas— a abandonar el foro ante la primera señal de resistencia. Los evangélicos, en particular, han sido prontos en huir y lentos en defender sus creencias. En realidad, muchos cristianos ya habían abandonado la «plaza pública» del debate moral y político por su propia voluntad, mucho antes de que los libertarios civiles, y otros, salieran y les empujaran a encerrarse en sus iglesias.[15]

La iglesia ejerce un papel único en afirmar y asegurar las virtudes y los hábitos de la civilización. Trágicamente, la iglesia occidental ha fracasado en gran manera perdiendo influencia sobre la cultura en las últimas décadas. En los EEUU y Europa, muchos cristianos han abandonado un compromiso consciente con el Creador, con Cristo como Señor y Salvador, y con la cosmovisión bíblica. Muchos han abandonado la verdad objetiva por la experiencia subjetiva. Muchos se han retirado del mercado y la plaza pública y se han refugiado en la privacidad de sus hogares.

Para que Occidente sobreviva, es necesario que los que valoran la libertad y la moralidad retornen a la verdad, la belleza y la bondad de la cultura judeocristiana y vuelvan a comprometerse audazmente en la sociedad. Si no lo hacen, el bando oponente ganará la guerra cultural por defecto, y la vida en Occidente cambiará drásticamente. Es esencial que entendamos que las sociedades libres no son fruto de la filosofía deísta o atea, sino del teísmo judeocristiano.

CAPÍTULO 5

La libertad del teìsmo bìblico

En mi juventud enfaticé la libertad, pero en mi ancianidad enfatizo el orden. He arribado al gran descubrimiento de que la libertad es producto del orden.

—WILL DURANT

La Academia China de Ciencias Sociales (ACCS) recibió la asignación de investigar a qué se debía el influjo de Occidente sobre el resto del mundo. El fruto de su investigación les sorprendió y trastocó las asunciones de la intelectualidad occidental. En una conferencia pronunciada en Pekín en 2002, un miembro de la Academia, conocido como profesor Wu, presentó los hallazgos de la ACCS:

> Una de las cosas que se nos pidió [a los sabios chinos] fue que examináramos las causas del éxito, en realidad, de la supremacía de Occidente en el mundo. Estudiamos todo lo que pudimos desde la perspectiva histórica, política, económica y cultural. Al principio, pensamos que ello se debía a que los occidentales tenían armas más potentes que las nuestras. Luego pensamos que era debido a un mejor sistema político. Después nos fijamos en el sistema económico. Pero en los últimos

> veinte años nos hemos dado cuenta que *el corazón de vuestra cultura es vuestra religión: el Cristianismo.* Por eso Occidente es tan poderoso. El fundamento moral cristiano de la vida social y cultural es lo que hizo posible el surgimiento del capitalismo y después la transición exitosa a las políticas democráticas. No nos cabe ninguna duda al respecto.[1]

La batalla por el alma de Occidente decidirá qué narrativa explica su historia. Los eruditos occidentales modernos, empapados de naturalismo darwinista, están rescribiendo la historia de EEUU y Europa y arguyen que la raíz de la libertad de aquel país es la Ilustración europea: no hay Dios ni revelación; el hombre es soberano; la razón es el único medio para descubrir la verdad.

Por otra parte, tenemos el registro histórico que afirma que la libertad de EEUU está enraizada en el teísmo bíblico. Esto es lo que Wu y sus colegas descubrieron.

Este capítulo se centrará en los Estados Unidos, mi país, para estudiar el caso del producto social y gubernamental del teísmo bíblico. Sin embargo, los principios bíblicos del teísmo no son prerrogativa de ningún país o pueblo; son principios universales concedidos por Dios a todos los pueblos.

Libertad y teísmo judeocristiano

La Declaración de Independencia de los Estados Unidos estipuló los términos de una nueva nación y sacudió la filosofía política del mundo. Thomas Jefferson redactó, y los padres fundadores ratificaron lo siguiente: «Sostenemos que estas verdades son evidentes en sí mismas, que todos los hombres son creados iguales, que su Creador les ha dotado de ciertos derechos inalienables, que entre ellos se encuentran la Vida, la Libertad y la búsqueda de la Felicidad».[2]

Este lenguaje deriva de la concepción moral de que «todos los hombres son creados iguales». La noción de la dignidad humana no es producto de la evolución, según la cual sobrevive la especie más fuerte y más apta.

Los hombres han sido dotados de derechos por su Creador. Estos derechos están entretejidos en la estructura de la creación. Y puesto que son de Dios, no del estado, son inalienables. Nadie tiene autoridad de limitarlos ni de despojarlos. Entre ellos se encuentran la vida, la libertad, y la búsqueda de felicidad.

La vida es sagrada. Toda vida humana —desde su concepción, la de todos los seres humanos, hombres o mujeres, de toda raza y tribu— es igualmente valiosa e importante. Esta creencia en la sacralidad de la vida refuta la noción de «calidad de vida», que sugiere que sólo ciertas vidas —las agradables o hermosas— son dignas de ser protegidas.

La libertad consiste en el albedrío para *ser* bueno y *hacer* lo bueno, elección responsable de una vida moralmente recta. Esto contrasta con la definición secular humanista de la libertad como *libertinaje* —seguir los propios instintos naturales, hacer lo que a uno le *hace* sentirse bien—. Libertinaje es ejercer la voluntad sin responsabilidad, transferir a otro el pago, traspasar a otro el coste de las propias decisiones.

La felicidad difiere de la búsqueda secular humanista, de lo que el finado Francis Schaeffer identificó como «paz y prosperidad personal».[3] Muchos intentan equiparar la idea de felicidad, la de los fundadores de EEUU, con el hedonismo: «Comamos, bebamos y alegrémonos porque mañana moriremos» Pero los fundadores no fueron hedonistas. Creían en la ley moral y en la obediencia personal y nacional a esta ley.[4] La idea de felicidad de los padres fundadores se inspiró en la obra del abogado y experto en leyes Sir William Blackstone, expuestas en sus *Comentarios a las leyes de Inglaterra,* publicados poco antes de la fundación de EEUU. «[Dios] ha relacionado tan íntimamente, ha entretejido tan inseparablemente las leyes de eterna justicia con la felicidad de cada individuo, que ésta no se puede conseguir sin observar aquellas; y, si aquellas son puntualmente obedecidas, será imposible no inducir ésta...; [Dios] ha reducido benignamente la ley de la obediencia a este precepto paternal: «que el hombre debe perseguir su verdadera y sustancial felicidad». Este es el fundamento de lo que denominamos ética o ley natural».[5]

Los derechos humanos y las libertades civiles se sustentan en la ética judeocristiana. Los derechos humanos constan de seis elementos básicos:

1. La inalienabilidad de los derechos: sólo Dios los concede.
2. La sacralidad de toda vida humana: toda persona es de un valor inestimable.
3. La dignidad de todas las razas y de ambos sexos: el racismo y el sexismo ofenden a Dios.
4. La pecaminosidad de la humanidad: el gobierno de los hombres debe ser limitado.
5. La responsabilidad personal que acarrea la libertad humana: el individuo debe ejercer su autonomía apoyado en los principios bíblicos.
6. La naturaleza moral del universo: la verdadera justicia debe prevalecer en la sociedad.

Algunas de las libertades civiles básicas son:

1. El derecho a la vida (libertad fundacional)
2. Libertad de religión o de conciencia
3. Libertad de expresión y de prensa
4. Libertad de asociación y asamblea
5. Igual protección ante la ley y los tribunales

La base de los derechos humanos y las libertades civiles es la concepción judeocristiana de que todas las personas —mujeres y hombres, jóvenes y ancianos, sanos y enfermos— son creados a imagen de Dios.

James Reichley, decano del Public Policy Institute de la Universidad de Georgetown, nos ayuda a ver la base teísta de los derechos humanos: «Los padres fundadores tenían razón: la salud de un gobierno republicano depende de valores que desde no hace mucho deben proceder de la religión. A través del humanismo teísta los derechos humanos se asientan en el valor moral con que un Creador amoroso ha dotado a cada alma humana, y la autoridad social se legitima haciéndola responder ante la ley moral trascendente».[6]

Como se tratará en detalle en los últimos capítulos, Dios ha incorporado un orden global en el universo que es físico, metafísico, moral y estético. Este orden de realidad, el orden de la creación, es una gracia común propiedad de *todos* los seres humanos. Esta realidad objetiva es el mundo real en el que habitamos. No obstante, no todas las culturas, y, ciertamente, no todas las cosmovisiones, permiten a la gente descubrir, apreciar y vivir dentro del marco de este orden. El teísmo judeocristiano y el testimonio del Antiguo y el Nuevo Testamentos concuerdan exactamente con la realidad objetiva. El mensaje de la Escritura es el que señala la verdad a la humanidad. No obstante, todos los seres humanos tienen capacidad para examinar el orden creado y entender que Dios existe, y descubrir algo de su carácter y de la naturaleza del orden creado.[7] El apóstol Pablo defiende el caso de lo que se conoce como normas morales objetivas de la *ley natural*: «De hecho, cuando los gentiles, que no tienen la ley, cumplen por naturaleza lo que la ley exige, ellos son ley para sí mismos, aunque no tengan la ley. Éstos muestran que llevan escrito en el corazón lo que la ley exige, como lo atestigua su conciencia, pues sus propios pensamientos algunas veces los acusan y otras veces los excusan. Así sucederá el día en que, por medio de Jesucristo, Dios juzgará los secretos de toda persona, como lo declara mi evangelio» (Ro 2:14-16). A medida que los pueblos y las naciones descubren y aplican este orden, habrá más justicia y menos corrupción, más riqueza y menos pobreza, más paz social y menos refriegas.

Muchos dan fe de la relación que hay entre el teísmo judeocristiano y las sociedades libres. El redactor de la Declaración de Independencia, Thomas Jefferson, escribió: «El mismo Dios que nos dio la vida nos otorgó la libertad. ¿Podrán las libertades de una nación permanecer si se remueve su única base firme: la convicción de que tales libertades son un don divino? ¿Que no han de ser violadas sino por su ira? Ciertamente, tiemblo por mi país cuando pienso que Dios es justo; que su justicia no ha de dormitar por siempre».[8]

Dos cosas me conmueven de esta declaración. En primer lugar, la profunda convicción de Jefferson de que la libertad es un don concedido por Dios, y que tal convicción se dio en un hombre de quien muchos afirman que no era un teísta bíblico. Y en segundo lugar, el temblor de Jefferson por su país ante un Dios justo. ¿Qué diría hoy si viera nuestra bancarrota moral y espiritual? ¿No temblaría aún más? ¿No deberíamos temblar nosotros también?

Noah Webster, primer lexicógrafo y autor del *Diccionario Estadounidense de la Lengua Inglesa de 1828*, es reconocido como padre de la erudición y la educación en EEUU. En su *Historia de los Estados Unidos* (1831) escribió que la libertad de nuestra nación se fundó en una ideología particular: «La religión cristiana debe ser recibida y mantenida con firme y cordial respaldo. Es la verdadera fuente de todos los genuinos principios republicanos. Enseña la igualdad de los hombres por lo que toca a sus derechos y sus deberes; y aunque prohíbe toda opresión, ordena la debida subordinación a la ley y los gobernantes... La religión de Cristo y sus apóstoles, en su primitiva simplicidad y pureza, limpia de los arreos del poder y la pompa ceremonial, es la base más segura de un gobierno republicano».[9]

Considere palabras más recientes del destacado filósofo alemán Jürgen Habermas sobre la contribución del judeocristianismo a la implantación de la libertad: «El universalismo igualitario, de donde brotaron las ideas de la libertad y la solidaridad social, la emancipación y un estilo de vida autónomo, la moralidad individual de la conciencia, los derechos humanos y la democracia, es heredero directo de la ética judaica de la justicia y la ética cristiana del amor... Hasta el día de hoy, no hay otra alternativa, seguimos bebiendo la savia de esta herencia. Todo lo demás no es sino vana palabrería posmoderna».[10]

La Biblia y la fundación de los Estados Unidos

Los periodistas Kenneth Woodward y David Gates, en *How the Bible Made America* (Cómo fundó la Biblia los Estados Unidos), afirman provocativamente: «Los historiadores están descubriendo que la Biblia, más quizás que la Constitución, es nuestro documento fundacional».[11] ¿Es esto cierto?

Donald S. Lutz, profesor de ciencias políticas en la Universidad de Houston, reconoce que la Constitución es producto de una tradición de forja constitucional que se puede remontar a la carta colonial y está modelada según la noción bíblica de pacto —acuerdo solemne entre Dios y el hombre... [Los colonizadores] no llegaron con John Locke bajo el brazo... Llegaron con la Biblia en la mano».[12] Al menos cincuenta de los cincuenta y cinco padres de la constitución de EEUU eran cristianos ortodoxos.[13]

Lutz y Charles Hyneman, de la Universidad de Indiana, estudiaron quince mil documentos a los que hicieron referencia los fundadores. De las citas que ellos usaron, el 34 por ciento procedían de las Escrituras, y de ellas, una mayoría pertenecían a Deuteronomio, que establece el fundamento moral y legal de la nación de Israel. De los otros autores mencionados, el 60 por ciento hacían referencia a la Biblia.[14]

Los reformadores protestantes europeos también influyeron en el sistema de gobierno estadounidense. Juan Calvino (1509-64), teólogo francés, pastor y líder de la Reforma en Ginebra, propagó conscientemente la concepción bíblica del mundo y de la vida. Entendió y enseñó que Dios es soberano sobre toda vida. Su voluminosa *Institución de la religión cristiana* fue el pozo de donde después bebieron teólogos, pastores y líderes. La influencia de Calvino se extendió a Escocia y los Países Bajos, a los puritanos ingleses y a los hugonotes franceses. Su influencia aumentó luego a través de los puritanos ingleses en Nueva Inglaterra, y a través de los holandeses en Nueva Ámsterdam (Nueva York); y, en menor medida, a través de los hugonotes y los calvinistas británicos, en la región atlántica central.

La población de EEUU por el tiempo de la Revolución Americana sumaba tres millones, entre ellos novecientos mil predominantemente escoceses o escoceses-irlandeses presbiterianos, seiscientos mil ingleses puritanos, cuatrocientos mil alemanes y holandeses reformados y un puñado de hugonotes franceses. Loraine Boettner, autora, teóloga y miembro de la Librería del Congreso, calcula que unas «dos terceras partes de la población colonial había sido instruida en la escuela de Calvino».[15] George Bancroft (1800-1891), historiador estadounidense, personaje influyente, secretario de la Armada y fundador de la Academia Naval de EEUU en Annapolis, designa a Calvino «Padre de Estados Unidos» y asegura: «El que no honre la memoria ni respete la influencia de Calvino poco sabe del origen de la libertad estadounidense».[16]

Woodward y Gates tienen razón: la Biblia es el documento más importante que contribuyó a la fundación de EEUU.

Libertad para todas las naciones

Los primeros estadounidenses creyeron firmemente que la Biblia constituiría la base de la libertad de las naciones, no sólo de los EEUU. Noah Webster escribió: «Los principios y preceptos morales contenidos en las escrituras deberían ser el fundamento de toda ley y constitución civil... Todos los males y miserias que sufren los hombres por causa del vicio, el crimen, la ambición, la injusticia, la opresión, la esclavitud y la guerra, proceden del desprecio o abandono de los preceptos contenidos en la Biblia».[17]

John Adams (1735-1826) declaró: «Supongamos que una nación en alguna región distante adoptara la Biblia como único libro de la ley y que todos sus ciudadanos ajustaran su conducta a los preceptos que en ella se enseñan. Todo ciudadano estaría obligado, en conciencia, a la sobriedad, la frugalidad y la industria; a la justicia, la amabilidad y la caridad hacia sus semejantes; y a la piedad, el amor y la reverencia a Dios Todopoderoso... ¡Qué Utopía!, ¡qué Paraíso sería esa nación!».[18]

George Washington (1732-99), primer presidente de EEUU, dijo el día de Acción de Gracias de 1789: «Todas las naciones están obligadas a reconocer la providencia de Dios Todopoderoso, a obedecer su voluntad, a estar agradecidas por sus beneficios y a implorar humildemente su protección y su favor».[19]

Robert C. Winthrop (1809-94), Presidente (portavoz) de la Cámara de Representantes de los Estados Unidos, establece firmemente la relación entre la libertad y la tiranía: «Toda sociedad humana ha de ser gobernada de una u otra manera. Cuanto menos riguroso o estricto sea el gobierno del estado, tanto mejor debe gobernarse el individuo a sí mismo. Cuanto menos dependa de la ley pública o de la fuerza física, tanto más deberá depender de la sujeción moral privada. Es decir, los hombres deben ser controlados necesariamente, ya por un poder interior, ya por un poder exterior; bien por la Palabra de Dios, bien por el brazo fuerte del hombre; ora por la Biblia, ora por la bayoneta».[20]

Pluralismo

En EEUU y otros países libres, uno no tiene que profesar el cristianismo (ni ninguna otra religión) para residir en ellos. La libertad de religión y de conciencia se asienta en el pluralismo social y político «en cuya condición diversos grupos étnicos, religiosos o culturales están presentes y son tolerados en una sociedad».[21] Es importante distinguir entre este tipo de pluralismo y el *pluralismo ideológico,* «la creencia de que no hay ningún sistema explicativo o interpretación de la realidad que justifique el fenómeno de la vida».[22]

¿Qué fundamento sustenta una sociedad pluralista? Los secularistas afirman que el pluralismo ideológico genera pluralismo político y social. No luchan por la libertad de religión, sino por librarse de la religión, en particular la religión que sostiene absolutos morales y metafísicos. No obstante, el ateísmo, o materialismo secular, es una religión. Entre sus doctrinas figuran el rechazo de Dios, la soberanía de la naturaleza, la evolución del hombre desde formas inferiores de vida, la negación de la verdad absoluta y la afirmación de la relatividad moral. Su único absoluto es la negación de todo absoluto. La tolerancia es su única virtud, que se extiende incluso a la tolerancia del mal, la injusticia y la fealdad. James Kennedy dice que «la tolerancia es la última virtud de una sociedad depravada. Cuando una sociedad inmoral viola descarada, orgullosamente, todos los mandamientos de Dios, no le queda más que una virtud en la que insistir: la tolerancia de su inmoralidad».[23] De manera similar, se atribuye a G. K. Chesterton el dicho: «La tolerancia es la virtud del hombre sin convicciones».

El valor último del materialismo secular es el poder. El filósofo inglés Herbert Spencer captó la idea en la frase «supervivencia del más apto». Richard Dawkins, prominente ateo británico, equipara su biología evolutiva con el darwinismo social: «Creo que "la naturaleza roja descarnada y salvaje" resume admirablemente la idea moderna de la selección natural».[24]

En contra de las pretensiones de los secularistas, el pluralismo ideológico no producirá pluralismo social y político. La política pública basada en el relativismo moral materialista conduce a la anarquía, en la que cada uno hace lo que bien le parece a sus propios ojos.[25] Sirva como ejemplo los disturbios y saqueos acaecidos en Inglaterra en agosto de 2011. El gobierno británico estimó que unas 120.000 familias en todo el país participaron en el desencadenamiento de la violencia y el alboroto desenfrenados. El 15 de agosto, el primer ministro David Cameron declaró:

> ¿Vamos a resolver y confrontar el colapso moral a cámara lenta que ha tenido lugar en algunas partes de nuestro país, en estas últimas generaciones?
>
> Irresponsabilidad. Egoísmo. Comportarse como si las elecciones personales no tuvieran consecuencias. Niños sin padres. Escuelas sin disciplina. Recompensa sin esfuerzo.
>
> Crimen sin castigo. Derechos sin responsabilidad. Comunidades sin control. Algunos de los peores aspectos de la naturaleza humana tolerados, consentidos —a veces incluso incentivados— por un estado y sus agencias que en algunos lugares están completamente desmoralizados.
>
> Así pues, ¿vamos a resolver y confrontar todo esto y darle la vuelta?[26]

Los países ya no pueden tolerar la anarquía, de manera que, finalmente, el estado establecerá lo que Francis Schaeffer ha denominado «absolutos arbitrarios» y comenzará a gobernar con látigo de hierro.[27]

James Reichley, de la Universidad Georgetown, expone el caso claramente: «Pero la versión clásica del humanismo civil [secularismo] difícilmente proporciona por sí misma una base adecuada de valores para una sociedad democrática... El humanismo clásico tiene graves defectos funcionales desde la perspectiva limitada de proporcionar soporte moral para la democracia».[28]

Los supuestos ateos no habrían podido fundar Estados Unidos porque no puede formar sociedades libres. Su único legado es la tiranía, como atestigua el informe *Libertad en el mundo*, de la Freedom House. Muchos países calificados «no libres» son ateos. Por ejemplo, Bielorrusia, China, Cuba, Corea del Norte, Rusia y Vietnam. Muchos países calificados «libres» fueron fundados en el teísmo judeocristiano. Por ejemplo, Austria, Canadá, Polonia, Suiza y EEUU.[29]

Sólo el teísmo judeocristiano (no el pluralismo ideológico) produce sociedades verdaderamente libres. Los padres fundadores de EEUU entendieron que hay *un* sistema de creencias que crea las condiciones en las que florece la libertad. La política pública basada en el teísmo judeocristiano conduce a la libertad religiosa y a los derechos civiles. ¿Se aplicó esto perfectamente? No. El trato a los americanos nativos y a los negros africanos marcaron nuestras horas más oscuras, cuando este ideal quedó suspendido. El racismo y la esclavitud fueron plagas en la experiencia estadounidense. Pero el principio de la libertad fue entronizado en sus documentos fundacionales, los cuales significaron la norma por la que luchar. La abolición de la esclavitud y el movimiento por los derechos humanos demuestran que la nación sigue tendiendo hacia este ideal.

Conclusión

EEUU, el caso estudiado en este capítulo, se formó como una nación de refugiados que anhelaban ser libres, como expresa el conmovedor poema de Emma Lazarus «El nuevo coloso» en una placa de bronce adherida a la estatua de la libertad, en la entrada al puerto de Nueva York:

> Dadme vuestras pobres, cansadas,
> confusas masas de libertad anhelantes,
> los hundidos desperdicios de vuestra orilla fecunda.
> Enviadme a los desheredados, por la tempestad sacudidos,
> Yo elevo mi lámpara junto a la puerta dorada.

Este ideal —la igualdad, la dignidad, la libertad de todas las personas— ha guiado a EEUU desde sus principios aunque nunca se ha conseguido de manera perfecta.

Las raíces de la libertad —para EEUU y para todas las naciones— se encuentran en la ideología distintiva del teísmo judeocristiano. Entendiendo esto, volvámonos ahora hacia una ideología alternativa que combate por el alma de Occidente: el ateísmo.

CAPÍTULO 6

La tiranìa del fundamentalismo ateo

Si se destruyera la humana creencia en la inmortalidad, no sólo el amor sino toda fuerza viva que mantiene la vida del mundo se secaría de inmediato. Además, nada sería ya inmoral, todo resultaría legítimo, incluso el canibalismo.

—Dostoievski, *Los hermanos Karamazov*

El ateo, por definición, niega la existencia de Dios. Los ateos reconocieron por generaciones la libertad de religión. Aceptaron un terreno de juego en el que razonar con los teístas sobre las cuestiones básicas de la vida. Creían que las mejores ideas vencerían.

Pero los ateos actuales son *anti* teístas. Consideran a los teístas, creyentes en principios absolutos, como enemigos. Los ateos actuales no se conforman con contrarrestar a los teístas; su misión consiste en liberar a la sociedad de la religión. El naturalismo, la filosofía de los ateos, afirma que lo único que existe es la naturaleza: no existe Dios, ni lo sobrenatural, ni la revelación.

La «muerte de Dios» conduce a la muerte de todas las cosas vinculadas con su existencia. La verdad, la justicia, la belleza, el sentido de la vida humana y el amor desaparecen. Proverbios 8:35-36 declara: «En verdad, quien me encuentra, halla la vida y recibe el favor del Señor. Quien me rechaza, se perjudica a sí mismo; quien me aborrece, ama la muerte». Haciéndose eco de las palabras de Dostoievski, el novelista italiano Umberto Eco asegura: «Cuando los hombres dejan de creer en Dios, no es que ya no crean en nada, sino que empiezan a creer en todo».[1]

Occidente se halla en medio de esta guerra —pugna por las ideas— entre los anti teístas, quienes procurar decidir por ellos mismos lo que está bien y lo que está mal, y los teístas, que valoran la verdad y la libertad establecidas sobre absolutos morales. En este capítulo nos centraremos en las creencias, los motivos y las consecuencias de su nuevo ateísmo.

El nuevo ateísmo

Los nuevos ateos son gente de fe, abrazan la fe del humanismo secular. La revista *A World Religious Reader* menciona el humanismo secular junto con el cristianismo, el hinduismo, el budismo, el islam y otras religiones. La biblia de los ateos, el *Manifiesto humanista,* se publicó en 1933 y se revisó en 1973 y en 2003. En su versión original, los humanistas hacían valer «una admisión general de los cambios radicales que han tenido lugar en las creencias religiosas del mundo moderno».[2] Reconocieron que el suyo es un sistema de creencias y se identificaron como humanistas *religiosos.*

Los humanistas religiosos suscriben una serie de posturas ateas. El *Manifiesto* original definió su concepción teológica («los humanistas religiosos consideran que el universo es auto-existente y no creado»), su antropología («el hombre es parte de la naturaleza»), su biología (el hombre ha surgido como resultado de un proceso continuo»), su filosofía social («el objeto de la vida humana es la realización completa de su personalidad», y «su desarrollo y su culminación tienen lugar aquí y ahora»).[3] *El Manifiesto* de 1973 identificó su soteriología (doctrina de salvación): «Los hombres son responsables de lo que son o llegarán a ser. Ninguna deidad los salvará; ellos deben salvarse a sí mismos».[4]

Los humanistas seculares no sólo son religiosos; son también dogmáticos. Aunque se enorgullecen de tolerar muchos comportamientos y estilos de vida, rechazan categóricamente la trascendencia e invierten gravemente su idea de tolerancia. El concepto judeocristiano de tolerancia es aceptar a los adversarios con quienes se disiente». La tolerancia en el marco ateo actual afirma que todas las ideas son igualmente válidas *excepto* las establecidas sobre la verdad objetiva». Los anti teístas predican la tolerancia pero practican la intolerancia con los que reconocen una revelación trascendente y una moral absoluta.

Daniel O. Conkle, doctor en leyes y profesor adjunto de religión en la Universidad de Indiana, dice acerca del *fundamentalismo secular*: «No obstante, los adeptos al fundamentalismo secular generalizado son absolutistas en al menos un aspecto: no están abiertos a la posibilidad de la verdad religiosa y por tanto no están dispuestos a considerar argumentos que dependen de perspectivas religiosas... Ignoran realmente el valor cardinal de lo que pretenden preferir, el valor de la misma razón».[5]

Los viejos ateos procuraban dialogar con los que defendían otras convicciones; los nuevos ateos son agresivamente anti teístas. Propagan su absolutismo a través de libros, películas, el lenguaje, la educación y otros medios. Entre sus libros más populares están *El espejismo de Dios*, Richard Dawkins (2009), *Dios no es bueno: Cómo la religión lo envenena todo*, Chistopher Hitchens (2009) *Carta a una nación cristiana*, Sam Harris (2008).

La película de Al Gore *Una verdad incómoda*, ganadora de un óscar (2006), intentó silenciar a los críticos del calentamiento global. En una entrevista Gore declaró: «El debate entre la comunidad científica ha concluido», cuando, en realidad, no hay consenso científico sobre el cambio climático.[6] La película de Ben Stein *Expelled: No Intelligence Allowed* (Expulsado: No se permite la inteligencia) (2008) expone la intolerancia y la falta de libertad académica de la ciencia convencional por lo que toca a alternativas a la ciencia darwiniana.

El lenguaje se manipula para moldear la mentalidad de la nación. El aborto ha dejado de significar «matanza de un niño no nacido» y ha pasado a ser «derecho de la mujer a decidir»; la eutanasia: de «matar a un enfermo» a «una muerte digna»; la moral: de la «inmoralidad sexual» a «elegir un estilo de vida»; el matrimonio: de «un hombre y una mujer de por vida», a «cualquier adulto que consiente».

En cuanto a la educación, el activista secular John J. Dunphy arguye que los maestros de la escuela pública deberían propagar el humanismo ateo en las aulas:

> La batalla por el futuro de la humanidad debe dirimirse y ganarse en las aulas por los maestros que perciben correctamente su función como proselitistas de una nueva fe... Estos maestros deben encarnar la abnegada dedicación de los predicadores fundamentalistas más rabiosos, ya que ellos serán ministros de otra especie, utilizarán la clase en vez del púlpito para desplegar valores humanistas en todas las asignaturas que enseñen, prescindiendo del nivel educativo —guardería infantil o universidad estatal—. El aula debe ser y será una arena de conflicto entre lo viejo y lo nuevo —entre el cadáver putrefacto del cristianismo, con los males y miserias que lo acompañan, y la nueva fe del humanismo.[7]

Richard Dawkins sugiere que los padres deben ser sustituidos por el estado: «¿Hasta qué punto consideramos que los niños son propiedad de los padres? Una cosa es decir que la gente debe ser libre para creer lo que les plazca, pero ¿han de ser libres para imponer sus creencias a sus hijos? ¿Qué cabe decir para que la sociedad tome las riendas? ¿Y qué acerca de educar a los niños para que crean falsedades manifiestas?».[8]

¿Cómo influyen a la sociedad las ideas de los secularistas ateos? El historiador Donald Kagan, de la Universidad de Yale, describe el objetivo último del secularismo: «Una forma vulgar de Nihilismo ejerce una notable influencia en nuestro sistema educativo a través de las universidades. Las consecuencias de la victoria de tales ideas serían enormes. Si la religión y la razón son removidas, lo único que queda es voluntad y poder y la única ley es la fuerza salvaje».[9] Hay ejemplos nacionales, como el nazismo en Alemania, el fascismo en Italia y Japón y el comunismo en la URSS y China.[10]

Libertinaje frente a libertad

Los ateos *metafísicos* creen que lo único que existe es la naturaleza. Los ateos *morales* rechazan a Dios por razones pragmáticas: La existencia de Dios acarrea restricciones morales, y ellos quieren acabar con toda limitación. Esto es especialmente cierto respecto a la restricción sexual: si no hay Dios, la persona puede tener sexo con cualquier clase de compañero que le plazca. El libertinaje sustituye a la condenación.

Es importante distinguir entre libertinaje y libertad. El profesor católico de economía Taketoshi Nojiri explica: «El libertinaje es licencia para seguir los propios instintos y hacer lo que a uno le viene en gana, como hacen de manera natural los gatos y los perros. La libertad es la obligación de hacer... lo que uno sabe que debe de hacer».[11]

Esto significa, que el libertinaje es libertad para hacer lo malo, sin responsabilidad moral. El libertinaje es auto-indulgente y narcisista. Por otra parte, la libertad es autonomía para hacer el bien y se asienta sobre un fundamento moral. El ex diplomático estadounidense y autor Alan Keyes abunda en este tipo de libertad:

> Uno de estos días vamos a tener que armarnos de coraje para decir a la gente que la libertad no es una disciplina fácil. No es una opción para los perezosos de corazón que no respetan sus propias capacidades morales. La libertad exige que, al fin del día, uno acepte la restricción moral requerida, el respeto a las leyes de la naturaleza y al Dios

> de la naturaleza que afirma inequívocamente que nuestras hijas no tienen derecho de hacer lo malo, que nuestros hijos no tienen derecho a hacer lo malo. No tienen derecho a robar el pan de bocas inocentes; no tienen derecho a robar la vida de los no nacidos.[12]

Teodoro Roosevelt, vigesimosexto presidente de los EEUU, fue testigo directo del desliz de la libertad cristiana al libertinaje ateo: «Hay quienes creen que una nueva modernidad exige una nueva moralidad. Lo que no aciertan a ver es la dura realidad de que no hay tal cosa como una nueva moralidad. Sólo hay una moralidad. Todo lo demás es inmoralidad. Sólo hay una verdadera ética cristiana contra la que se levanta la totalidad del paganismo»[13]

El libertinaje cambia las etiquetas de la verdad, la bondad y la belleza. Si la gente cree una mentira, ésta, en realidad, se convierte en una verdad. Según la ética del humanismo secular, la tolerancia de la inmoralidad es virtud, y la defensa de la moralidad, vicio; la oscuridad es luz; lo vulgar se vuelve hermoso. El libertinaje libera a la persona para ejecutar lo que le hace sentirse bien sin ninguna limitación.

El humanista y novelista inglés Aldous Huxley declara honestamente y sin tapujos: «Yo tenía motivos para no querer que el mundo tuviera sentido; en consecuencia asumí que no lo tenía, y encontré razones satisfactorias para tal asunción... Para mí, como sin duda para la mayoría de mis contemporáneos, la filosofía de la absurdidad o falta de sentido era esencialmente un instrumento de liberación. Objetábamos contra la moralidad porque interfería en nuestra libertad sexual»[14] Los libertinos modernos, como Huxley, desean liberar a la humanidad de absolutos morales y de instituciones tradicionales como la familia y la iglesia. Desean revertir a un estado «natural» en el que la gente obedezca sus instintos naturales.

La deconstrucción de los valores occidentales se agita a gran velocidad. El escritor y editor David Kupelian denomina esta transformación del mal en bien y del bien en mal «comercio del mal».[15]

Hollywood fomenta el libertinaje moral con la proyección incesante de películas y series televisivas, con temas cada vez más indecorosos de violencia y fantasía sexual. El matrimonio, diseñado por el Creador como una relación de pacto, ha pasado a ser un contrato civil, y a partir de ahí, una relación legal común. Este declive se ha intensificado con la perversión sexual. *Sexo en Nueva York* promueve la fornicación y el adulterio. La homosexualidad se idolatró en la película galardonada con varios Óscar *En terreno vedado* (en España) y *Secreto en la montaña* (en Latinoamérica). La serie televisiva *Todos mis hijos,* se apoyó en la representación del personaje Zoé para abrir la cortina a la transexualidad. La película *Reencarnación* borra los límites permitido.

Y por si las anteriores perversiones no fueran suficientes, considere el siguiente fragmento de un artículo escrito por la psicóloga Laura Schlessinger, personaje que participa en tertulias de radio, titulado «Como cabía predecir, el bestialismo se normaliza»: «Exhibiéndose en dos importantes revistas de moda, este invierno, aparece un anuncio de varias páginas de un modisto que empareja la consabida mujer delgada en poses provocativas con un perro grande con collar de cuero tachonado. Para corroborar el mensaje subliminal de esta campaña publicitaria, aparecen varias páginas de encuentros juguetones entre los dos».[16]

La degradación occidental del don de la sexualidad que Dios nos concedió evoca las palabras que el Señor habló a Ezequiel: «¿Ves esto? Pues aún las verás cometer mayores atrocidades» (Ezequiel 8:15).

La gente que abraza el ateísmo por razones morales no puede soportar la contemplación de un Dios moral.[17] Desafían el concepto de libertad dentro de un orden moral, y en vez de éste promueven el libertinaje para vivir como si no hubiera exigencias morales. Persiguen neciamente estilos de vida inmorales para su propia esclavitud y autodestrucción.

La muerte de las civilizaciones

Las grandes civilizaciones no duran para siempre. Viven por un tiempo y después mueren. A veces las naciones son conquistadas desde fuera, pero, por lo general, se descomponen desde dentro. Esta es la tesis del historiador Edward Gibbon en su clásico *Historia de la decadencia y caída del imperio romano.*[18]

El historiador y teólogo Jack L. Arnold resume provechosamente la bancarrota moral que condujo a la decadencia de Roma. Señala el desarrollo de un gran aparato bélico, mientras se descuidaba el enemigo interior: el socavamiento de la santidad en el hogar; el rápido aumento del divorcio; la degeneración moral de toda la sociedad por causa de la perversión sexual, incluida la homosexualidad; y el declive de la vitalidad religiosa, ya que el formalismo suplantó a la fe y la impotencia al poder. Añade que Roma exhibió «(1) caos político y desconfianza en los líderes políticos; (2) derrumbamiento de la justicia; (3) fracaso en mantener la ley y el orden; (4) subida de impuestos; y (5) movimiento masivo de las zonas rurales a las ciudades».[19] El timbre familiar de todo esto es escalofriante.

Uno de los ensayos que más han influido en mi forma de pensar se titula «The Great Liberal Death Wish», de Malcolm Muggeridge. Muggeridge (1093-90) nació en el seno de una familia marxista británica y llegó a ser periodista, autor satírico y comunista antes de convertirse finalmente al cristianismo. Viajó a Rusia en 1932 y fue testigo directo del Holodomor («el Genocidio de Ucrania»), la muerte por hambruna de 1932-33, planeada por Stalin, que exterminó a diez millones de ucranianos. El Holodomor dejó perplejo a Muggeridge.

Muggeridge se quedó atónito cuando los progresistas occidentales convergían en Rusia y ante tal horror alababan el estado ateo. Describe que hubo clérigos occidentales que admiraban el museo del ateísmo, políticos de naciones libres que proclamaban que nunca había habido un régimen político tan justo y tan libre, abogados occidentales que daban testimonio de la imparcialidad de la justicia en la Unión Soviética, empresarios occidentales que exaltaban la superioridad de la economía soviética. Muggeridge se asombró al constatar que tales ejemplares del progresismo occidental pudieran fomentar tales distorsiones.

> ¿Cómo pudo ser esto?... A partir de ese momento comencé a percibir que una concepción progresista de la vida no era lo que yo me había figurado —un movimiento creativo que conformaría el futuro— sino más bien una especie de deseo de muerte. ¿Cómo, si no, podía explicarse que la gente, en su propio país mostraba tanta pasión por la igualdad... se postrara en la URSS ante un régimen dominado brutal, opresiva y arbitrariamente por un partido oligárquico privilegiado?[20]

Muggeridge se dio cuenta de la falacia y del peligro que suponía el humanismo secular:

> Sobre la base del humanismo liberal, no hay criatura en el universo mayor que el hombre, y el futuro de la raza humana descansa únicamente sobre los propios seres humanos, lo cual conduce infaliblemente a una especie de suicidio... Los esfuerzos que hacen los hombres por lograr su propia felicidad, su desahogo en la vida, su desenfreno, producirán a su debido tiempo justo lo contrario. ...Una vez que se elimina la noción de un Dios, un Creador, una vez que se elimina la noción de que ese Creador tiene un propósito para nosotros, y que la vida consiste esencialmente en cumplir ese propósito, entonces uno está forzosamente abocado... a inducir la megalomanía de la que hemos visto tantas manifestaciones en nuestros días, en los locos dictadores... Por otra parte, los seres humanos caen en la mera carnalidad, en la animalidad.[21]

El comunismo de la Unión Soviética y Europa del Este se derrumbó porque el ateísmo no concordaba con la verdad ni con la realidad. Los seres humanos no son animales ni máquinas. Los ateos prefieren ver caer su nación y su civilización antes que admitir que sus premisas son falsas o que su gran sueño no es más que una ilusión.

El ateísmo actual está precipitando la muerte de Occidente. Un fundamento ateo no sostendrá la vida ni la libertad. Muchos occidentales viven del capital prestado de la cosmovisión bíblica. Los ateos y los secularistas académicos —las élites intelectuales— desean disfrutar los beneficios de las raíces judeocristianas. No obstante, desprecian el árbol y hacen añicos sus raíces, tratan de subvertir la moral bíblica y el orden metafísico.

Cuando el ateísmo informa la cultura popular, la vida se trivializa, se centra en el consumo material. El teórico mediático estadounidense y crítico cultural Neil Postman (1931-2003) predijo: «Cuando una población se distrae con banalidades, cuando la vida cultural se redefine como una ronda perpetua de pasatiempos, cuando la seriedad de la conversación pública se torna una especie de habla infantil, cuando, en resumen, un pueblo se convierte en audiencia y sus negocios públicos en teatro de variedades, entonces una nación se halla en peligro; la muerte de su cultura es más que probable».[22]

El Occidente ateo se ha ensimismado. Nuestras culturas hedonistas han abandonado la historia e ignorado el futuro, han vivido exclusivamente para el presente. El mantra moderno es el antiguo lema hedonista «¡comamos, bebamos y alegrémonos porque mañana moriremos!». El placer personal es el mayor bien que uno posee: «¡Hazlo si te hace sentirte bien!» Confundimos la búsqueda de la felicidad con el libertinaje para hacer el mal. Occidente avanza por la senda del suicidio cultural.

La muerte de Dios, como hemos visto, significa también la muerte de la verdad —de cualquier noción de moral o de absolutos metafísicos—. Al final, un mundo ateo no tiene futuro. La muerte de una cultura conduce inevitablemente a la muerte de la nación. Las únicas variables son la velocidad con la que ésta se acerca y la ruta que tomará.

Antes de explorar la llamada de Dios a su iglesia para responder a estos conflictos gemelos, debemos ver la conexión que hay entre la guerra de Oriente y la guerra en Occidente.

CAPÍTULO 7

La conexión entre las guerras gemelas

Una gran civilización no es conquistada desde fuera hasta que se ha autodestruido por dentro.

—Will Durant

Entre la muerte de una cultura y la muerte correspondiente de una nación o civilización, subyace un fenómeno que podría calificarse de auto-aversión patológica. Esto trae consigo que los individuos y las sociedades aborrezcan, sientan hastío de su herencia y deseen distanciarse de su pasado. Echemos un vistazo a varios ejemplos de esta clase de auto-aborrecimiento.

En un relato titulado «Simulacro de secuestro prepara colegio para una emergencia», el periodista David Levinsky contó:

> El simulacro de ataque terrorista fue llevado a cabo por dos hombres enojados armados con pistolas que invadieron el colegio por la puerta principal. Pretendían disparar a varios estudiantes en el vestíbulo y luego hacerse fuertes en el salón de actos con diez estudiantes rehenes.

> Dos policías del municipio de Burlinton hicieron de pistoleros. Los investigadores los describieron como miembros de un grupo fundamentalista de extrema derecha denominado «Los nuevos cruzados» que no creen en la separación de la iglesia y el estado. Los falsos pistoleros fueron al colegio buscando justicia porque la hija de uno de ellos había sido expulsada por orar antes de clase.[1]

Los yihadistas atacan diariamente por todo el mundo. Sus ataques en EEUU están aumentando. Entonces ¿por qué un secuestro simulado en un colegio público estadounidense estereotipa cristianos como si fueran terroristas? ¿Y cómo es que la expresión «terroristas islámicos» ha sido descartada de nuestro vocabulario político?[2]

Otro ejemplo de auto-aversión occidental se refleja en la falta de reacción feminista occidental a la reciente liberación de Afganistán de los talibán. Bajo el régimen talibán, las mujeres eran prisioneras en sus propias casas. No podían salir a la calle sin burka y sin un escolta. Las niñas no podían asistir a la escuela; las mujeres no podían ser doctoras ni educadoras. Las feministas denuncian este trato en Occidente, pero su ira contra los talibán y su regocijo ante la liberación de las mujeres afganas por ejércitos occidentales fueron conspicuos por su ausencia. Las feministas no apreciaron el mérito de la guerra. El gozo de ver a las mujeres afganas liberadas de la bárbara ley islámica no bastó para superar su odio al ejército de los EEUU y a su comandante en jefe George W. Bush, por cuyos actos esas mujeres habían sido liberadas.

La auto-aversión está arraigada en el relativismo cultural, que socava la importancia de la identidad singular de cierta cultura y exagera y maximiza las debilidades de la misma. El relativismo cultural rechaza un orden objetivo moral y metafísico que conduce a la libertad, la suficiencia económica, la salud social y la justicia pública. Los relativistas culturales parecen avergonzarse de su identidad nacional. El refugiado político somalí Ayaan Hirsi Alí notó esta tendencia en su país adoptivo de Holanda: «Los holandeses consideran el nacionalismo casi como el racismo. Nadie parece sentirse *orgulloso* de ser holandés».[3] Una consecuencia lógica del relativismo cultural es la negación de la unicidad de la propia cultura. Así pues, los relativistas culturales no reconocen el problema del terrorismo islámico y, en cambio, arrojan los problemas del mundo a los pies de los teístas buscadores de libertad que creen en absolutos. Sirva el ejemplo de Robert Reich, Secretario de Trabajo en la administración Clinton:

> El gran conflicto del siglo XXI no será un choque entre Occidente y el terrorismo... La verdadera batalla se disputará entre la civilización moderna y los anti modernistas; entre los que creen en la primacía del individuo y *los que creen que los seres humanos deben su lealtad e identidad a una autoridad superior*; entre los que dan prioridad a la vida en este mundo y los que creen que la vida humana es mera preparación para una existencia futura; entre los que creen en la ciencia, la razón y la lógica y los que *creen que la verdad ha sido revelada en la Escritura y el dogma religioso*. El terrorismo desgarrará y destruirá vidas. Pero el terrorismo no es el gran peligro que afrontamos.[4]

Aunque buena parte de la oferta de Reich es espuria, su punto principal es claro: la batalla no se disputará entre los yihadistas y Occidente, sino entre los ateos y los teístas. Los que rechazan a Dios y los absolutos morales no sólo propugnan hacer cualquier cosa sin ninguna restricción moral; abren también la puerta al enemigo que está tratando de destruirlos por esa misma razón.

Tal vez resultaría útil presentar una imagen mental. El caricaturista político D.T. Devareux dibujó una caricatura titulada «Suicidio de Occidente». En ella, el tío Sam, personificación nacional del gobierno de los EEUU, sujeta una columna marcada «civilización occidental» en una mano y una pistola etiquetada «liberalismo» en la otra. La pistola apunta a la boca de un tío Sam moral y espiritualmente exhausto, cuyo dedo toca el gatillo. El dedo de otra persona, etiquetada «islam», alarga la mano desde fuera del marco del dibujo y monta el arma para disparar. El mensaje es claro: EEUU, defensor de la civilización occidental, está en proceso de cometer suicidio nacional y, por tanto, de poner fin a la esperanza de recuperación occidental; y los islamistas están deseosos de acelerar la defunción de EEUU y su ideal de libertad.

Rendición y apaciguamiento

El 6 de julio de 2008, en Jonesboro, Georgia, Chaudry Rashid, inmigrante pakistaní de cincuenta y cuatro años, estranguló a su hija de veinticinco, Sandeela Kanwal. Ella había rehusado un matrimonio concertado. Este horrible crimen, asesinato de honor islámico en EEUU, tuvo escaso eco en los medios de comunicación. Lo cual contrasta con meses de reportajes periodísticos sobre la desaparición y sospecha de asesinato de la bella rubia estadounidense Natalee Ann Holloway, vista por última vez en Aruba. Dos casos de dos jóvenes estadounidenses asesinadas, uno repetido machaconamente en los informativos durante meses y el otro ignorado.

¿A qué se debe tan distinto rasero? ¿Por qué los abogados de los derechos de la mujer guardaron silencio acerca del crimen islámico? ¿Acaso los medios rehusaron intencionalmente divulgar un asesinato de honor para no arrojar una luz mortecina sobre la cultura islámica? ¿Era la vida de una joven musulmana menos valiosa que la de la hermosa rubia?[5]

La iglesia también se ha rendido. Rowan Williams, Arzobispo de Canterbury, declaró en el programa *El mundo a la una*, de la BBC Radio 4, que el Reino Unido tiene que «afrontar el hecho de que algunos de sus ciudadanos no se identifican con el sistema legal británico. Williams arguye que la adopción de una parte de la ley sharía islámica ayudaría a mantener la cohesión social».[6] La sharía se adhiere al asesinato de honor, entre otras prácticas inconfesables. El acomodo occidental a tal sistema socavaría la dignidad de la mujer y comprometería su derecho a la vida y a la protección. En el juicio por el asesinato de su hija, Chaudry Rashid confesó que no había hecho nada malo. En realidad, el no haber restaurado el honor de su familia asesinando a su hija habría violado el código islámico.

¿A qué se debe esta rendición? Mathias Döpfner, director ejecutivo de la compañía de medios Axel Springer, publicó una pieza explosiva en el diario *Die Welt* titulada «Europa, te llamas cobardía». Asegura que la causa de la rendición es la ausencia de compás moral:

> El apaciguamiento costó la vida de millones de judíos y gentiles. ... El apaciguamiento estabilizó el comunismo de la Unión Soviética... El apaciguamiento mutiló a Europa cuando el genocidio se desencadenó en Kosovo... El apaciguamiento genera una mentalidad que permite a Europa condonar los 300.000 casos de víctimas torturadas y asesinadas por Saddam Hussein... Los europeos nos presentamos como campeones de la tolerancia contra los intolerantes... ¿Por qué, realmente? ¿Por qué somos tan morales? Me temo que es porque somos tan materialistas... Da la sensación que Europa en estos días es como una inclinada anciana que cuelga de su mano temblorosa sus últimas joyas mientras un ladrón allana la casa de al lado. Europa, te llamas cobardía.[7]

La auto-aversión anula finalmente la voluntad de vivir. Cuando una nación abraza cada vez más el relativismo cultural, pierde interés en su historia o herencia cultural. Se siente culpable de su propia existencia, carece de ambición o de voluntad para defenderse o incluso perpetuarse. Una cultura que se aborrece a sí misma no tiene ninguna razón para reproducirse.

Diecinueve de las tasas de natalidad más bajas del mundo pertenecen a Europa. Ningún país europeo tiene capacidad de reemplazar su población con su tasa de natalidad.[8] Un modelo similar de paternidad anti natal caracteriza a los EEUU, especialmente a los estados políticamente progresistas. En las elecciones presidenciales de 2004, John Kerry ganó en los dieciséis estados con natalidad más baja, los que más se parecían a Europa, donde residen los liberales, con una media de 1,47 niños por mujer. En la misma carrera, George W. Bush ganó en veinticinco de los veintiséis estados de mayoría conservadora y tasas de natalidad más altas, con una media de 2,08 niños por mujer.[9]

Estas estadísticas revelan la fuerte influencia del discurso cultural, la implicación de la guerra de culturas. Son un ominoso presagio para la supervivencia de la civilización occidental. La reflexión de Malcolm Muggeridge resulta instructiva:

> La conclusión final parece indicar que mientras otras civilizaciones cayeron frente el ataque que los bárbaros les lanzaron desde afuera, la nuestra tiene la *singular distinción de instruir a sus propios destructores* en sus propias instituciones educativas y de proporcionarles instalaciones para propagar su ideología destructiva a gran escala, todo a expensas del erario público. Así decidió el hombre occidental *abolirse,* creando su propio aburrimiento de su prosperidad, su propia vulnerabilidad de su fuerza, su propia impotencia de su erotomanía, tocando él mismo la trompeta que derribó las murallas de su propia ciudad. Y, habiéndose convencido a sí mismo de que es muy numeroso, trabaja con píldora, escalpelo y jeringa para rebajar su número, hasta que, por fin, habiéndose educado en la imbecilidad y contaminado y drogado hasta la estupefacción, se desploma, cual un fatigado, apaleado brontosaurio, y se extingue.[10]

Tolerar al intolerante

La ausencia de absolutos morales o metafísicos borra la noción de falsedad, mal moral, o lo artísticamente aborrecible. No se puede aplicar juicio moral al comportamiento de un individuo o cultura. La consecuencia resultante es tolerar al intolerante, aceptar conductas que una vez fueron moral y estéticamente incomprensibles.

Muchas sociedades islámicas practican el asesinato de honor, niegan la libertad personal, practican una severa discriminación, esquivan a los no musulmanes y luchan usando como escudos a niños y ancianos. ¿Cómo pueden tantos intelectuales occidentales, personalidades mediáticas, burócratas y líderes feministas ignorar tales injusticias? Como hemos visto, Malcolm Muggeridge lo calificó de «gran deseo de muerte progresista». Ayaan Hirsi Alí usa la expresión «seducción del totalitarismo».[11]

Términos como «yihadistas» o «militantes islámicos» son políticamente incorrectos en EEUU. Tal locura disfrazada de sofisticación podría ser, sin más, descartada si no fuera tan peligrosa. Los ateos (por confesión o estilo de vida) rechazan las explicaciones que los yihadistas dan de su conducta. Se aferran a una interpretación occidental que explique los ataques yihadistas a Occidente: Los musulmanes nos atacan porque los «EEUU son malos» y porque apoyan a Israel; los árabes son pobres porque los estadounidenses son ricos. Tal análisis político y económico, no importa cuán erróneo sea, atrae al humanismo secular; pero no una crítica razonada de la ideología religiosa musulmana. En *Terror y libertad,* el autor y comentarista político Paul Berman describe cómo la violencia yihadista «produjo una crisis filosófica general entre los que prefieren creer que una lógica racional gobierna el mundo».[12]

Walid Phares escribe: «Entre el mosaico de democracias y la panoplia del yihadismo, hay desacuerdo filosófico, histórico y doctrinal acerca de cómo el mundo ha funcionado durante siglos y cómo debe evolucionar».[13] Las democracias por naturaleza son transparentes; ofrecen libertad de religión y de expresión. Las naciones árabes son opacas y restringen o niegan la libertad religiosa o de expresión. Surge un enorme dilema cuando una democracia da la bienvenida a gente que rechaza los valores democráticos, que rehúsan adaptarse, que quieren dominar. El plan de los musulmanes de Nueva York de edificar una mezquita a dos manzanas de la Zona Cero ilustra este dilema.

El año 2005 fue testigo de otro ejemplo del dilema de la democracia amenazada por el totalitarismo cuando el diario danés *Jyllands-Posten* publicó doce caricaturas que representaban a Mahoma. El diario publicó las caricaturas como parte del debate sobre la libertad de prensa y libertad de expresión frente a los límites de la irreverencia con las figuras religiosas. Cuando se corrió la voz de la publicación de las caricaturas en el mundo musulmán, estallaron algarabías en las capitales árabes y europeas. Los periódicos que no se cuidan de representar irreverentemente a Cristo de pronto comenzaron a censurar las caricaturas del *Jyllands-Posten.* La corrección política y el temor a la ira yihadista cercenaron el tradicional valor occidental de la libertad de prensa.

Mark Steyn, autor canadiense y crítico cultural, reta el relativismo cultural: «Es fácil ser sensible, tolerante y multicultural —es la moda por defecto de la época— pero, cuando uno persiste en ser sensible con el insensible, tolerante con el intolerante e impecablemente multicultural con el confesadamente mono-cultural, no hay que sorprenderse de que lo tomen por debilidad».[14] El escritor francés Jean François Revel, dijo las famosas palabras: «Es obvio que una civilización que se siente culpable de todo lo que es y hace carecerá de energía y convicción para defenderse».

El gran Satán

Los yihadistas acusan a los EEUU, con su relativismo moral y cultural, de «gran Satán». ¿Qué quieren decir?

El apóstol Juan revela que Satanás es el padre de la mentira y el autor de la muerte: «Vosotros sois de vuestro padre el diablo, y los deseos de vuestro padre queréis hacer. El ha sido homicida desde el principio, y no ha permanecido en la verdad, porque no hay verdad en él. Cuando habla mentira, de suyo habla; porque es mentiroso, y padre de mentira» (Juan 8:44, RV60). En el libro de Apocalipsis, Satanás no sólo miente; engaña a naciones *enteras* (Ap. 20:3, 7-8). Satanás es la personificación del mal. Y además de esto, su naturaleza es engañadora, y mediante el engaño, destruye naciones.

Cuando los islamistas llaman a EEUU el gran Satán, lo hacen en el sentido del engaño. El experto islamista Bernard Lewis describe el concepto musulmán de lo demoníaco: «Según el Corán, Satanás no es un imperialista ni un explotador. Es un seductor, "el tentador insidioso que susurra en el corazón de los hombres" (Corán CXIV, 4, 5)».[15] El musulmán fundamentalista considera a EEUU como un gran seductor. No contentos con nuestra bancarrota espiritual, vomitamos nuestra vileza en el mundo. A través de los medios de comunicación y del internet, alejamos a las naciones musulmanas de Alá y de sus valores tradicionales con el materialismo ateo y la inmoralidad.

El profesor Samuel Huntington explica cómo ven los musulmanes a Occidente: «Ven la cultura occidental sumida en el *materialismo, la corrupción, la decadencia y la inmoralidad.* También consideran que es seductora, de aquí que enfaticen más aún la necesidad de resistir la influencia de su estilo de vida. De forma creciente, los musulmanes atacan Occidente no por adherirse a una religión imperfeta o errónea, que es, sin embargo, una "religión del libro", sino por no adherirse en absoluto a ninguna religión. *A los ojos del islam, el secularismo occidental, la irreligiosidad y, en consecuencia, la inmoralidad son peores males que el cristianismo occidental que los produjo...* Los musulmanes consideran que su adversario es "el Occidente ateo"».[16]

En su «carta al pueblo estadounidense» fechada el 24 de noviembre de 2002, Osama bin Laden planteó dos cuestiones: «Por qué luchamos y nos oponemos a vosotros» y «qué les pedimos que hagan y qué queremos de vosotros». Cabe pensar que los ataques del 11/9 provocarían a Occidente, particularmente EEUU, a buscar las respuestas. Al parecer, nuestro deseo de paz y prosperidad personal supera el interés por dar respuesta a dichas cuestiones. No obstante, seríamos necios si no escucháramos a la mente maestra que ha orquestado la guerra de Oriente.

Para responder a la pregunta «qué les pedimos y qué queremos de vosotros» bin Laden escribió:

> (1) Lo primero que les pedimos es que se acerquen al islam...
>
> (2) Lo segundo, es que *detengan la opresión, la mentira, la inmoralidad y el vicio* que se ha extendido entre vosotros...
>
> (3) Lo tercero, es que... *descubran que son una nación sin principios ni buenas costumbres...*
>
> (4) También les aconsejamos *que dejen de apoyar a Israel...*
>
> (5) También les aconsejamos *que hagan la maleta y salgan de nuestras tierras...*
>
> (6) Lo sexto, les pedimos que *dejen de apoyar a los líderes corruptos de nuestros países...*
>
> (7) También les pedimos *que traten e interactúen con nosotros sobre la base de intereses y beneficios mutuos...*

Bin Laden sigue diciendo:

> (a) Les pedimos que sean un pueblo con buenas costumbres, principios, honor y pureza; que rechazen los actos inmorales: *fornicación, homosexualidad, estupefacientes, el juego [sic],* y el traficar con intereses…
>
> (b) Es triste tener que decirles que son *la peor civilización* que ha conocido la historia de la humanidad…
>
> (iv) *Son una nación que permite cometer actos inmorales y los considera pilares de la libertad personal.* Han seguido descendiendo por este abismo peldaño a peldaño hasta que el incesto se ha extendido entre vosotros, ante el cual *ni vuestro sentido del honor ni vuestras leyes ponen reparos.*[17]
>
> ¿Quién puede olvidar los actos inmorales del presidente Clinton cometidos en el despacho Oval?…
>
> (vi) son una nación que explota a las mujeres como productos consumibles o instrumentos de publicidad para invitar a los clientes a adquirirlos. *Usan a las mujeres para servir a pasajeros, visitantes y extranjeros para aumentar el margen de beneficios.* Y después desvarían diciendo que apoyan la liberación de la mujer.
>
> (vii) Son una nación que *practica el negocio del sexo en todas sus formas,* directa e indirectamente. Establecen corporaciones e instituciones gigantes, *las denominan arte, esparcimiento, turismo y libertad,* y les atribuyen otros nombres engañosos. [18]

Los ateos morales, cuya meta es la libertad sexual, descartan las palabras de bin Laden calificándolas de delirio moral. Los relativistas morales desafían su derecho a juzgar el comportamiento de otros. Pero los que procuran observar un marco moral perciben alguna verdad en sus acusaciones.

La declaración de bin Laden, que los EEUU son «*la peor civilización* que ha conocido la historia de la humanidad» es notoriamente falsa. Ningún país es perfecto. Pero EEUU ha establecido un estándar de civilización que muchos han envidiado. Además, la vida y el comportamiento inmoral de bin Laden, y por supuesto, su trato a las mujeres, reflejaba lo que solía criticar de los EEUU. Ni pueden sus perversos ataques a EEUU y a civiles inocentes ser justificados bajo ningún concepto.

No obstante, parte de la crítica de bin Laden, resuena con un triste timbre de verdad. De muchas maneras hemos llegado a ser una cultura que estimula los «actos de inmoralidad», el consumo de estupefacientes, el adulterio y el sexo premarital. Las mujeres han venido a ser objetos —no sujetos—; «objetos sexuales» de los hombres. Muy a menudo las mujeres son explotadas con fines comerciales para vender toda suerte de bienes materiales. Muchos miles de mujeres y niñas son traficadas cada año a EEUU como esclavas de sexo. No se puede negar que la pornografía se ha convertido en una industria multimillonaria. Cosas que hubieran sido impensables en EEUU hace cincuenta años, tal como la redefinición del «matrimonio» entre dos hombres o dos mujeres, son ahora lugar común. Un movimiento para legalizar la pedofilia en EEUU está en marcha.[19] Ciertamente, hemos llegado a ser una cultura que «practica el mercado del sexo en todas sus formas».

Así pues, aunque debemos condenar los actos y la detestable retórica de bin Laden, también debemos hacer caso a la verdad dolorosa de su crítica moral. Los EEUU están resbalando por un precipicio moral y espiritual. La iglesia no suele criticar el estilo de vida decadente de la cultura atea y materialista moderna; y lo más trágico, los cristianos practican a veces idénticos estilos de vida. Los modelos estadounidenses de adulterio y divorcio, pornografía, aborto y defensa del matrimonio del mismo sexo son cada vez más numerosos en la iglesia.[20] En vez de ser radicalmente contraculturales, muchos cristianos han quedado atrapados en la cultura moderna cada vez más depravada del país.

Una batalla de ideas

En última instancia, afrontamos un conflicto de ideas, ideales y visión del mundo —una batalla de cosmovisiones y narrativas religiosas—. Como nos recuerda el libro de Proverbios: «Porque cual es su pensamiento en su corazón, tal es él» (Pr 23:7, RV-60).

Como hemos visto, la cosmovisión religiosa que profesamos no sólo orienta nuestra visión del mundo, sino que también determina la clase de nación que vamos a edificar.

Cada narrativa tiene un símbolo, una visión motriz y un objeto. El símbolo del materialismo ateo es el *condón*. Su móvil es: «¡Comamos, bebamos y alegrémonos porque mañana moriremos!». Su objeto es el yo y la satisfacción inmediata de los propios instintos naturales (hedonismo).

El símbolo del islam militante es la *espada*. El voluntario al martirio Ijaz Khan Hussein manifiesta su sueño: «Fuimos a la yihad llenos de gozo, y volvería a ir otra vez mañana. Si Alá me hubiera escogido para morir habría estado en el paraíso, comiendo miel, sandías, uvas y yaciendo con hermosas vírgenes».[21] Su meta es obedecer a Alá matando inocentes por la yihad.

El símbolo del teísmo bíblico es la *cruz*. Su visión motriz fue establecida por el apóstol Pablo: «Cristo nos libertó para que vivamos en libertad... Les hablo así, hermanos, porque ustedes han sido llamados a ser libres... Más bien sírvanse unos a otros con amor». (Gá 5:1, 13). Su objeto es la libertad personal y nacional por medio de la obediencia al orden divino.

Estas narrativas radicales conducen a fines drásticamente distintos. El primero acaba en desorden (anarquía moral), el segundo en tiranía, el tercero en libertad.

Esta batalla por las ideas se debe plantear en dos frentes. Primero, deben enfrentarse el libertinaje del ateísmo secular y la libertad del teísmo bíblico. El vencedor —el libertinaje o la libertad— se enfrentará a la tiranía de la yihad islámica. El resultado determinará el futuro de Europa y de EEUU, el futuro de Oriente Medio y el futuro del mundo.

Para involucrarse plenamente en este combate, es necesario abordarlo desde su plano más profundo —el plano espiritual.

CAPÍTULO 8

La conquista de la cultura

Un credo que no se hace cultura es un credo no plenamente aceptado, no bien meditado, no fielmente vivido.

—Juan Pablo II

La guerra de Oriente y la guerra en Occidente se solapan en la esfera de la bancarrota moral y espiritual de Occidente. Los cristianos reflexivos deben comprometerse en ambos frentes. Una lealtad ciega a Occidente ignoraría la pobreza moral de nuestros países. No debemos hacer esto. Debemos afrontar la realidad honestamente y responder a la pobreza moral y espiritual de las naciones occidentales, y al mismo tiempo, confrontar la ideología yihadista de Oriente.

En el fondo, estas son guerras en torno a diferentes concepciones e ideologías. Hemos de lanzarnos a la ofensiva, conquistar la imaginación de nuestros adversarios ideológicos y emanciparles de estilos de vida que los esclavizan. Esto lo haremos, como dice Pablo, «de modo que se despierten y escapen de la trampa en la que el diablo los tiene cautivos, sumisos a su voluntad» (2 Ti 2:26). Ya que en su nivel más profundo, esta es una guerra espiritual.

Conquista y emancipación

James Davison Hunter, profesor de religión, cultura y teoría social en la Universidad de Virginia, popularizó la expresión «guerra cultural» en su libro pionero, publicado en 1992, *Culture Wars: The Struggle to Define America.*[1] La expresión devino una cómoda etiqueta para definir el conflicto por el alma de Occidente.

He usado la expresión por años y la he hallado muy útil. Pero me pregunto si no necesitaremos una nueva metáfora, porque «guerra» connota lucha física y violencia. La guerra cultural es una batalla, no por la conquista de un territorio físico, sino por los corazones y las mentes de los individuos y el alma de las naciones.

Quizá pueda hallarse una nueva imagen en las palabras del apóstol Pablo en 2 Corintios 10:3-5: «Pues aunque vivimos en el mundo, no libramos batallas como lo hace el mundo. Las armas con que luchamos no son del mundo, sino que tienen el poder divino para derribar fortalezas. Destruimos argumentos y toda altivez que se levanta contra el conocimiento de Dios, y llevamos cautivo todo pensamiento para que se someta a Cristo».

Estamos en guerra, pero «no la hacemos como el mundo». El conflicto físico tiene su origen en la concepción moral y metafísica de un pueblo. En contra de los métodos bélicos empleados por el mundo, los cristianos han de «demoler las fortalezas» y «llevar cautivo todo pensamiento».

¿Qué hemos de destruir? En el versículo 4, Pablo usa la palabra *ochurōma,* que significa «castillo, fuerte o fortaleza» y puede significar también «cualquier cosa sobre la que uno se apoya».[2] En la siguiente frase (v. 5), cambia la palabra por *logismos,* «pensamiento» e «imaginación», «un razonamiento, por ejemplo, hostil a la fe cristiana».[3] Estos argumentos son las fortalezas de la mente. Nuestra batalla es por la mentalidad de las personas y las culturas, por su concepción moral y su infraestructura metafísica. Hemos de derribar esas fortalezas mentales.

Pablo nos exhorta a «llevar cautivo todo pensamiento». La palabra original griega significa literalmente «guiar y llevar cautivo», y metafóricamente, «conquistar, cautivar la mente».[4] Aquí hallamos un hermoso contraste con los estragos de la guerra. Cautivar, en español, significa «conquistar o embelesar. Atraer irresistiblemente la atención, la simpatía o el amor de alguien: "cautivar con gracia"».[5]

Tal vez la nueva metáfora con qué designar las guerras culturales debiera ser *cultura cautivadora*. La guerra en Occidente y la guerra de Oriente son dos conflictos por el alma de la cultura. No se dirime con armas de fuego ni con bombas, sino con amor e ideales. Debemos vencer con la excelencia de nuestras ideas y la belleza de nuestro amor, cautivar la cultura confesando la verdad ante la mentira, viviendo la justicia y la misericordia en medio de sociedades injustas y crueles, y promoviendo la belleza en vez de la mundanalidad y la fealdad. No es sólo una obra de persuasión; es una labor de *emancipación* de la mentira, la injusticia y lo espantoso. Es una lucha por la libertad de las personas, para liberar sus mentes y corazones, para liberar sus vidas. Se trata, en última instancia, de acarrear libertad a la comunidad y la nación.

Se necesita una visión renovada: «Todas las naciones que has creado vendrán, Señor, y ante ti se postrarán y glorificarán tu nombre» (Sal 86:9). Tenemos que asaltar agresivamente las fortalezas mentales de Occidente y restaurar su alma. Del mismo modo, tenemos que desafiar la fortaleza de la mentalidad yihadista para acarrear verdadera paz. Los musulmanes reconocen que Europa y EEUU son países cristianos. Dado que Europa y EEUU se han desenfrenado y entregado a la inmoralidad, los musulmanes consideran que la inmoralidad occidental es fruto del cristianismo. ¿Cómo deben responder los cristianos?

La ofensiva del reino

Todas las guerras terrenales, sean de ideas o de balas, tienen su origen en la pugna espiritual entre Dios y los demonios: «Porque nuestra lucha no es contra seres humanos, sino contra poderes, contra autoridades, contra potestades que dominan este mundo de tinieblas, contra fuerzas espirituales malignas en las regiones celestiales» (Ef 6:12). En el fondo, toda guerra es una *guerra espiritual.*

En diciembre de 2001, en una entrevista concedida a Al-Jazira, el jeque Ahmad al-Qataani hizo una asombrosa declaración: «Cada día, 16.000 musulmanes se convierten al cristianismo. Cada año se convierten 6 millones de musulmanes».[6] Aunque estas cifran puedan ser exageradas, hay otros que también sostienen que se están produciendo conversiones masivas.[7]

¿Qué está motivando este asombroso acercamiento a Cristo? Pues que por haber sido creados a imagen de Dios, a los musulmanes les repele el odio y la violencia yihadista. En realidad, están programados para el amor. Responden al amor que les ha demostrado Cristo.

Los gobiernos recurren legítimamente a las armas para defender a sus ciudadanos, pero la batalla de la iglesia es distinta. Cuando un contingente de guardias romanos acudió a arrestar a Cristo en Getsemaní, algunos de sus discípulos respondieron con la fuerza, pero Cristo se lo prohibió, y al hacerlo desarmó a la iglesia.[8]

El Señor Jesús dice de su pueblo: «Ustedes son la sal de la tierra. Pero si la sal se vuelve insípida, ¿cómo recobrará su sabor? Ya no sirve para nada, sino para que la gente la deseche y la pisotee. Ustedes son la luz del mundo. Una ciudad en lo alto de una colina no puede esconderse» (Mt 5:13-14). Como la sal, los cristianos deben sazonar, sanar y preservar la sociedad. Como la luz, deben revelar la verdad, la bondad y la belleza en medio de un mundo tenebroso.

La ofensiva del reino comienza reconociendo a «Jesucristo, y a éste crucificado» (1 Co 2:2). Comienza cuando la persona pone su fe en Cristo para salvación. Cristo murió para salvar a la persona total y todas sus relaciones. Pero esto no es el final; es el principio.

La ofensiva del reino pone pies a la oración: «Venga tu reino, hágase tu voluntad en la tierra como en el cielo». Somos canales de verdad, bondad y belleza para nuestros vecinos ateos y musulmanes. Hemos de comprometernos en una ofensiva de amor y servicio (véase el capítulo 13). ¿Nuestro mensaje?

> La vida es mejor que la muerte.
> La salud es mejor que la enfermedad.
> La libertad es mejor que la esclavitud.
> La prosperidad es mejor que la pobreza.
> La educación es mejor que la ignorancia.
> La justicia es mejor que la injusticia.[9]

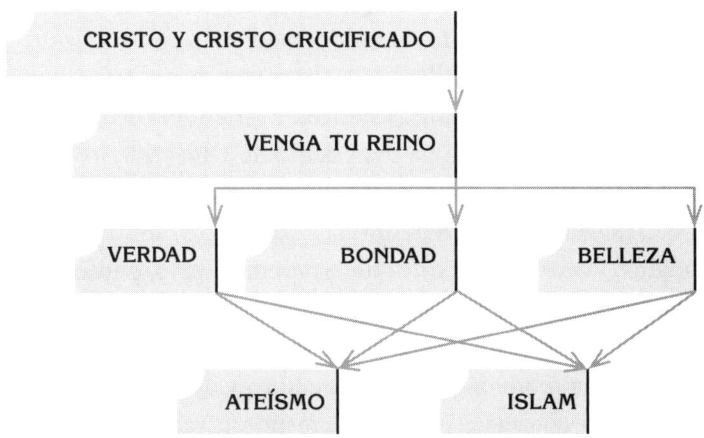

Figura 2. La ofensiva del reino

¿Hay esperanza?

El fuego de la civilización occidental en Europa casi se ha extinguido. Sólo queda un pequeño rescoldo, unas cuantas ascuas. Pero cualquiera que haya encendido alguna vez un fuego sabe que una pequeña ascua puede reavivar una llama. Todavía arde el fuego en los EEUU, pero los ateos de hoy intentan apagarlo. Si la iglesia estadounidense abandona a

Cristo, su reino, y la cosmovisión judeocristiana, el fuego se extinguirá. Aunque Europa y EEUU sigan existiendo como entidades geográficas y políticas, la civilización occidental, tal como la hemos conocido, cesará. La anarquía, expresada en forma de desórdenes en las grandes ciudades europeas y estadounidenses, conducirá finalmente a la tiranía. La civilización nacida del evangelio y enmarcada en una cosmovisión bíblica morirá, y el sol se pondrá sobre Occidente.[10]

Puesto que Dios actúa en la historia, la muerte de Occidente no es inevitable. El avivamiento en Occidente no depende del gobierno ni de la intelectualidad. Depende del pueblo de Dios. Dios nos recuerda en 2 Crónicas 7:14: «Si mi pueblo, que lleva mi nombre, se humilla y ora, y me busca y abandona su mala conducta, yo lo escucharé desde el cielo, perdonaré su pecado y restauraré su tierra». Dios espera cuatro actos de obediencia de los que profesan su nombre: que se humillen, oren, busquen de nuevo su nombre y se vuelvan de su maldad. ¿La maldad de quién? No la de los ateos ni la de los yihadistas, sino ¡la del pueblo de Dios! Son los creyentes —nosotros— quienes se han de volver de sus caminos perversos. ¿Qué hará Dios si nos arrepentimos? Escuchará nuestros corazones contritos, nuestras oraciones de arrepentimiento, perdonará nuestros pecados, y *¡sanará la tierra!*

Con esta actitud y este objetivo en mente, ya estamos listos para iniciar la segunda parte de este libro y debatir la respuesta de la iglesia a las guerras gemelas. Esta respuesta radica en la misión de la iglesia a través de los siglos —la Gran Comisión—, que la misma iglesia debe retomar fervientemente en el contexto de nuestra era.

PARTE 2

La Gran Comisión

CAPÍTULO 9

Cristo y el Reino

Las personas se hacen discípulos de Cristo cuando se las arrebata con una visión de la vida del reino de los cielos en comunión con Él. Y esto se hace proclamando, manifestando y enseñándoles el reino tal cual se ha aprendido del propio Jesús. De este modo se cambia el credo que gobierna su vida.

—Dallas Willard

En la épica pelicula *El Señor de los anillos: Las dos torres,* el reino de Rohan ha perdido el esplendor de sus días gloriosos. Viendo cómo las fuerzas de oscuridad avanzan contra su otrora ciudad orgullosa, el rey Théoden se lamenta: «Los días se fueron por el Oeste, más allá de las colinas, hacia las sombras. ¿Cómo se llegó a esto?»[1] Esta pregunta es pertinente hoy para Occidente. En una «Carta pastoral sobre la misión», un grupo de pastores de la Iglesia Reformada Episcopal responde a esta cuestión: «A esto se llegó porque la Gran Comisión de Jesucristo ha sido neutralizada por un retorno al paganismo en EEUU y Europa».[2] Es decir, La Gran Comisión ha quedado reducida a la Comisión Griega. En la segunda parte de este libro me propongo «des-neutralizar» —es decir, restaurar, revalidar y recargar— la Gran Comisión. Mi deseo es devolver el adjetivo *gran* a la misión de la iglesia.

Al comenzar el estudio de la Gran Comisión, debemos primeramente fijarnos en la persona de Jesucristo, cuya *gran reivindicación* de autoridad es fundamental para la asignación que Él tiene preparada para su pueblo. Después comentaremos la naturaleza del reino de Dios y, en el próximo capítulo, su relación con la Gran Comisión.

Christus Victor

La Gran Comisión consta de dos escenarios: el terrenal y el cósmico. El escenario terrenal tuvo vistas al mar de Galilea desde un monte concreto. Después de la resurrección, Jesús mandó a sus discípulos reunirse con Él en el norte de Israel: «Los once discípulos fueron a Galilea, a la montaña que Jesús les había indicado. Cuando lo vieron, lo adoraron; pero algunos dudaban» (Mt 28:16-17). Se habían encontrado con el Cristo resucitado en varias situaciones cerca de Jerusalén, pero no todos reaccionaron de la misma manera. Algunos se postraron delante de Él en acto de reverencia. Otros dudaron, no sabiendo qué pensar o cómo responder.

¿Quién les puede culpar? Ellos lo habían dejado todo por seguir al Maestro, esperaban que Jesús entrara victorioso en Jerusalén como Mesías, que expulsara el ejército romano y estableciera un nuevo régimen político. Pero después de tres años de expectativa creciente, ocurrió lo inconcebible delante de sus ojos: ¡Jesús fue arrestado, condenado y crucificado! Sus sueños se hicieron añicos; sus vidas parecían sin propósito.

Entonces tuvo lugar el milagroso evento. Jesús resucitó de los muertos y se apareció a sus discípulos. Les dio órdenes para que se juntaran con Él en Galilea.[3] En obediencia, sin dudar, maravillados, subieron a Galilea. Allí, en las hermosas colinas de Galilea, Cristo hizo su profundo anuncio, su gran proclamación: «Jesús se acercó entonces a ellos y les dijo: "Se me ha dado toda autoridad en el cielo y en la tierra"» (Mt 28:18). Entonces encargó a sus discípulos la tarea que llamamos Gran Comisión: «Por tanto, vayan y hagan discípulos de todas las *naciones, bautizándolos en el nombre del Padre y del Hijo y del Espíritu Santo, 20 enseñándoles a obedecer todo lo que les he mandado a ustedes. Y les aseguro que estaré con ustedes siempre, hasta el fin del mundo» (Mt 28:19-20).

El escenario cósmico de la Gran Comisión está en los cielos, escenario de una batalla entre Dios y Satanás, un conflicto en torno al viejo orden de la muerte y el orden nuevo de la vida. Quien ganara esta batalla épica regiría el mundo y determinaría el fin de la historia.

Las primeras dos escaramuzas tuvieron lugar en el Jardín de Getsemaní, donde Jesús tuvo que vencer el *temor a la muerte*.[4] Oró: «Padre, si quieres, no me hagas beber este trago amargo; pero no se cumpla mi voluntad, sino la tuya» (Lucas 22:42).[5] Al afrontar la cruz, Jesús experimentó una feroz contienda en su hombre interior. Tres veces rogó al Padre que pasara de Él ese cáliz. Pero deseaba cumplir la voluntad del Padre más que dejar que el cáliz pasara de largo.[6] De este modo, la voluntad del Padre fue la voluntad del Hijo, y se aseguró el instrumento de redención del hombre. Cristo representa su obra atando a Satanás,[7] y Pablo describe la naturaleza de la victoria de la cruz: «Desarmó a los poderes y a las potestades, y por medio de Cristo los humilló en público al exhibirlos en su desfile triunfal» (Col 2:15).

La segunda escaramuza se produjo en la tumba de José de Arimatea; fue una batalla en la que salió derrotada la *misma muerte*.[8] Hasta que vino Cristo, la muerte siempre había vencido. Aun en los casos aislados de personas que habían resucitado de la tumba, la muerte acababa venciendo al final. Lázaro, por ejemplo, murió una segunda vez. Pero la muerte no pudo sujetar a Cristo, quien resucitó irreversiblemente de los muertos.[9] Él conquistó la muerte, venció a las fuerzas del mal e inició el proceso de reconciliación de todas las cosas consigo mismo;[10] introdujo una nueva era en la historia de la humanidad. Ya no hay por qué vivir sometidos al temor a la muerte.[11] El orden de la creación está siendo restaurado; el reino de Dios se está acercando.

Toda guerra tiene su batalla decisiva, aunque no sea obvio hasta más tarde. El punto decisivo de la guerra cósmica espiritual fue la cruz. En la cruz, Cristo venció. Él es *Christus Victor* (Cristo victorioso). Satanás es el enemigo derrotado que ha sido destronado; su reino y su orden fraudulentos están tocando a su fin. Cristo restaurará el orden de la creación tal como restaura la vida sobre la tierra. En el conflicto cósmico prosiguen las operaciones de limpieza, pero el desenlace es definitivo, la suerte está echada.

El finado trovador de Cristo, Keith Green, captó la conquista de Cristo en su canción «The Victor».[12]

> Tragado por el oscuro seno de la tierra…
> Triunfó la muerte —aseguran.
> Pero aunque la tumba intentara sujetarle,
> El Hijo de la Vida
> Resucitó al tercer día…
>
> Todo está consumado.
> Lo que era imposible Él hizo.
> La vida derrotó a la muerte.
> Jesucristo ha vencido…
>
> ¡Cuán gritan los demonios!
> ¿No machacó Él la cabeza de la sierpe?
> A los prisioneros del infierno
> Él redimió (¡Oh!)
> Ha fenecido el poder de la muerte.

El autor inglés, periodista y crítico cultural, G. K. Chesterton (1874-1936) entendió la maravilla de la nueva era que amanecía con la resurrección: «El tercer día, los amigos de Cristo, acudiendo al alba hallaron la tumba vacía y la gran piedra movida. Se dieron cuenta de diversas maneras de la nueva maravilla; pero a pesar de ello, a duras penas fueron conscientes que el mundo había muerto por la noche. Lo que estaban contemplando era el primer día de una nueva creación, con un nuevo cielo y una nueva tierra; y a semejanza del Jardinero (Dios), caminaban otra vez por el jardín, no en el frescor vespertino, sino de la alborada».[13]

En la nueva era que ha amanecido con su resurrección, Cristo está implantando su reino en la tierra.[14] Christus Victor nos llama a vivir en el marco de sus ordenanzas y a extender su dominio del cielo a la tierra.

Con frecuencia, la iglesia funciona como si Satanás fuera el vencedor y Cristo el vencido. Dando demasiado crédito a lo demoníaco, anda a la defensiva en su mundo y sus comunidades. Aunque la Biblia reconoce que Satanás es el «príncipe de este mundo» (Juan 12:31) «que engaña al mundo entero» (Ap 12:9), su poder sólo se extiende a las áreas donde la gente vive voluntariamente en tinieblas y practica maldad. Primera de Juan 3:8 declara: «El que practica el pecado es del diablo, porque el diablo ha estado pecando desde el principio». Pero ese mismo versículo sigue diciendo: «El Hijo de Dios fue enviado precisamente para destruir las obras del diablo». La Biblia deja claro que Satanás ha sido definitivamente derrotado gracias a la muerte y resurrección de Cristo. El lenguaje que usa Pablo es claro: «Desarmó a los poderes y a las potestades, y por medio de Cristo los humilló en público al exhibirlos en su desfile triunfal» (Col 2:15). En este pasaje se nota un lenguaje bélico: un bando gana y otro pierde una batalla crítica. La muerte de Cristo en la cruz fue el momento decisivo de la gran guerra espiritual entre Dios y Satanás. Éste es un enemigo derrotado; está en franca retirada y su juicio final es ineludible.[15] El Cristo invencible nos llama a bombardear las mismas puertas del infierno y nos asegura que no prevalecerán contra nosotros.[16] De todas las personas que pueblan la tierra, los cristianos deberían ser las personas más optimistas, porque Cristo vencido en la batalla decisiva del gran conflicto cósmico y ellos ¡saben cómo acaba la historia!

El reinado de Dios en la tierra

Por haber tenido el privilegio de viajar por todo el mundo, he preguntado a pastores y líderes de iglesia: «¿Sobre qué es rey

Jesús ahora?» La respuesta casi unánime es: «¡Él es hoy rey del cielo y lo será de la tierra cuando regrese!» Pero ¿qué dice la Biblia?

Pablo bosqueja la supremacía de Cristo sobre todas las cosas ahora, no solamente en el ámbito espiritual. Note cuántas veces Pablo dice «toda la creación», «todas las cosas» y «todo»:

> Él es la imagen del Dios invisible, el primogénito de *toda creación,* porque por medio de él fueron creadas *todas las cosas* en el cielo y en la tierra, visibles e invisibles, sean tronos, poderes, principados o autoridades: *todo ha sido creado* por medio de él y para él. Él es anterior a todas las cosas, que por medio de él forman un *todo* coherente. Él es la cabeza del cuerpo, que es la iglesia. Él es el principio, el primogénito de la resurrección, para ser en todo el primero. Porque a Dios le agradó habitar en él con toda su plenitud y, por medio de él, reconciliar consigo *todas las cosas,* tanto las que están en la tierra como las que están en el cielo, haciendo la paz mediante la sangre que derramó en la cruz. (Col 1:15-20)

Jesús confirma su soberanía sobre la tierra en su diálogo con Poncio Pilato, gobernador romano de Judea:

> Pilato volvió a entrar en el palacio y llamó a Jesús.
>
> —¿Eres tú el rey de los judíos? —le preguntó.
>
> —¿Eso lo dices tú —respondió Jesús—, o es que otros te han hablado de mí?
>
> —¿Acaso soy judío? —replicó Pilato—. Han sido tu propio pueblo y los jefes de los sacerdotes los que te entregaron a mí. ¿Qué has hecho?
>
> —Mi reino no es *de* este mundo —contestó Jesús—. Si lo fuera, mis propios siervos pelearían para impedir que los judíos me arrestaran. Pero mi reino no es *de* este mundo.
>
> —¡Así que eres rey! —le dijo Pilato.
>
> —Eres tú quien dice que soy rey. Yo para esto nací, y para esto vine al mundo: para dar testimonio de la verdad. Todo el que está de parte de la verdad escucha mi voz. (Juan 18:33-37)

N. T. Wright, experto bíblico y ex obispo de Durham, Inglaterra, nos ayuda a entender el matiz de las palabras de Cristo respecto a su reino: «Resulta bastante claro en el texto que el reino de Jesús no empieza con este mundo. No es un reino terrenal, pero es *para* este mundo. Es de otro lugar, pero es para este mundo».[17] El reino de Cristo no es de este mundo; no se funda en la concepción pagana ni en los valores del humanismo o del animismo.[18] Su reino viene del cielo, donde ya está establecido completa y perfectamente. Cuando Cristo se encarnó, comenzó a instaurar su reino en la tierra.

Vemos esto reflejado en la oración que el Señor enseñó a sus discípulos: «Padre nuestro que estás en el cielo, santificado sea tu nombre, venga tu reino, hágase tu voluntad en la tierra como en el cielo» (Mt 6:9-10). A menudo, hacemos irreflexivamente la oración del Padrenuestro, sin reconocer sus intenciones. Él quiere que su reino venga y se haga su voluntad *en la tierra* como en el cielo.

Dios tiene una gran agenda para el mundo. Incluye, entre otras cosas, administrar la creación, bendecir a todas las naciones, enseñarles y reconciliar todas las cosas con Cristo. También desea hacer un reino de muchas naciones —*E pluribus unum* (de muchos, uno).[20]

Todo reino, también el reino de Dios, consta de cinco elementos esenciales:

- Un rey que rige: Jesús es el Rey
- Los súbditos del rey. Hoy, todos los que ponen su confianza en Cristo son sus súbditos. Al fin de los tiempos, toda rodilla se doblará y toda lengua confesará que Jesucristo es Señor.[23]
- El ámbito real: cielo y tierra
- Leyes y ordenanzas que constituyen el orden del reino. Estas son las leyes de la creación, que examinaremos más adelante.[21]
- La embajada del rey con sus embajadores que representan el reino. La iglesia es la embajada, y los cristianos son los enviados o embajadores del rey.

¿Cómo sirve la iglesia de embajada de Dios? Valga el ejemplo de Ayacucho, Perú, durante el periodo del movimiento terrorista-maoísta Sendero Luminoso, en la década de los 90. El pastor Samuel Alcaraz Curi recuerda que «cuando la guerrilla estaba activa en Perú, ellos predicaban la muerte, pero en mi iglesia se predicaba la vida. Adquirimos fama de amar al pueblo; la guerrilla invitaba a matar y a morir. Y nuestra iglesia creció enormemente porque ofrecíamos salud, seguridad, nutrición, vestido, amor y paz, el reino de Dios en términos prácticos».[23]

El orden del reino de Dios edifica sociedades libres y prósperas. El orden falso de Satanás acarrea esclavitud y pobreza.[24]

Reinos expansivos y concomitantes

Muchos cristianos creen que las cosas en la tierra empeorarán cada vez más, y que cuando ya estén muy mal, entonces volverá Jesús. Hace varios años, el director nacional de Fundación contra el Hambre de Bolivia me dijo que su personal, compuesto mayoritariamente de cristianos evangélicos y carismáticos, creía que dado que las cosas iban empeorando, el retorno de Cristo debía ser inminente. La ironía es que ellos trabajan para una organización de desarrollo que procura mejorar las condiciones y reducir la pobreza de las comunidades bolivianas. Vivían en tensión: ¿retrasaría su desarrollo comunitario el retorno de Cristo?

El reino de las tinieblas está aumentando.[25] Si uno piensa secuencialmente (como en los grandes ciclos hinduistas de la vida: nacimiento-vida-muerte-re-nacimiento), las cosas parecen ciertamente desesperadas. Pero si uno piensa de manera concomitante, verá un futuro más esperanzador y razón abundante para trabajar contra el mal moral, natural e institucional.

La Biblia habla de dos reinos concurrentes: el reino de las tinieblas y el reino de la luz. Esto es patente por las palabras de Jesús: «El reino de los cielos es como un hombre que sembró buena semilla en su campo. Pero mientras todos dormían, llegó su enemigo y sembró mala hierba entre el trigo, y se fue. Cuando brotó el trigo y se formó la espiga, apareció también la mala hierba... Dejad que crezcan juntos hasta la cosecha. Entonces diré a los segadores: "Recojed primero la mala hierba, y atadla en manojos para quemarla; después recojed el trigo y guardadlo en mi granero"» (Mt 13:24-26, 30).

También puede verse esto en las imágenes del fuego fundidor, purificador, y la lejía del lavandero[26] y en la gran sacudida para separar lo permanente de lo transitorio.[27] La ciudad que Dios ha edificado permanecerá; lo que Satanás ha erigido será destruido. San Agustín, al reflexionar en el saqueo de Roma acaecido en el año 410, dijo: «Todas las ciudades terrenales son vulnerables. Los hombres las edifican y ellos las destruyen. Al mismo tiempo, la Ciudad de Dios, que los hombres no edificaron ni pueden destruir, es eterna».[28]

El reino de Cristo no es estático; es expansivo. Es incontenible[29], progresivo[30] y expansivo[31]. El viejo orden está pasando; el nuevo está llegando.[32] Jesús anuncia: «¡Yo hago nuevas todas las cosas!» (Ap 21:5). Él está transformando la cultura desde dentro, y nos invita a participar en la extensión de su reino en la tierra.

CAPÍTULO 10

Reavivamiento de la comisión cultural

La cultura en su sentido más amplio es el propósito por el que Dios creó al hombre a su imagen.

—HERMAN BAVINCK

Hace varios años tuve el privilegio de visitar la villa sudafricana de Stellenbosch, que por causa del subdesarrollo se asemejaba a un desolado paisaje lunar. No obstante, esta zona es hoy capital del vino sudafricano. Las colinas que circundan Stellenbosch están adornadas de las viñas más hermosas que jamás he visto. ¿Qué fuerza destapó este potencial? ¿Qué transformó aquel árido, desnudo paisaje, en uno de los viñedos más hermosos y productivos del mundo? La respuesta subyace en la naturaleza de los seres humanos y en la narrativa cultural que sustentaron los cultivadores de la tierra.

Las historias vitales encierran mucho poder. Conforman la visión e interpretación del mundo y determinan la clase de país que se va a construir. A nivel personal, las historias conforman valores, comportamientos y estilos de vida. A nivel nacional, las historias moldean la cultura, que a su vez constituye la base de las leyes, las instituciones y las estructuras sociales. Como hemos visto, estamos inmersos en una batalla entre narraciones, un conflicto de concepción moral y concepción del mundo. Toda nación nace de una historia cultural. En la medida en que las naciones adoran conscientemente al Dios vivo, sus culturas edificarán sociedades económicamente prósperas, coronadas de belleza, justicia y paz. En la medida en que las culturas adoran dioses falsos, las naciones sufrirán, cosecharán pobreza, no prosperidad, tiranía, no justicia, anarquía en vez de paz, depravación en vez de belleza. Pero como se mencionó anteriormente, aunque la gente no adore al Dios viviente, siguen habitando en la realidad que Él creó. Dios gobierna el universo por medio de la ley natural, que es una gracia común disponible para todos los seres humanos. Si obedecemos la ley escrita en la creación y en nuestros corazones, fluirá la vida. Si rechazamos las leyes de Dios u optamos por no obedecerlas, seguirá la muerte.

Sólo una historia refleja la realidad; sólo hay un Señor. Nuestra tarea consiste en vivir la verdadera historia en el mundo. Dios ha revelado su verdad a través de su Palabra —la narrativa histórica de su obra en el mundo—. La narrativa bíblica revela el propósito de la humanidad en la tierra en cuatro fases principales: creación, caída, redención y consumación.[1] En el fluir de la historia, Dios ha encomendado a los seres humanos dos mandatos o comisiones. La primera es la Comisión Cultural; la segunda es la Gran Comisión. Para cumplir verdadera y eficazmente su misión, la iglesia debe entender y abrazar ambas. Debemos reconectar la Comisión Cultural y la Gran Comisión.

La creación y la Comisión Cultural

Génesis 1 recoge la crítica que el primer Artista hace de su creación. Él declaró que «era bueno»[2] (precioso, hermoso) y que «era muy bueno»[3] (justo, correcto, como deseó el Creador). Declaró que la creación de Adán y Eva había sido «muy buena».[4] Cuando Dios acabó su obra, su creación era perfecta y tenía gran potencial, pero ¡no estaba completa! Dios ha hecho su parte; ahora le toca a la humanidad crear con Él. La creación está esperando que los vice-regentes de Dios administren la casa, descubran y desarrollen su potencial. Al haber sido creados a imagen de Dios, Adán y Eva y sus descendientes emplearon su creatividad e inteligencia para nombrar y señorear sobre los animales, llenar la tierra con más portadores de la imagen de Dios, cultivar el jardín, plantar viñas y huertos, y crear música, arte, poesía y danza. En suma, los seres humanos *llenaron la tierra* con el conocimiento, la gloria y la hermosura de Dios —en esencia, crearon cultura—. Este es el primer mandato que Dios asignó a los seres humanos —la Comisión Cultural.

El Nuevo Testamento recoge el tema de la mayordomía, empleando la palabra griega *oikonomía,* que a veces se traduce por «gerencia», «administración» o «mayordomía».[5] El vocablo economía deriva de esta palabra griega. El hecho de que el Espíritu Santo inspirara a los autores bíblicos a usar esta palabra indica que no debería limitarse exclusivamente a la esfera material (como suelen hacer los cristianos). La economía forma parte de la verdad de Dios; la administración de la tierra forma parte de su mandato a la humanidad.

El ateo considera al hombre y la tierra como una mota de polvo en un universo ilimitado. Pero el salmista asegura:

> Cuando contemplo tus cielos, obra de tus dedos, la luna y las estrellas que allí fijaste, me pregunto:
> «¿Qué es el hombre, para que pienses en él?
> ¿Qué es el ser humano, para que lo tengas en cuenta?»
> Pues lo hiciste poco menos que un dios, y lo coronaste de gloria y de honra; lo entronizaste sobre la obra de tus manos, ¡todo lo sometiste a su dominio! (Sal 8:3-6)

La medida de la importancia del hombre no es su tamaño físico, sino su naturaleza como portador de la imagen de Dios. Sólo es un poco menor que los ángeles, creado para gobernar la tierra en nombre de Dios, coronado de «gloria y honor».

Los seres humanos son vice-regentes reales, que actúan para Dios como mayordomos de su creación. Cuando Dios creó a los seres humanos, los creó a su imagen: «Y dijo: "Hagamos al ser humano a nuestra imagen y semejanza. Que tenga dominio..."» (Gn 1:26).[6] La *Imago Dei* —imagen de Dios— consta de tres facetas: estructural (lo que tenemos), relacional (lo que somos) y funcional (lo que hacemos).

En primer lugar, los seres humanos son creados con una estructura. Mediante la creación, somos «como Dios» y, por tanto, distintos del resto de la creación. Aunque Dios es infinito, nosotros compartimos sus atributos de una manera finita. Estamos dotados de mente, corazón y voluntad, que corresponden a los atributos intelectuales (conocimiento, verdad, sabiduría); atributos morales (amor, bondad, misericordia, paciencia, justicia), y atributos de propósito (libertad para decidir, responsabilidad moral). Los atributos que compartimos con Dios nos permiten funcionar como mayordomos. El autogobierno interno de la mente, el corazón y la voluntad es necesario para poder ejercer mayordomía externa en la creación.

En segundo lugar, los seres humanos son sociales, desean vivir en comunidad. Dios existe en relación y nos creó para la relación. Esta visión relacional o social está conectada con la primera parte de la Comisión Cultural: «Sean fructíferos y multiplíquense; llenen la tierra» (Gn 1:28). Procreamos seres eternos que transitan por el lindero que limita el cielo y la tierra, el tiempo y la eternidad. (Note el contraste con la concepción materialista de los hijos como meras bocas que alimentar.)

En tercer lugar, los seres humanos, hombre y mujer, fueron creados para cumplir un propósito o función en la tierra. Esta concepción relativa al desarrollo tiene que ver con la segunda parte de la Comisión Cultural de «gobernar» y «cuidar la tierra» (Gn 1:28; 2:15).

En resumen, hemos sido creados «semejantes a Dios» (aspecto estructural) para cumplir la Comisión Cultural llenando la tierra de comunidad (aspecto relacional) y cumplir el propósito divino de desarrollar la tierra (aspecto funcional). Como suele decir mi buen amigo Bob Moffitt: «Dios nos creó para estampar nuestra firma en el universo». Hemos sido diseñados para tomar decisiones que causarán impacto en la eternidad.

La caída y la distorsión de la cultura

Génesis 1 demuestra que la creación de Dios era buena y los seres humanos recibieron todas las facultades necesarias para ejercer la Comisión Cultural. Génesis 3 prueba que la rebelión de la humanidad contra Dios, la caída, introdujo una nueva realidad y la distorsión de la cultura. El mal entró en el mundo de tres formas: mal personal, como el asesinato y el adulterio;[7] el mal natural, como los terremotos, las inundaciones y las sequías;[8] y el mal institucional, como la esclavitud, la corrupción corporativa y los sistemas de casta.[9]

He usado la palabra *forma* adrede. La caída no puso fin al *plan* original de Dios: que los humanos dominaran sobre la creación y crearan cultura, pero cambió la *forma* de la creación. La historia de la creación se puede rastrear con las variantes de esta palabra:

- El mundo era caótico, desordenado, *sin* forma (Gn 1:2).
- El Espíritu de Dios da *forma* a la creación (Gn 1:3-31).
- La rebelión de la humanidad *de*forma la creación (Gn 3:14-19; Ro 1:18-31).
- Dios *re*forma lo que está mal, restaura lo que es bueno (Joel 2:12-32; Hch 3:17-26; 1 P 3:18).
- El pueblo de Dios se *con*forma a imagen de Cristo (Ro 8:29; Fil 2:1-8).
- La *trans*formación de la mente y la vida conduce a la reforma de la nación (Gn 17:1-7; Ro 12:1-2).

Al Wolters asegura que la Comisión Cultural es «la primera y fundamental ley de la historia». Nunca ha sido rescindida. Después de la caída, Dios reiteró el mandato a Adán y Eva de «cultivar la tierra» (Gn 3:23). Después del diluvio, Dios mandó a Noé «Sed fecundos, multiplicaos y llenad la tierra» (9:1). El libro del Génesis rastrea la historia cada vez más amplia de generaciones sucesivas que se esfuerzan por «cultivar la tierra» y fundar ciudades (un aspecto de la cultura).

La redención y la Gran Comisión

Después de la caída, la conducta humana se volvió enormemente destructiva. La Biblia relata un caso tras otro de la pecaminosidad humana y la devastación y muerte que causa en la tierra. Pablo reseña: «Por medio de un solo hombre el pecado entró en el mundo, y por medio del pecado entró la muerte; fue así como la muerte pasó a toda la humanidad, porque todos pecaron» (Ro 5:12). Para renovar el mundo, para renovar la cultura, la gente necesita experimentar una renovación personal. Los humanistas creen que los males del mundo se pueden superar por medio de la bondad y la virtud humanas, que los seres humanos tienen poder para crear sociedades buenas y justas. No obstante, los cristianos reconocen que la depravación humana debe ser tratada a un nivel más profundo, lo cual, sólo Dios puede hacer.

Siglos antes de la venida de Cristo, el profeta Isaías habló de la obra redentora de Dios en Cristo y de la renovación de la humanidad: «Derramó su vida hasta la muerte, y fue contado entre los transgresores. Cargó con el pecado de muchos, e intercedió por los pecadores» (Is 53:12). Cristo asignó a sus discípulos la Gran Comisión a la luz de su muerte y su resurrección y el envío de su Espíritu Santo después de su ascensión. Cristo y el Espíritu capacitan a los cristianos para participar en la misión de Dios en la tierra. Pablo habla de la nueva realidad que acarreó la muerte y la resurrección de Cristo: «Pues sabemos que Cristo, por haber sido levantado de entre los muertos, ya no puede volver a morir; la muerte ya no tiene dominio sobre él. En cuanto a su muerte, murió al pecado una vez y para siempre; en cuanto a su vida, vive para Dios. De la misma manera, también ustedes considérense muertos al pecado, pero vivos para Dios en Cristo Jesús» (Ro 6:9-11).

La Gran Comisión toma en cuenta específicamente la caída y existe por causa de ella y de la redención que procuró Cristo. Su propósito conduce a la fase final de la historia.

La consumación y el reino de Dios

En Génesis 12:1-4, Dios llama a Abraham a abandonar todo lo que le resultaba familiar para ir a un lugar que Él le mostraría. ¡Y lo hizo! Abandonó el fatalismo y el animismo paganos y entró en un *nuevo mundo* donde el crecimiento y el significado eran posibilidades. La epístola a los Hebreos revela lo que estaba buscando Abraham: la ciudad de Dios.[10] Tal como hubo un escenario físico y cósmico para el anuncio de la proclama de Cristo, así sucedió con Abraham. Viajó por un desierto, atravesó espacio y tiempo. Pero también estaba buscando algo cósmico, el glorioso reino de Dios.

Toda la historia avanza hacia la venida del reino de Dios y la consumación de todas las cosas.[11] Cristo murió para reconciliar *todas las cosas* consigo mismo, así como *toda la creación*, de la cual dice Pablo que espera anhelosamente su redención.[12] El versículo favorito de la iglesia, Juan 3:16, declara: «Porque tanto amó Dios al mundo» —el cosmos, el universo—, «que dio a su Hijo unigénito». Dios tiene una gran agenda: renovar a todos los seres humanos, todas las relaciones humanas y toda la creación.

Esta renovación se puede entender explorando una familia de palabras griegas derivadas de la raíz *tellō*, «partir hacia un punto o una meta definida».[13] En primer lugar, *telos* designa el fin o propósito final y puede hacer referencia a los eventos finales de la historia, su fin escatológico. La Biblia nos ofrece imágenes del *telos* de la historia: (1) la bendición de las naciones; (2) la plenitud de la tierra con el conocimiento del Señor; (3) el desposorio del Cordero (Cristo) con su esposa (la iglesia); (4) La Ciudad de Dios, la Nueva Jerusalén; (5) la gloria y el honor de las naciones; y (6) la ausencia de muerte y tristeza.[14] En Mateo 28:20, esto recibe el nombre de *sunteleia*, «la consumación de los siglos».[15]

Otra palabra de esta misma familia es *teleios*, que alude al fin antropológico de toda persona redimida. Cada cristiano será perfecto y completo, no carecerá de nada.[16] Todos serán lo que Dios desea, perfectamente conformados a la imagen de Cristo.

Otra palabra, *entellomai,* «ordenar, mandar hacer», indica el medio por el que se obtendrá el resultado escatológico y antropológico. Nosotros hemos de obedecer todo lo que Cristo nos ha mandado. (Exploraremos esta palabra y tema en el capítulo 14.)

El fin de la historia vendrá marcado por la *cosecha de las naciones.* Los vice-regentes reales de Dios han de crear cultura y, en última instancia, acarrear el fruto piadoso de su cultura nacional al reino consumado.[17] La búsqueda de Abraham ha de ser la nuestra. Nosotros hemos de vivir con el fin en mente: la venida de Cristo y su reino. Esta escena increíble debe enmarcar mi vida y la suya.

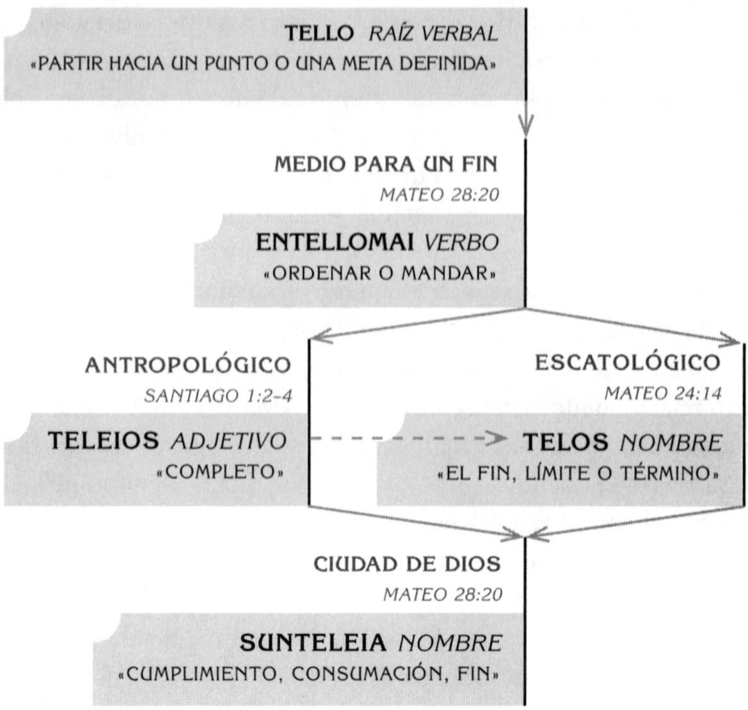

Figura 3. Familia de palabras: *telos*

Conexión entre las dos Comisiones

Ahora podemos conectar la primera y la segunda comisión, la Comisión Cultural y la Gran Comisión. La Gran Comisión es la tarea consistente en crear cultura del *reino*, en la que ha de vivir la iglesia en cada generación teniendo en cuenta el fin —*telos*— de la historia. Aquí echaremos un vistazo al aspecto que ofrece la cultura del reino (la exploraremos con más detalle en los capítulos 15-17). La cultura del reino consta de tres elementos fundamentales: verdad (reflejo de las leyes físicas y metafísicas de Dios), bondad (reflejo de las leyes morales de Dios), y belleza (reflejo de las leyes estéticas de Dios).

Los tres elementos de la cultura del reino conectan con las tres dimensiones de la Gran Comisión. Por muchos años concebí la Gran Comisión como unidimensional: «Vayan a todo el mundo, prediquen el evangelio y salven almas para el cielo». Después comencé a estudiar los tres pasajes principales de la Gran Comisión y hallé que es realmente multidimensional, como un prisma de tres caras que refracta de distinta manera la luz según incida sobre él desde distintas direcciones.

La primera dimensión, que se halla en Hechos 1:8, presenta la comisión *geográfica*. El evangelio se extenderá por el mundo desde Jerusalén a Judea, Samaria y hasta los confines de la tierra. Esto representa la anchura de la misión y refleja su extensión horizontal. La segunda dimensión, Mateo 28:19, presenta la comisión *demográfica*. Aquí, el evangelio ha de penetrar las culturas, y señala la profundidad de la misión a toda *ethnē* (pueblos), y a todo sector de la sociedad. Esta es la dimensión vertical. La tercera dimensión, Marcos 16:15, presenta lo que denomino comisión *ktizográfica* (*ktizo* en griego hace referencia a crear y a la creación): «Les dijo: "Vayan por todo el mundo y anuncien las buenas nuevas a toda criatura"».[18] El evangelio tiene implicaciones para la creación por cuanto ésta aguarda su redención.[19] Esto representa la longitud de la comisión —a toda la creación.

La dimensión demográfica de la Gran Comisión debe ser entendida a la luz de la Comisión Cultural de Génesis 1. En este cruce se halla el reavivamiento de la Comisión Cultural en la Gran Comisión.[20] La iglesia puede influir positivamente en la edificación de sociedades sanas, prósperas y libres sólo recuperando la profundidad de la Gran Comisión.

Al hacer hincapié en la dimensión geográfica de la Gran Comisión, tal como se declara en Hechos 1:8, la iglesia evangélica ha perdido de vista la Comisión Cultural. En consecuencia, tenemos ahora más creyentes, iglesias y organizaciones cristianas que nunca antes, pero ejercemos menor influencia que nunca por lo que respecta a moldear y transformar la cultura. Nuestras sociedades están terriblemente desgarradas y estamos dañando rápidamente nuestra casa terrenal. Cuando el pueblo de Dios desconecta la Gran Comisión de la Comisión Cultural, reduce la tarea a la evangelización, el discipulado personal espiritual y la fundación de iglesias. Todo esto es esencial, pero no suficiente para cumplir una de las dos comisiones. Christian Smith, sociólogo de Notre Dame, advierte: «Por muy dignos que sean estos proyectos, ninguno intenta transformar sistemas sociales o culturales, sino sólo aliviar el daño causado por el sistema existente».[21] Tales soluciones no aciertan a provocar una diferencia duradera.

La Gran Comisión no sustituye a la Comisión Cultural: la restablece. Ambas forman parte del plan divino de redención global de la creación. La Gran Comisión nos llama a anunciar el señorío del Cristo resucitado y soberano sobre toda la creación y a enseñar a las naciones a obedecer todo lo que Cristo mandó. Subraya el poder y la presencia de Dios necesarios para clarificar nuestra concepción del mundo y rectificar los males que vemos y cometemos. La Comisión Cultural explica lo que cada ser humano debe de hacer cada día con arreglo a su diseño. Es la «descripción de la tarea humana». Los hijos de Dios, capacitados por la vida resucitada de Cristo e investidos del Espíritu Santo, pueden ahora cumplir la Comisión Cultural como Dios la diseñó originalmente.

Debemos reconocer y usar el poder que hemos recibido para llevar a cabo la misión de Dios en la tierra. Todo cristiano tiene un papel que jugar para crear cultura y enseñar a las naciones, que es la tarea principal de la Gran Comisión.

CAPÍTULO 11

La primera tarea: Hacer discìpulos de todas las naciones

La Iglesia sólo es Iglesia cuando existe para otros.
—DIETRICH BONHOEFFER

El primer ministro holandés Abraham Kuyper, con motivo de la inauguración de la Universidad Libre de Ámsterdam, pronunció las famosas palabras: «No hay un centímetro cuadrado en todo el dominio de la existencia humana en el que Cristo, soberano de todo, no reclame: "¡Me pertenece!"».[1] Cristo es soberano en la universidad, el hospital, la empresa, la fábrica, el taller mecánico, la granja y el estudio del artista. Él desea que su pueblo represente su reino, cualquiera que sea su ocupación, dondequiera que se haya establecido.

Como vimos en el capítulo 11, Pablo habla de la supremacía de Cristo sobre todas las cosas: «Porque por medio de él fueron creadas todas las cosas en el cielo y en la tierra, visibles e invisibles, sean tronos, poderes, principados o autoridades;... Él es el principio, el primogénito de la resurrección, para ser en todo el primero. Porque a Dios le agradó habitar en él con toda su plenitud y, por medio de él, reconciliar consigo todas las cosas, tanto las que están en la tierra como las que están en el cielo» (Col 1:16-20). Con este trasfondo, podemos entender las palabras de Cristo cuando comisiona a sus discípulos: « Por tanto, vayan y hagan discípulos de todas las naciones» (Mt 28:19). Porque Cristo ha conquistado el temor a la muerte y a la propia muerte. Porque «toda autoridad en el cielo y en la tierra» le ha sido dada (28:18), *por tanto, ¡Vayan!*

En este capítulo examinaremos la tarea principal de la Gran Comisión, el mandato de Cristo de «hacer discípulos de todas las naciones».

La tarea de la iglesia

Esta tarea no es una opción; es un mandato de Cristo, esencial para la existencia de la iglesia en cada generación. ¿Por qué? Porque no hay neutralidad que valga en este asunto: si la iglesia no enseña a una nación, la nación enseñará a la iglesia. Las ideas tienen consecuencias, y las ideas de alguno moldearán la sociedad. Las redes sociales que convierten ideas en estilos de vida conformarán inevitablemente las instituciones y la vida de la nación. Si la iglesia no encarna conscientemente la palabra de Dios para influir en el mundo, entonces las ideas que dominan la nación gobernarán la iglesia.

En el Evangelio de Juan, Cristo ora por sus discípulos y por la iglesia: «No te pido que los quites del mundo» (17:15). Se salió de su guion para indicar específicamente por lo que *no* estaba orando. ¿Por qué? ¿Por qué no oró para que sus discípulos fueran sacados del mundo? Porque quiere que ellos ¡estén *en* el mundo! Cristo dejó el cielo para venir a la tierra como Verbo de Dios encarnado.[2] Ahora quiere que la iglesia, cuerpo de Cristo, manifieste la Palabra de Dios en sus comunidades (véase el capítulo 12).

Tristemente, muchos cristianos llegan a ser *como* el mundo. Otros, deseando distinguirse del mundo, *salen* virtualmente de éste y se encierran *en* un edificio. Cristo quiere que la iglesia esté *en* el mundo, pero que *no* sea de él. Su pueblo ha de influir en el mundo en todas las áreas de la vida y esferas de la sociedad.

Resulta frecuente asumir que la iglesia es un edificio. No lo es. Una mezquita es un edificio, una sinagoga también, pero la iglesia, tal como enseña la Escritura, es un pueblo, una comunidad de creyentes. La iglesia se *congrega* el domingo para celebrar su culto corporativo y para equiparse. La iglesia se puede congregar en un campo de arroz en Tailandia, bajo un árbol en la Kenia rural, en un estadio de fútbol o en un gran campus universitario. La misma iglesia se *dispersa* el lunes por toda la ciudad para ministrar e influir en la sociedad.

La iglesia no existe para sí misma como si fuera una especie de club social, ni tampoco para el pastor, como una especie de feudo de su posesión. No, la iglesia es un pueblo establecido por Dios por amor a otros. William Temple, arzobispo de Canterbury de 1942 a 1944, entendió esto cuando dijo que la iglesia es «la única sociedad cooperativa del mundo que existe para beneficio de los que no son sus miembros».[3]

La iglesia no es sólo una base de actividades y programas que benefician a la congregación, sino una avanzadilla del reino de Dios en favor de la comunidad. A mi buen amigo Bob Moffitt, fundador de Harvest Foundation, le gusta hacer la provocativa pregunta: «Si su iglesia desapareciera de la noche a la mañana, ¿lo notaría alguien?» La iglesia que existe para sí misma podría desaparecer inadvertidamente, pero la que existe para otros sería echada de menos.

Esta forma de pensar debe influir en la manera en que vemos nuestras comunidades. Gary Skinner, pastor fundador de la Iglesia Watoto, de Kampala, enfocada hacia los de fuera, instruye a sus líderes y miembros para que identifiquen y respondan a las necesidades y problemas de sus comunidades. Declara: «Los problemas no son problemas comunitarios —¡son nuestros!».[4]

El discipulado de las naciones

Occidente siempre ha reconocido la importancia del individuo como tal. No obstante, más recientemente, nos hemos desviado del concepto judeocristiano del valor y la singularidad de todo ser humano, y caído en una mera sombra de este ideal según el concepto moderno de individual*ismo*.

En el pasado, la cultura occidental honró a Dios, y el individuo descubrió su lugar único como agente libre y responsable en el orden glorioso de Dios. Actualmente, la cultura occidental ya no honra a Dios, sino que hace del hombre el centro del universo. Ahora se adora al hombre, que es la esencia del individualismo.

Se palpa este individualismo por todas partes: en la canción de Frank Sinatra «a mi manera», en el hombre tosco de Marlboro, en la invitación del Burger King a tomarse una hamburguesa «a su manera». Influida por los valores actuales, la iglesia se ha centrado en la evangelización y el discipulado a las personas, y ha estado ciega al componente comunitario de la Gran Comisión. Las personas deben arribar a un conocimiento de Cristo Salvador, pero esta verdad no debe ser ciega al concepto bíblico de comunidad. Pablo y Silas aconsejaron al carcelero de Filipos: «Cree en el Señor Jesús; así *tú y tu familia serán salvos*».[5]

Jesús nos manda hacer discípulos de todas las naciones. La palabra «naciones», en Mateo 28:19, es traducción del griego *ethnos*, que significa «un pueblo, un grupo amplio aglutinado por diversos lazos culturales, físicos y geográficos».[6] *Ethnos* guarda relación con *ethos*, «carácter distintivo, espíritu y actitudes de un pueblo».[7] El ethos de una cultura incluye su sistema sagrado de creencias, su escala de valores, sus principios elementales y las virtudes de su pueblo.

No debe confundirse «nación» (*ethnos*) con el concepto moderno de estado geopolítico. Por ejemplo, Etiopía, un estado geopolítico, alberga docenas de etnias, o *ethnē* (plural de *ethnos*). A través de la historia, las naciones se han identificado en términos geopolíticos, y además por su ascendencia, tribu o clan, lenguaje, herencia cultural, religión e ideales. Algunos grupos ocupacionales —por ejemplo, el personal médico— se definen hoy por ciertos aspectos culturales y de lengua distintivos, por lo cual, podrían ser considerados *ethnē*. Además, el concepto transnacional halla expresión creciente en las organizaciones globales. Estas «transnacionales» trascienden las fronteras nacionales y suelen ejercer mayor influencia política y económica que las naciones donde operan. Las transnacionales se agrupan en varias categorías: corporaciones multinacionales como Toyota, Airbus, Google y Conoco-Philips; organizaciones no gubernamentales como la Cruz Roja Internacional, los Servicios Sociales Católicos y World Vision Internacional; y organizaciones cuasi-gubernamentales como las Naciones Unidas, el Banco Mundial y el Fondo Monetario Internacional. Todas estas agrupaciones pueden ser hoy consideradas *ethnē*, «naciones» a discipular.

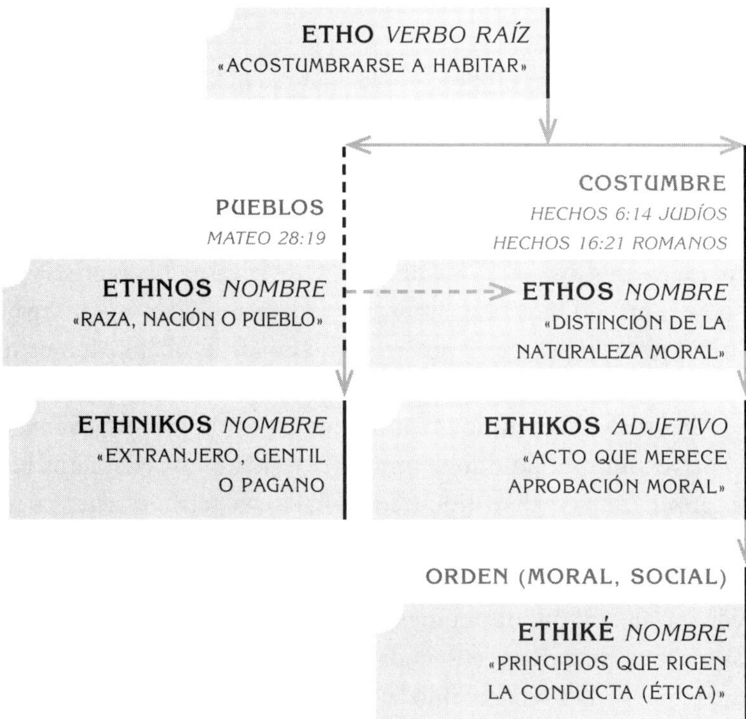

Figure 4. Familia de palabras: *ethnos*

Matthew Henry (1662-1714), puritano inglés presbiteriano, tal vez mejor conocido por sus comentarios de toda la Biblia, no se limita a la sensibilidad moderna del individualismo, sino al marco bíblico comunitario. Comentando nuestro texto, escribió:

> «Haz todo lo que puedas para que las naciones sean cristianas»; no, «ve a las naciones, y denuncia el juicio de Dios contra ellas, como hizo Jonás con Nínive, y como los otros profetas del Antiguo Testamento» (aunque tenían razón suficiente para esperar tal juicio por sus maldades), «sino vé, y *enséñalas*». Cristo el Mediador está estableciendo un reino en el mundo, para que las naciones sean sus súbditos; estableciendo una escuela, para que las naciones sean alumnas suyas; reclutando un ejército para proseguir la guerra contra los poderes de las tinieblas, y alistar a las naciones de la tierra bajo su bandera.[6]

El discipulado es un proceso de dentro a fuera, comienza con un individuo, sigue con la familia, los sectores vocacionales u otra *ethnē*, y de ahí pasa a la sociedad en general. El evangelio penetra en la cultura.

Jesús enseñó que su pueblo es sal y luz. La sal debe salir del salero para dar sabor y preservar. La luz no puede llevar vida, iluminar o sanar a menos que se saque de debajo de la cama.[9] Los cristianos son sal y luz, no teócratas; influyen, no son autócratas; son orgánicos, no jerárquicos; de abajo arriba, no de arriba abajo. Hemos de ser pueblo de luz en un mundo tenebroso, gente compasiva en un mundo cruel, gente justa en un mundo de error, gente que ama la belleza en un mundo donde impera la fealdad. Los cristianos han de ser *radicales* en el sentido tradicional de la palabra: tener raíces, volver al origen. Hemos de llamar a las sociedades que vuelvan a la *raíz,* a los principios fundamentales. Las culturas no han de ser occidentalizadas ni destruidas; han de ser totalmente redimidas. Las naciones han de ser enseñadas en el plano cultural. Llamamos a las naciones a la vida del reino bajo la autoridad del Rey.

Todo cristiano

Cuando yo era cristiano joven, me enseñaron que la Gran Comisión era para el misionero profesional que viajaba a ultramar. No tenía nada que ver con el creyente sentado en el banco de una iglesia. Los cristianos más espirituales salían al extranjero; los menos espirituales se quedaban en casa, trabajaban en empleos «seculares» y donaban dinero para apoyar a la misión.

Pero hay un problema con esta enseñanza, a la que muchos cristianos se aferran. Esta concepción dualista del mundo procede de la filosofía griega. La Biblia no reconoce que haya un trabajo meramente secular a realizar por el cristiano. Toda vocación es sagrada porque ha sido asignada por Jesucristo. Tampoco concede la Biblia estatus especial al lugar donde uno esté destacado. Un cristiano que sale al extranjero no es en modo alguno más espiritual o importante que uno que se queda en casa; ambos son esenciales para la obra del reino. La tarea de discipular naciones es compartida por todo cristiano, dondequiera que él o ella se encuentre.

Cuando Cristo dice: «Por tanto, vayan y hagan discípulos de todas las naciones», la palabra griega traducida por «Vayan» significa «proseguir el viaje emprendido, continuar el viaje».[10] Cristo manda a sus seguidores que hagan discípulos mientras están de viaje. La tarea no es exclusiva de los misioneros profesionales en el extranjero, sino que incumbe a todos los cristianos en cualquier lugar donde Dios les envíe y cualquier vocación a la que sean llamados.

Hace varios años, en una escuela de liderazgo para 150 jóvenes líderes cristianos de cincuenta países, enseñé acerca de la soberanía universal de Cristo y desenmascaré la falsa dicotomía de lo sagrado frente a lo secular. Cuando concluí, una joven se me acercó y me dijo que ella había estudiado derecho y ejercido la abogacía. Cuando se convirtió al cristianismo, sus nuevos amigos cristianos le dijeron que su trabajo era secular y, por tanto, inferior. Le aconsejaron que abandonara su profesión para ser misionera en el extranjero —ocupación «espiritual», y por tanto, superior—. Así que abandonó su trabajo, se preparó para la misión y se instaló como misionera. Años después, al oír una enseñanza acerca del reino de Dios, la mujer se dio cuenta que Dios quería realmente que ella fuera abogado. Regresó a África

Occidental, donde estaba destacada, para ejercer su profesión y procurar hacer justicia en medio de una sociedad corrupta.

Esta mujer abrazó la tarea fundamental de la Gran Comisión. En los próximos capítulos veremos cómo el hacer discípulos se lleva a cabo a través de dos tareas complementarias: el bautismo y la enseñanza.

CAPÍTULO 12

Bautismo de las naciones: Unión y transformación

La negación de un conjunto de nombres y la instauración de otro, en efecto, requiere un nuevo orden, una transformación… La transformación religiosa también entraña enormes cambios sociales, económicos y políticos.

—Chistopher Wright

El discipulado es un proceso de vida a vida. Es invitar a alguien a caminar contigo por la vida, en el círculo de tus días, para instruirle y enseñarle. Jesús instruyó a los que le siguieron: vivió con ellos, comió con ellos, y oró con ellos. El Rabí les dijo: «¡Sigánme!» Pero no sólo enseñó a sus seguidores; les mostró cómo era la vida del reino y les encargó que hicieran otro tanto.

La primera asignación de hacer discípulos de todas las naciones consta de dos tareas complementarias: bautizar y enseñar. «Por tanto, vayan y hagan discípulos de todas las naciones, bautizándolos en el nombre del Padre y del Hijo y del Espíritu Santo, enseñándoles a obedecer todo lo que les he mandado a ustedes. Y les aseguro que estaré con ustedes siempre, hasta el fin del mundo». (Mt 28:19-20). En este capítulo comentaré la primera tarea, para mostrar que el bautismo que Jesús subraya se puede resumir en la frase «llevar una vida que bautiza».

Tenemos que *demostrar* el reino de Dios para que la gente pueda *verlo*, antes que se les *enseñe*, para que lo *oigan*. El bautismo de Jesús marcó el comienzo de su ministerio público de sacrificio diario, y finalmente, su muerte en la cruz. Como creyentes, hemos de seguirle en el bautismo.

La naturaleza del bautismo

El bautismo encierra tres importantes conceptos, válidos y verdaderos. En primer lugar, el bautismo es una ordenanza de la iglesia, la iniciación en el cuerpo de Cristo. En segundo lugar, el bautismo simboliza la identificación del creyente con Jesucristo. El acto de sumergirse en el agua y salir de ella es una identificación visual con la muerte, sepultura y resurrección de Cristo. Es una importante renuncia pública a la vida pasada y una confesión pública de la nueva vida e identidad en Cristo. En las sociedades libres el bautismo suele tener poco valor, pero en las sociedades totalitarias tal decisión puede parecer rebelión contra el orden social establecido y acarrear graves castigos, o incluso la muerte.

El tercer concepto del bautismo es una extensión de los dos primeros; es la idea de entrar en una relación continua, vital y vivificadora con Cristo y una comunidad volcada hacia el reino. Este concepto enfatiza la supremacía de Cristo sobre la iglesia, su cuerpo.[1] Él la llena con su vida; mantiene una unión vital y orgánica con ella. William Hendriksen, profesor de teología exegética del Nuevo Testamento y autor de varios volúmenes de una serie de Comentarios del Nuevo Testamento, asegura: «Ser bautizado en el nombre de, significa, por tanto, "entrar en una relación vital con" Ese… El que se somete [al bautismo]… proclama que ha roto con el mundo y ha entrado en unión con el Dios Trino, a quien desea dedicar su vida».[2]

El apóstol Pablo capta este punto cuando escribe a la iglesia de Roma: «¿Acaso no saben ustedes que todos los que fuimos bautizados para unirnos con Cristo Jesús, en realidad fuimos bautizados para participar en su muerte? Por tanto, mediante el bautismo fuimos sepultados con él en su muerte, a fin de que, así como Cristo resucitó por el poder del Padre, también nosotros llevemos una vida nueva». (Ro 6:3-4).

El pastor de misiones Robert Lynn, miembro del Wilberforce Forum, ha dicho acerca de la relación que hay entre el bautismo, la cruz, la misión de Cristo y la nuestra: «El bautismo de Cristo es el principio de su ministerio de entrega amorosa en sacrificio por el bien del mundo... La cruz es el sentido de su bautismo... Nuestra jornada comienza con nuestro bautismo. Hemos descendido a las aguas, y por esas aguas nos hemos sumado a un pueblo cuya vida conjunta se asemeja a la de Jesús, una vida entregada en amor abnegado por el bien de un mundo que necesita desesperadamente sanidad y transformación».[4]

El bautismo marca el comienzo de un viaje, una misión *de* otro lugar —el reino de Dios— en favor de este mundo (usando la frase de N. T. Wright, antes citada). La persona bautizada se compromete a vivir en unión con el Dios Trino y con arreglo a las leyes y ordenanzas del reino. Esta relación es obvia en Juan 15:5, pasaje en el que Jesús afirma: «Yo soy la vid y ustedes son las ramas. El que permanece en mí, como yo en él, dará mucho fruto; separados de mí no pueden ustedes hacer nada». Los dos primeros significados del *bautismo* marcan un evento. Este tercer sentido es un proceso que atraviesan los creyentes que moran en Cristo, muy importante para comentar la Gran Comisión.

La palabra *bautizar* procede del griego *baptizō*. Nicandro de Colofón, poeta y médico griego que vivió en el siglo II antes de nuestra era, nos dejó una noción clara de esta palabra en forma de metáfora: pepinos en vinagre.[5] Hacen falta dos pasos para encurtir los pepinos. Primero, el pepino (aún muy pequeño) se echa en agua hirviente. Para designar este procedimiento se usaba la palabra griega *baptō*. Pero el *baptō* no transforma el pepino crudo en pepinillo; sencillamente lo prepara para convertirlo en conserva. El segundo paso es sumergir el pepino en adobo, que normalmente es un compuesto de vinagre y especias, y dejarlo reposar en él. Con el tiempo, el adobo penetra en el pepino crudo y lo transforma en pepinillo. La palabra griega que designa este proceso es *baptizō*. Mientras *baptō* es un proceso breve que acarrea un cambio temporal, *baptizō* es un proceso más largo que resulta en un cambio permanente.

Cuando Jesús dijo «bautícenlos», empleó la palabra *baptizō*. Los cristianos han de ser agentes de transformación. Nuestra relación vital con Cristo es la «solución» en la que hemos de bautizar a las naciones. Con el tiempo, este proceso de bautismo acarreará un cambio permanente.

Alguien me habló de un representante informático de ventas y servicios, llamado Bob. Uno de sus clientes era una empresa que envasaba pepinillos. Siempre que Bob visitaba la fábrica, le abrumaba la hediondez de la solución de pepinillos. El hedor impregnaba las paredes, el equipamiento y los muebles. Cuando Bob llegaba a casa, su esposa sabía de inmediato si él había estado en la fábrica de pepinillos. Los cristianos han de ser la solución o el adobo: hemos de exhibir una vida que bautiza.

Baptō es un suceso; *baptizō* es un proceso global. Dios desea ver una transformación paulatina en las naciones. Esto sucede cuando las naciones se sumergen y son transformadas por la naturaleza y el carácter de Dios.

La importancia del nombre

Somos bautizados en el nombre del Padre y del Hijo y del Espíritu Santo. El nombre de Dios y el lugar donde Dios mora juega un papel importante en la transformación de las naciones. Israel fue transformado de una nación de esclavos a una nación libre. Después del éxodo de Egipto, los hebreos fueron nómadas, vivieron en tiendas y deambularon por el desierto de un manantial a otro. Dios les acompañó y les guio. Para demostrar su identificación con su pueblo, les dio instrucciones para construir un tabernáculo: «Después me harán un santuario, para que yo habite entre ustedes» (Éx 25:8).[6] El pueblo tenía sus tiendas y Dios también tendría la suya, el tabernáculo. Dios quería habitar en medio de su pueblo, no lejos en un monte santo de un país distante.

Más adelante, el templo fue el lugar donde habitó el nombre de Dios. «Será él [David] quien construya una casa en mi *honor*, y yo afirmaré su trono real para siempre» (2 S 7:13). «Mi padre David tuvo mucho interés en construir un templo en *honor del Señor*, Dios de Israel» (2 Cr 6:7-9).[7] Tal vez se pueda identificar personalmente con esto. La gente se refiere a mi casa diciendo que es la de «los Miller». Y no sólo es donde reside la familia Miller, sino el lugar que se identifica con nuestro nombre.

Zacarías relaciona el lugar donde Dios habita con su naturaleza: «Regresaré a Sion, y habitaré en Jerusalén. Y Jerusalén será conocida como la Ciudad de la Verdad, y el monte del Señor Todopoderoso como el Monte de la Santidad» (Zac 8:3). El monte es santo y la ciudad es verdad porque la naturaleza del Dios que en ella reside es santidad y verdad. La naturaleza de Dios ha de ser manifestada por su pueblo que vive donde habita su nombre. «"Lo que ustedes deben hacer es decirse la verdad y juzgar en sus tribunales con la verdad y la justicia. ¡Eso trae la paz! No maquinen el mal contra su prójimo, ni sean dados al falso testimonio, porque yo aborrezco todo eso, afirma el Señor."» (8:16-17).

Dado que el carácter de la ciudad refleja la verdad y la bondad de Dios, las naciones serán atraídas a la ciudad que lleva el nombre de Dios y al Dios de Israel. «Y muchos pueblos y potentes naciones vendrán a Jerusalén en busca del Señor Todopoderoso y de su bendición» (Zac 8:22). La obediencia de Israel a Dios conducirá finalmente a una transformación tan profunda que las naciones serán atraídas a Dios como las mariposas nocturnas a la luz. Este mismo tema aparece en Deuteronomio 4:5-8:

> Miren, yo les he enseñado los preceptos y las normas que me ordenó el Señor mi Dios, para que ustedes los pongan en práctica en la tierra

> de la que ahora van a tomar posesión. Obedézcanlos y pónganlos en práctica; así demostrarán su sabiduría e inteligencia ante las naciones. Ellas oirán todos estos preceptos, y dirán: "En verdad, éste es un pueblo sabio e inteligente; ¡ésta es una gran nación!" ¿Qué otra nación hay tan grande como la nuestra? ¿Qué nación tiene dioses tan cerca de ella como lo está de nosotros el Señor nuestro Dios cada vez que lo invocamos? ¿Y qué nación hay tan grande que tenga normas y preceptos tan justos, como toda esta ley que hoy les expongo?

Cuando el pueblo de Israel entra en la Tierra Prometida, deben destruir los lugares de adoración de los animistas paganos para que la morada de Dios sea edificada y su nombre habite en ella.

> Destruirán por completo todos los lugares donde adoran a sus dioses las naciones que ustedes van a desposeer, es decir, en las montañas, en las colinas y debajo de todo árbol frondoso. Demolerán sus altares, harán pedazos sus piedras sagradas, les prenderán fuego a sus imágenes de la diosa Asera, derribarán sus ídolos y borrarán de esos lugares los nombres de sus dioses. No harán lo mismo con el Señor su Dios,
> 5 sino que irán y lo buscarán en el lugar donde, de entre todas las tribus de ustedes, él decida habitar. (Dt 12:2-5)

Dios dice, en efecto: «Cuando entren en la tierra, destruyan los altares paganos y borren los nombres de sus dioses. Establezcan mi tabernáculo, el lugar donde moraré, el lugar donde residirá mi nombre».

Christopher Wright, autor británico y experto en el Antiguo Testamento, comenta: «Borrar los nombres de los dioses cananeos significaba retirar su presencia y su poder. Así como poner el nombre de Yahvé en un lugar significaba llenarlo de su disponibilidad y cercanía».[8] Nuestra cultura no suele reconocer el poder que tienen los nombres, pero su influencia es profunda.

El Antiguo Testamento pone un ejemplo de lo que expone Wright. El nombre Baal, uno de los dioses paganos del pueblo moabita, significa «dueño, amo».[9] Era un dios cruel, y los judíos empezaron a adorar a este dios cuando ocuparon la tierra. ¿Qué sucedió cuando desecharon adorar a Yahvé, el Dios viviente? Su lengua y su cultura cambiaron. El nombre para designar el marido cambió entre los hebreos; *ish*, «cabeza amorosa y abnegada», pasó a ser *baal*, «dueño, amo».[10] En todo el Antiguo Testamento el marido judío es llamado *baal* porque su conducta hacia su esposa refleja la conducta de Baal para con los que lo adoran. Durante este periodo, el marido se hizo dueño/amo de su esposa.[11]

Un ejemplo moderno es el fuerte influjo que el nombre Alá ejerce sobre los musulmanes. Para los yihadistas, el asesinato y los atentados —actos de yihad— se cometen en el «nombre de Alá».

Los nombres encierran mucho poder. Los EEUU y Europa asisten hoy a enormes cambios. ¿Por qué? Porque el nombre de Dios ha sido sacado y los dioses animistas paganos y seculares están recibiendo culto. En vez del Dios viviente, la naturaleza y el hombre han venido a entronizar el centro del universo.

El nombre trinitario de Dios

Un nombre, ya sea de una persona o de un objeto, puede revelar algo de su naturaleza. En algunas culturas los padres no ponen nombres a sus hijos hasta que después de algunos años empiezan a conocer su personalidad. Ponen al niño un nombre que refleje su naturaleza. Cuando Dios dijo a Adán que pusiera nombre a los animales, en Génesis 2, lo más probable es que Adán no los nombrara al azar. Para designar algo, uno debe observar las características y la singularidad de la cosa a designar. Adán debió estudiar los animales para ver en qué consistía su especificidad, para darles después un nombre que se adecuara a su naturaleza.

Dios ha revelado su naturaleza y su carácter en centenares de nombres bíblicos. Es llamado YHWH (*Yahvé*), el nombre que no se debía pronunciar, y que significa «Yo Soy»; *Elohim*, Deidad Suprema; Santo; Roca; Proveedor; Todopoderoso; Redentor; Salvador; Príncipe de Paz; Alfa y Omega; y buen Pastor. Y así podríamos continuar indefinidamente. Cada nombre de Dios refleja algo de su naturaleza y su carácter. Pero Jesús nos insta específicamente a bautizar a las naciones «en el nombre del Padre y del Hijo y del Espíritu Santo» (Mt 28:19).[12]

Las personas de la Trinidad desempeñan distintas funciones en la creación, la salvación y el reino. En la creación, el Padre es el Creador;[13] la creación fue por medio del Hijo y para el Hijo;[14] y el Espíritu Santo incubó la creación.[15] En la Salvación, el Padre fue autor, conductor y director del plan; el Hijo ejecutó el plan en su vida, muerte y resurrección; y el Espíritu Santo selló el plan mediante la regeneración y la santificación. La comunidad del reino vive en relación *con* el Padre *por medio* de Cristo y la morada del Espíritu Santo.[16]

En el nombre incluyente de la Trinidad debemos ser agentes de bautismo, agentes transformadores de nuestra sociedad. La naturaleza trinitaria de Dios —un Dios en tres Personas; unidad y diversidad— se refleja en la creación, como exploraremos en el capítulo 14. Al bautizar las naciones debemos reconocer y valorar esta unidad y diversidad.

Además, como veremos del capítulo 15 al 17, la naturaleza trinitaria de Dios se manifiesta en la cultura a través de la verdad, la bondad y la belleza. Los cristianos deben encarnar y crear una cultura que refleje estos elementos de la naturaleza de Dios.

En este capítulo hemos visto que la iglesia vive en una relación vital con Cristo, y de este modo, participa de la vida de la Trinidad. Nuestra tarea consiste en bautizar a las naciones en el nombre de Dios, impregnarlas con la naturaleza y el carácter de Dios. En el próximo capítulo veremos cómo debe hacerse esto.

CAPÍTULO 13

Vivir la Palabra: Amor y servicio

No busque grandes cosas, limítese a hacer cosas pequeñas con amor... Cuanto más pequeño sea lo que haga, tanto mayor tendrá que ser su amor.

—MADRE TERESA

En el Antiguo Testamento Dios encarga a su pueblo construir un tabernáculo para venir a morar en medio de ellos. Este tema continúa en el Nuevo Testamento. Juan 1:14 declara: «Y el Verbo se hizo hombre y *habitó* [se hizo tabernáculo] entre nosotros. Y hemos contemplado su gloria, la gloria que corresponde al Hijo unigénito del Padre, lleno de gracia y de verdad». La palabra griega para designar «tabernáculo» es la misma que aparece en la versión griega del Antiguo Testamento. Dios vino del cielo y se encarnó en la persona de Jesucristo porque deseaba vivir entre su pueblo. Dios habita hoy en los creyentes por la morada del Espíritu Santo.

En el capítulo anterior comenzamos a examinar el tema del bautismo de las naciones en el nombre del Padre, del Hijo y del Espíritu

Santo. Ahora examinaremos cómo se puede hacer esto mediante el amor y la verdad puestos en práctica.

El Verbo se hace carne

En su profundo libro *La expansión del cristianismo: Un estudio sociológico*, Rodney Stark trata de explicar cómo un número relativamente pequeño de cristianos pudieron vencer a Roma. Stark relata que Roma consideraba la crueldad una virtud y la compasión un vicio, como evidencian los eventos deportivos sangrientos de gladiadores y el arroje de víctimas a los leones. En esta cultura de crueldad, el Dios de la compasión levantó una generación de adoradores que, imitándole, vivieron compasivamente. Stark describe el impacto de aquella compasión: «El cristianismo introdujo un nuevo concepto de humanidad en un mundo saturado de crueldad caprichosa y el amor vicario a la muerte… El cristianismo devolvió a sus conversos nada menos que su humanidad».[1]

¿Qué fue lo que condujo al ascenso del cristianismo? Stark responde: «Las doctrinas cristianas esenciales impulsaron y sustentaron relaciones sociales y organizaciones atractivas, liberadoras y efectivas. …La manera en que estas doctrinas *realmente se encarnaron,* la manera en que dirigieron la acción organizada y el comportamiento individual, condujo a la expansión del cristianismo».[2] La iglesia primitiva respondió a la Roma pagana con una mejor teología, una teología práctica. Entendió que la Palabra se había hecho carne en Cristo; por tanto, la Palabra tenía que hacerse carne en sus vidas.

La Gran Comisión sólo se puede cumplir si la Palabra se hace carne en la vida de la iglesia. Es decir, tanto los cristianos individuales como la comunidad local de creyentes deben vivir, por la gracia de Dios, una vida encarnada. Hemos de acatar la Palabra de Dios, obedecerla, y amar de hecho y en verdad.[3] No podemos discipular a las personas o a las naciones con mentiras. La libertad procede de la verdad y la verdad de la Palabra de Dios.[4] No sólo debemos estudiar activamente la Biblia para conocer la verdad; también debemos aplicar lo aprendido. La mente griega se interesaba en *conocer* la verdad, pero la hebrea se preocupaba de *obrar* conforme a la verdad. Muchos cristianos son como los antiguos griegos. Escuchan predicaciones expositivas; asisten a clases de escuela dominical y a estudios bíblicos. Nos llenamos la cabeza de conocimiento sobre la Biblia y tenemos dificultades para practicar lo aprendido.

Muchas personas fuera de la iglesia no están dispuestas a escuchar nuestro mensaje; quieren ver cómo vivimos la verdad. A menudo los cristianos pretenden evangelizar con palabras. Esto está bien para la gente que está lista para oír la verdad, pero no causará efecto en la gente que quiere verla aplicada de forma práctica. De igual modo, además de orar, hemos de poner pies a la oración. Hemos de vivir el Padrenuestro: «Venga tu reino, hágase tu voluntad en la tierra como en el cielo».[5]

La lengua griega usa tres palabras para designar el amor: *eros*, el amor sexual íntimo entre un hombre y una mujer; *phileō*, la amistad o el amor fraternal; y *agapē*, el amor abnegado de Dios. Los cristianos han sido llamados a amar como ama Dios, con abnegación y sacrificio.[6] Un cuento infantil clásico capta la esencia de este amor:

> Amor, amor, amor, amor,
> El Evangelio resumido es amor.
> Ama a tu prójimo como a ti mismo
> Porque Dios es amor

Las Escrituras nos invitan a amar plenamente. Hemos de amar a la familia, los vecinos, los paisanos y los extranjeros.[7] Y, por supuesto, hemos de amar a nuestros enemigos.[8]

El pastor estadounidense John Piper hace un llamado a «un amor público persistente».[9] El amor tiene que ser puesto en acción. El amor público persistente movió a William Wilberforce a luchar para poner fin al tráfico de esclavos en el imperio británico. El amor público persistente impulsó a William Carey a luchar para poner fin a la quema de viudas en la India. El amor público persistente impulsó a Martin Luter King a abanderar el movimiento por los derechos civiles en EEUU.

Células de amor

La araña y la estrella de mar, por Ori Brafman y Rod A. Beckstrom, relata un hecho intrigante.[10] Si se cortan las patas de una araña, ésta morirá, mientras que si se cortan las puntas de una estrella de mar, ésta crecerá. Y si la punta es suficientemente grande, ésta crecerá hasta formar una nueva estrella. Aunque los dos animales tienen perfiles similares vistos desde arriba, su estructura es muy diferente.

Brafman y Beckstrom cuentan la historia de un grupo de australianos que se preocuparon porque la población de estrellas de mar estaba destruyendo la Gran Barrera de Coral. El grupo intentó salvar la barrera cortando estrellas en pedazos. Un año después se asombraron al descubrir un número de estrellas tres o cuatro veces mayor que antes. En vez de acabar con las estrellas, ¡éstas se habían multiplicado!

Partiendo de este concepto biológico, los autores defienden «las organizaciones sin liderazgo». La organización jerárquica con una estructura vertical es como una araña. Si se le cortan las patas, la organización muere. Por otra parte, la organización tipo estrella de mar, tiene un ADN que impregna el grupo y le permite replicarse aunque se le arranquen las patas. Brafman y Beckstrom sugieren que al-Qaeda es como una estrella de mar, mientras que el ejército de EEUU es como una araña. Si todo lo demás fuera igual, ¿quién vencería? La estrella de mar.

¿Qué decir acerca de la iglesia? Yo sugiero que la iglesia primitiva fue como una estrella de mar, mientras que la actual es más jerárquica, como una araña. ¿Qué sucedería si la iglesia actual se volviera como una estrella de mar? Los yihadistas recurren al modelo de la estrella de mar para promover sus células de terror. ¿Qué sucedería si la iglesia engendrara un modelo de *células de amor* del tipo estrella de mar? ¿Qué ocurriría si el ADN de Cristo calara en la iglesia con pequeñas células que amaran a sus enemigos e imbuyeran valores del reino en sus miembros?

El teólogo holandés Hendrik Berkhof describe el impacto potencial de las células de amor: «Podría suceder que la iglesia de Cristo, *por su predicación, su presencia y su patrón de vida comunitaria,* representara un testimonio tan potente y hablara tan enérgicamente a la conciencia de los hombres, mucho más allá de sus límites, que éstos se orientaran comúnmente por esta realidad, que la aceptaran tácitamente como un hito... Y lo harían porque no conocen mejor garante de *una vida digna, plena de misericordia, libertad, justicia y humanidad* que cierto reconocimiento general de la soberanía de Cristo».[11]

Cipriano (200-258), obispo de Cartago, describió la naturaleza y extensión del llamamiento al amor cristiano: «Estando el pueblo congregado, él les insta primeramente a los beneficios de la misericordia... Luego procede a añadir que no hay nada notable en fomentar la misericordia hacia nuestro propio pueblo, y las debidas atenciones del amor, sino que uno debe ser perfecto y hacer más que los paganos o los publicanos, *vencer con el bien el mal, y practicar la bondad y la misericordia,* como hace Dios, y *amar también a sus enemigos...* Así que el bien se hacía a todos los hombres, no sólo a los de la casa de la fe».[12]

Las células de amor son virales por naturaleza. Jesús usó cuatro analogías de la naturaleza orgánica (no programática) de esas células. Los cristianos han de ser sal, luz, fermento y semillas de mostaza.[13] Deben armarse de un testimonio vivo y ejercer una influencia positiva en la sociedad. Pienso que la iglesia de Watoto, antes mencionada, es una iglesia que vive heroicamente. Esta iglesia celular, establecida en Kampala, Uganda, se vuelca en cubrir las necesidades de su comunidad. Las quinientas células que la componen fueron desafiadas a amar a alguien que se estuviera muriendo de SIDA. Cada célula cuidó de una persona, mientras él o ella se acercaban a la muerte, y después ayudaron a la familia, luego de sobrevenir la muerte del miembro enfermo. Somos instados a amar de esta manera imitando el ejemplo de Cristo[14] por mandato de Dios.[15]

Hay otra iglesia heroica que pertenece al pasado. El conde alemán Nikolaus Ludwig von Zinzendorf (1700-1760) fue un reformador social y fundador de la iglesia morava, que abrió su estado de Herrnhut para acoger a los pobres y sin hogar. Los moravos fueron conocidos, entre otras cosas, por lanzarse a una misión holística. Enviaron empresarios a crear empresas y fundar iglesias. En un tiempo en el que muchas iglesias enviaban uno de sus miembros a otras culturas por cada mil que se quedaban en casa, los moravos desplegaron uno por cada sesenta. La comunidad morava oraba también veinticuatro horas al día, siete días a la semana… ¡durante cien años![16]

Los moravos dejaron un gran legado, como el caso de dos jóvenes que querían ministrar a los dos o tres mil esclavos negros que trabajaban en las plantaciones británicas del Caribe. Los dueños de esclavos prohibían la presencia misionera, por lo que aquellos dos jóvenes se vendieron como esclavos y con los fondos obtenidos compraron un pasaje de ida al Caribe. Cuando zarpó el barco del puerto de Copenhague, los dos jóvenes saludaron y gritaron a sus amigos y familiares que lloraban en el muelle: «¡Que el Cordero que fue inmolado reciba la recompensa de su sufrimiento!».

¡Esto es amor en acción! Así es como el reino invisible de Dios se hace visible en nuestra vida. Si las células de amor se implicaran en las dos guerras que afectan a nuestra generación, ¿cuál sería el resultado?

Respuesta a la guerra de oriente

¿Cómo pueden los cristianos responder a la guerra de Oriente? El gobierno tiene la responsabilidad de defender la nación de enemigos y terroristas. Pero la iglesia tiene una responsabilidad distinta: amar. Cristo nos llama a amar aun a nuestros enemigos. La iglesia responde a la violencia de la espada con la vulnerabilidad de la cruz; a la cultura de la muerte con la cultura de la vida; al odio con amor, a la injusticia con justicia, a la tiranía con libertad.

Andrew van der Bijl (1928-), conocido como el hermano Andrés, introdujo Biblias de contrabando en los países comunistas durante el apogeo de la Guerra Fría. Después de la caída del comunismo, dirigió su atención hacia Oriente Medio. «No podemos ganar la guerra al terror con rifles y bombas», asegura, «porque cada uno que cayera sería reemplazado por docenas que buscarían venganza... Nosotros creemos que si millones de cristianos respondieran a los musulmanes con el amor de Cristo, eso lograría mucho más por erradicar el terror que nuestras actividades militares».[17] El hermano Andrés reta a los cristianos a decir: «"Yo sinceramente amo a todos los musulmanes (I.S.L.A.M., por sus siglas en inglés)" y lo demuestro poniendo el brazo sobre cada musulmán diciéndole: "Dios le ama; por tanto, yo le amo"».[18]

Liberato (nombre ficticio) es un pastor filipino de una comunidad cristiana minoritaria en una isla de mayoría musulmana. Él me contó cómo su iglesia se transformó en una célula de amor.

Los musulmanes querían subvertir el gobierno central y establecer un estado islámico en la isla. Trataron de expulsar a los cristianos quemando sus casas. (Imagínese que en su comunidad se le odiara hasta el punto de poner fuego a su casa, simplemente por ser cristiano.) El ejército filipino llegó para aplastar la rebelión islámica volando las casas de los terroristas. Liberato respondió diciendo: «Tenemos que amar a nuestros enemigos. Tenemos que mostrarles el amor de Dios». Ninguno de los otros pastores de la comunidad asintieron, pero Liberato organizó su iglesia para reconstruir las casas de los terroristas. Después, otras iglesias se les sumaron. Cuando me contaron el caso, ya habían reconstruido las casas de cuarenta familias musulmanas. No es extraño que la actitud de la comunidad musulmana hacia los cristianos cambiara drásticamente.

Recibí una carta de un amigo llamado Chris que trabaja con la filial de Disciple Nations Alliance en África. Chris tuvo el privilegio de dirigirse a los pastores de Malakal, en el actual Sudán del Sur, y de insistir en la necesidad de la iglesia de ministrar las necesidades de la sociedad en general y de la minoría musulmana en particular. Chris relató un momento emocionante durante la clausura de la ceremonia: «El momento álgido de la celebración tuvo lugar cuando un predicador de mezquita, un imam, participante desconocido, salió al frente y dijo: "Después de oír todo el mensaje integral de amar al prójimo como a uno mismo, y también a los enemigos, y el resto de mensajes transformadores, en este acto, declaro abiertamente mi abandono de la fe islámica y me identifico con la familia de Jesucristo"».

Amor Abba, una gran iglesia celular de Jakarta, Indonesia, ministra en los suburbios vecinos habitados por musulmanes. La iglesia ha abierto escuelas, cocinas, planes de alfabetización y de instrucción profesional para musulmanes desempleados. Cuando un grupo de radicales fueron a quemar el edificio que ocupaba Amor Abba, sus ocupantes fueron avisados por musulmanes pobres que acudieron de toda la comunidad y rodearon el edificio diciendo: «No toquen esta iglesia. Esta gente nos ama».

Dios quiera que estos ejemplos se multipliquen millones de veces en cualquier lugar donde una iglesia toque una comunidad musulmana. La guerra en Oriente se ganará por medio del amor abnegado de la iglesia, cuando la Palabra se haga carne en el pueblo de Dios.

Respuesta a la guerra en Occidente

¿Cómo se hace la Palabra carne en medio de la guerra en Occidente? En su libro *Eve's Revenge: Women and a Spirituality of the Body,* Lilian Calles Barger sugiere: «Hacemos esto con pequeños actos de resistencia, actos cotidianos en nuestro cuerpo... Nuestra protesta debe basarse en la fe de que un reino invisible se está haciendo visible en los cuerpos de los hombres y mujeres que siguen activamente al crucificado y resucitado».[19] La iglesia no debe ser un mero espectador de la decadencia de Occidente; debe implicarse activamente como conciencia de las naciones, como inhibidora de ese declive. El reverendo Martin Luther King solía usar una potente metáfora: «La iglesia no es solamente el *termómetro* que registra las ideas y los principios de la opinión popular; es un *termostato* que transforma las costumbres de la sociedad».[20]

La iglesia ha de contrarrestar la cultura moderna y posmoderna. Ha de liderar la resistencia. Dios ha diseñado a los seres humanos para ser libres. A veces los cristianos deben constituir el núcleo de la resistencia contra la tiranía política, social y económica. Rick Pearcey, editor del *Informe Pearcey,* hace una llamada de clarín para plantarse contra la tiranía y la injusticia:

> Los seres humanos son criaturas de resistencia. En un sentido estamos programados para rebelarnos, no contra el bien, mas contra el mal. No contra la vida en comunión con nuestro Creador y con nuestro vecino, sino contra lo que, si no se resiste, nos enajena del bien, lo verdadero, lo hermoso y la libertad. De modo que, por supuesto, una criatura destinada a ser libre es una criatura que se resiste contra la tiranía. Por eso los fundadores afirman en la Declaración [de Independencia] el «derecho» y el «deber» de «subvertir» un gobierno cuyo objeto directo sea establecer una Tiranía absoluta».
>
> ¿Cómo puede la Nueva Resistencia ganar la guerra cultural? Primero, no permitiendo que una demonización descalificadora les frene. Segundo, levantándose valientemente como ciudadanos de la resistencia. Y tercero, levantándose espléndidamente como seres humanos, como criaturas de resistencia «bendecidas» de este modo por el Creador para decir «¡no!» a la tiranía y «¡sí!» a la libertad.[21]

Los puntos de resistencia están arraigados en la cultura del reino de la verdad, la bondad y la belleza. Primero, hemos de declarar la verdad al poder. Esto puede ser tan sencillo como abrir un blog o escribir cartas al editor para desafiar opiniones predominantes. Puede ser el comenzar un hogar-escuela con sus hijos o establecer escuelas concertadas que funcionen en el marco de una cosmovisión y principios bíblicos. O servir en un consejo escolar o introducir un currículo suplementario en una escuela pública.[22] Segundo, hemos de confrontar la corrupción, la injusticia, el mal con la bondad, la justicia y la integridad. Los derechos civiles y los movimientos pro-vida son buenos ejemplos de esto. Podemos decidir tener una familia numerosa (fructificad y multiplicaos) en medio de una acometida general contra la familia. Tercero, hemos de crear habitualmente belleza en los «pequeños rincones» del hogar, el trabajo, la escuela y el recreo. Hemos de ejemplificar una labor excelente en el trabajo.

Para llevar a cabo la Gran Comisión, hemos de vivir la Palabra para que se haga carne ante el mundo que nos rodea, cumpliendo así la primera tarea secundaria del bautismo de las naciones. Esto nos conduce a la otra tarea: enseñar a las naciones.

CAPÍTULO 14

Enseñanza a las naciones: La tarea global

Un deseo ha sido la pasión dominante de mi vida... Que a pesar de toda la oposición mundana, las santas ordenanzas de Dios vuelvan a ser establecidas en el hogar, la escuela, y el Estado para el bien del pueblo: cincelar, por así decirlo, en la conciencia de la nación las ordenanzas del Señor.

—Abraham Kuyper

Cuando yo era joven, mi amigo Bob y yo llegamos a una cita y se nos hizo esperar media hora. Mientras yo miraba la pared, Bob sacó un librito de bolsillo y se puso a leer. Para mí fue aquel un tiempo malgastado. Pero Bob aprovechó el tiempo aprendiendo.

Dios nos ha creado para aprender y crecer en sabiduría y conocimiento. La educación es el arte de una vida de aprendizaje, no mera escolarización formal. Comienza antes de la escuela formal y continua hasta que morimos. Francis Schaeffer solía decir: «No permitan que la escuela obstaculice la educación de sus hijos».[1] Debemos distinguir entre escolarización y educación.

Las naciones, como las personas, tienen que aprender. En las tareas gemelas secundarias de la Gran Comisión, Cristo nos llama primeramente a demostrar la verdad (una vida que bautiza) y después a *enseñarla* (enseñar lo que transforma). Después de examinar la primera tarea, volvamos ahora la atención a la segunda: «Enseñándoles a obedecer todo lo que les he mandado» (Mateo 28:20). La instrucción en la verdad es indispensable para cumplir la primera tarea del discipulado.

Este capítulo tratará de mostrar cómo los mandatos de Dios son hermosamente sencillos y maravillosamente profundos. Mediante la obediencia a los mandatos de Dios —en toda su plenitud— los pueblos y las naciones encuentran libertad, vida y paz.

«Enseñándoles a obedecer todo»

Examinemos este pasaje considerando varias palabras clave. La primera palabra clave, *enseñanza,* significa en griego «dar un discurso para instruir, pronunciar discursos didácticos».[2] La segunda palabra clave, *obedecer,* en griego significa «atender esmeradamente, cuidar de, guardar».[3] Las cosas que Cristo nos ha mandado son preciosas, han de ser guardadas y tenidas en cuenta.

Tanto «enseñar» como «obedecer» están en tiempo presente (acción continua, sin un final previsto) y en voz activa (el sujeto participa activamente). Los discípulos han implicarse activa y continuamente en la enseñanza de las naciones. Las naciones han de obedecer activa y continuamente todo lo que Cristo nos ha mandado. La enseñanza y la obediencia han de continuar «hasta el fin de los tiempos» (Mt 28:20), cuando Cristo regrese para consumar su reino.[4]

¿Qué han de obedecer las naciones? ¿Qué es «todo» lo que Jesús nos ha mandado? La respuesta exige captar firmemente otras dos palabras clave, *todo* y *mandado.*

La palabra traducida por «todo» significa en griego «cada uno, la totalidad».[5] Anteriormente vimos que esta palabra (o una de sus formas) se usa siete veces en Colosenses 1:15-20 para reflejar la soberanía de Cristo sobre *todas* las cosas. En Mateo 28:18-20 se usa la palabra tres veces: *toda* autoridad ha sido dada a Cristo; *todas* las naciones deben ser enseñadas; y *todo* lo que Cristo mandó ha de ser enseñado y obedecido. El pasaje es inclusivo, alude a todos los mandatos, no sólo algunos; todas las naciones, no unas pocas; toda autoridad, no una autoridad parcial o limitada. Podemos conectar éste con los otros pasajes de la Gran Comisión que definen las tres dimensiones: toda la tierra, toda la creación y todas las naciones.

La palabra griega *entellomai* significa «mandado», «ordenar, mandar hacer».[6] Esta palabra deriva de *telos,* «el fin», aquello por lo que una cosa es acabada, el fin al que todas las cosas apuntan, el objeto, el propósito. Exploramos esta familia de palabras en el capítulo 10, donde notamos que la historia se mueve hacia el cumplimiento del propósito divino. ¿Cuál es ese propósito? Nada menos que «venga tu reino, hágase tu voluntad en la tierra como en el cielo». *Telos* es el fin escatológico hacia el que se mueve toda la historia, y *teleios* es el propósito antropológico de cada ser humano.[7] ¿Cómo avanzan los individuos y las naciones hacia el cumplimiento del propósito que Dios les ha asignado? Por la obediencia, guardando todo lo que Cristo ha mandado —*entellomai.*

Toda autoridad en el cielo y en la tierra le ha sido dada a Cristo. Él emplea esa autoridad enviándonos a hacer discípulos de todas las naciones, enseñándoles a obedecer «todo lo que nos ha mandado», a extender su dominio en la tierra. El reino de Dios (el reino de Cristo) es el *marco* de nuestra obediencia; La obra salvadora de Cristo en la cruz (nuestra salvación) es el *fundamento* de la obediencia; y las naciones que observan todo lo que Cristo ha mandado efectúan el *cumplimiento* de la obediencia —«venga tu reino, hágase tu voluntad así en la tierra como en el cielo».

Si examinamos la tarea de bautizar a las naciones en el nombre del Padre, del Hijo y del Espíritu Santo, notamos que Dios quiere que su nombre esté sobre las naciones. Esta realidad alcanzará su consumación en el retorno de Cristo, cuando «El Señor reinará sobre toda la tierra. En aquel día el Señor será el único Dios, y su nombre será el único nombre.» (Zac 14:9). Hemos de entregar nuestra vida por el cumplimiento de esta visión: que la tierra se cubra del nombre y la gloria de Dios.[8]

Hechos 5 relata que las autoridades civiles llevaron a Pedro y a los otros apóstoles delante del Sanedrín, la autoridad religiosa. Los apóstoles vivían conforme a esta visión apremiante y, por tanto, violaban las restricciones locales. Los sumos sacerdotes les conminaron: «Terminantemente les hemos prohibido enseñar en ese nombre... Sin embargo, ustedes han llenado a Jerusalén con sus enseñanzas, y les han propuesto echarnos la culpa a nosotros de la muerte de ese hombre» (Hechos 5:28). El pueblo de Dios estaba *llenando* la ciudad y la nación con su gloria y su conocimiento, enseñándoles a obedecer todo lo que Jesús había mandado.

Pablo asegura que él proclama el mensaje de Jesucristo para que «todas las naciones obedezcan a la fe» (Ro 16:26). Los individuos y las naciones no sólo han de saber todo lo que Cristo ha enseñado; deben hacer —obedecer— todo lo que Él ha mandado. Las naciones han de asegurarse que la ley de Cristo sea la base de su ordenamiento nacional. Los resultados de la obediencia son libertad, justicia, paz y abundancia.

Obediencia y autogobierno

Examinemos más detenidamente la relación entre obediencia, libertad y autoridad. Solemos pensar en la obediencia en términos externos: se obedece cuando la gente se somete al gobierno o a las leyes; se desobedece cuando la gente hace lo que bien le parece.[9] Cristo nos llama a otro tipo de obediencia: a gobernarnos libre e interiormente conforme a todo lo que nos ha mandado.

El sentido del autogobierno interno se desprende de la primera parte del Salmo 119. Aquí se percibe la maravilla de las leyes divinas y la obediencia voluntaria de los que le siguen:

> Dichosos los que van por caminos perfectos, los que andan conforme a la ley del Señor.

Dichosos los que guardan sus estatutos y de todo corazón lo buscan.
Jamás hacen nada malo, sino que siguen los caminos de Dios.
Tú has establecido tus preceptos, para que se cumplan fielmente.
¡Cuánto deseo afirmar mis caminos para cumplir tus decretos!
No tendré que pasar vergüenzas cuando considere todos tus mandamientos.
Te alabaré con integridad de corazón, cuando aprenda tus justos juicios Tus decretos cumpliré; no me abandones del todo

El pueblo de Dios ha de vivir como mujeres y hombres libres que «siguen sus caminos» e instauran el orden de Dios en sus vidas. Mi buena amiga Elizabeth Youmans, fundadora de Chrysalis International, dice que: «El principio cristiano de autogobierno se sustenta en que Dios gobierna en el corazón del creyente. Para poder tener verdadera libertad, el hombre debe estar dispuesto (voluntariamente) a ser gobernado interiormente, por el Espíritu y la Palabra de Dios, no por fuerzas externas. Este gobierno es primeramente interno (causativo), y después se extiende hacia fuera (efectivo)».[10]

Youmans afirma que en vez de mentalidad de autogobierno, solemos tener mentalidad de víctimas. Cuando algo va mal en nuestra vida o nación, buscamos a quién echar la culpa. «Es culpa del gobierno». «Si el presidente hubiera hecho tal cosa, todo habría ido mejor». Pero depositar la responsabilidad de la propia vida sobre otra persona es tener mentalidad de esclavo. El autogobierno interior del cristiano no se evade desviando su responsabilidad sobre otros; ellos mismos son libres y responsables.

Hugo Grocio (1583-1645), teólogo holandés, abogado y educador, explica que el autogobierno es la base de todas las demás estructuras de gobierno, desde la mayor hasta la menor: «Quien no sabe administrar una Provincia, tampoco podrá administrar un Reino; quien no sabe gobernar una Ciudad tampoco podrá gobernar una Provincia; quien no sabe regir una Aldea no podrá regir una Ciudad; si no sabe guiar a una Familia tampoco podrá guiar a una Aldea; tampoco podrá gobernar a una Familia quien no sabe gobernarse a sí mismo; tampoco podrá Gobernarse a sí mismo a menos que su razón sea su señor, y su voluntad y su apetito sus vasallos; tampoco podrá la razón gobernar a menos que esté sometida a Dios y le sea (completamente) obediente».[11]

Estas palabras describen el autogobierno interior: la *virtud* y el *hábito* o la *costumbre*. La virtud es «bondad moral; la práctica de obligaciones morales y la abstención del vicio, o la conformidad de vida y diálogo con la ley moral... La práctica de obligaciones morales por sincero amor a Dios y a sus leyes, es virtud».[12] Virtud es obediencia voluntaria a la verdad —el principio de autogobierno interior.

En su libro *The Death of Character*, James Davison Hunter define la costumbre como «la continuidad y la estabilidad de una cultura... que organiza nuestros actos y define nuestra forma de ser».[13] La cosmovisión es a la costumbre como el culto es a la cultura. Hablando metafóricamente, el hábito es «el aire que respiramos». Los hábitos del corazón establecen el marco interior de nuestra vida. ¿Actuamos por fe o por temor, somos frugales o derrochamos, nos esforzamos o somos perezosos? ¿Somos compasivos o crueles, justos o corruptos? ¿Confiamos o desconfiamos, creamos belleza o vulgaridad? Estos son nuestros hábitos. Hemos de guardar las leyes de Dios en nuestro corazón y permitir que ellas establezcan los hábitos de nuestra vida.[14]

Culturas y naciones enteras se estructuran en torno a los hábitos. Por ejemplo, ¡cuán distinto es un país edificado sobre la frugalidad de otro edificado sobre el consumo! Los EEUU se convirtieron en una potencia económica gracias a sus virtudes, trabajo esforzado y ahorro. Pero hoy están creciendo los vicios de la pereza y el consumo, y el país está perdiendo su dominio económico.

Como ya hemos visto, Dios tiene un corazón anhelante por las naciones. Desea que las naciones florezcan. Su misión es transformar naciones esclavas en libres, del mismo modo que transformó la nación hebrea, un pueblo con mentalidad esclava, en un pueblo libre y grande, un modelo para las naciones del mundo. Esta transformación tiene lugar mediante la obediencia.

La ciudad sobre una colina

Jesús recurrió a una poderosa imagen cuando dijo a sus discípulos: «Ustedes son la luz del mundo. Una ciudad en lo alto de una colina no puede esconderse. Ni se enciende una lámpara para cubrirla con un cajón. Por el contrario, se pone en la repisa para que alumbre a todos los que están en la casa. Hagan brillar su luz delante de todos, para que ellos puedan ver las buenas obras de ustedes y alaben al Padre que está en el cielo». (Mt 5:14-16). Cristo es la luz del mundo, y también sus seguidores. Hemos de brillar como una ciudad en una colina, ser una luz para guiar a las naciones. Pablo prosigue con este tema: «Para que sean intachables y puros, hijos de Dios sin culpa en medio de una generación torcida y depravada. En ella ustedes brillan como estrellas en el firmamento» (Fil 2:15).

Los puritanos ingleses viajaron a América animados por un sueño: vivir una realidad futura en el presente; construir una nación que fuera una ciudad en una colina, una nación que manifestara de alguna manera el reino de Dios que viene.

Poco antes de arribar al Nuevo Mundo, en 1630, John Winthrop, gobernador de la colonia Bahía de Massachusetts, se apostó en la cubierta del buque insignia *Arabella* y predicó el sermón titulado «Un modelo de caridad cristiana». Empleó directamente la imagen de Cristo y advirtió a la comunidad de pasajeros que ellos serían «una ciudad en una colina» que sería observada por el mundo entero: «Porque debemos considerar que seremos como una ciudad en una colina. Los ojos de toda la gente están sobre nosotros. De manera que si actuamos hipócritamente para con nuestro Dios en la obra que hemos emprendido... seremos objeto de burla y escarnio por todo el mundo. Daremos qué decir a los enemigos para hablar maldad contra los caminos del Señor... Avergonzaremos los rostros de muchos siervos dignos del Señor, y haremos que sus oraciones se tornen maldiciones sobre nosotros hasta que seamos consumidos y expulsados de la buena tierra que vamos a ocupar».[15]

El sueño puritano no fue personal ni pietista sino comunal y corporativo. Ellos deseaban crear una comunidad de creyentes que transformara el mundo, no en un sentido triunfalista, sino en obediencia a los mandatos de Cristo. Esperaban formar por fe una nación que, por la gracia de Dios, atrajera a la gente a Cristo y a su reino. Este sueño de libertad, este humilde intento de un pueblo de trabajar por el reino de Dios, fue puesto de manifiesto en el surgimiento de una nación que ha atraído desde entonces «multitudes» de todo el mundo.

¿Ha realizado EEUU perfectamente su sueño? ¡No! ¿Se han cometido errores y pecados? ¡Sí! Pero los puritanos soñaron con ver el reino de Dios venir a la tierra y ese sueño ha conformado profundamente el experimento estadounidense.

El presidente electo John Kennedy pronunció un mensaje el 9 de enero de 1961, ante el Tribunal Supremo de la Commonwealth de Massachusetts en el que se refirió al sermón de John Winthrop: «Los ojos de todo pueblo están hoy sobre nosotros. Nuestro gobierno —en todo departamento, a todo nivel, nacional, estatal y local— debe ser *una ciudad sobre una colina,* construida y habitada por hombres conscientes de la gran confianza en ellos depositada y la gran responsabilidad asumida».[16]

El presidente Ronald Reagan usó la misma frase en el discurso de despedida a la nación, el 11 de enero de 1989:

> Los últimos días he estado sentado arriba, ante esa ventana, y he reflexionado un poco en la «ciudad que resplandece desde una colina». La frase pertenece a John Winthrop que la usó para describir el país que él se imaginó...
>
> He hablado de la ciudad que brilla a lo largo de toda mi vida política, pero no sé si realmente he comunicado lo que vi cuando pronuncié esas palabras. Pero en mi recuerdo destacaba una ciudad alta y orgullosa edificada sobre rocas más fuertes que los mares, azotada por el viento, bendecida de Dios y rebosante de toda clase de gente que vivía en paz y armonía, una ciudad con bulliciosos puertos francos rebosantes de comercio y creatividad. Y si tuviera que tener murallas, esas murallas tendrían puertas, y las puertas estarían abiertas a todo aquel que tuviera la voluntad y el corazón de ir allá. Así es como la vi y la sigo viendo.[17]

Kennedy y Reagan probablemente evocaban recuerdos históricos en vez de declarar una fe personal de estilo puritano. Pero los cristianos actuales tienen que vivir con convicción bíblica, procurando activamente ser una ciudad en una colina. La iglesia ha abrazado un paradigma dualista que separa el trabajo del culto, y la riqueza de la edificación de la nación. Necesitamos volver a la riqueza del paradigma bíblico. Necesitamos dejar atrás la visión anémica de solo «salvar almas para el cielo» y asumir la Gran Comisión de enseñar a todas las naciones, y enseñarlas a obedecer todos los mandatos de Dios.

¿Cómo llevaremos a cabo esta inmensa tarea?

Lo mínimo y lo máximo

Precisamos comprender las palabras de Jesús «todo lo que os he mandado» desde dos perspectivas: su *mínimo irreducible* y su *máximo general.*

Cuando un jurista judío preguntó a Jesús que identificara el mandamiento más grande, Jesús redujo la ley de Dios a dos mandamientos: «"Ama al Señor tu Dios con todo tu corazón, con todo tu ser y con toda tu mente". Éste es el primero y el más importante de los mandamientos. El segundo se parece a éste: "Ama a tu prójimo como a ti mismo." De estos dos mandamientos dependen toda la ley y los profetas» (Mt 22:36-40).[18]

El apóstol Pablo reduce estos dos mandamientos a uno, el mínimo irreducible: «Toda la ley se resume en un solo mandamiento: "Ama a tu prójimo como a ti mismo"» (Gá 5:14). Juan explica que los dos mandamientos —amor a Dios y amor al prójimo— se pueden resumir en uno: «Si alguien afirma: "Yo amo a Dios", pero odia a su hermano, es un mentiroso; pues el que no ama a su hermano, a quien ha visto, no puede amar a Dios, a quien no ha visto. Y él nos ha dado este mandamiento: el que ama a Dios, ame también a su hermano» (1 Juan 4:20-21).

El mínimo irreducible de toda la ley de Dios es amar al prójimo. A un nivel básico, esto es lo que se ha de enseñar a las naciones.

¡Cuán distinto sería el mundo si las personas y las naciones obedecieran este único mandamiento!

Cristo habló de la naturaleza compleja de la ley: «Les aseguro que mientras existan el cielo y la tierra, ni una letra ni una tilde de la ley desaparecerán hasta que todo se haya cumplido» (Mt 5:18). Al decir esto, Cristo destacó no sólo el mínimo irreducible, sino también el ámbito global de la ley divina. Si «amar al prójimo» es el mínimo irreducible de «todo lo que os he mandado», ¿cuál es el máximo general, la expresión, la amplitud más plena, más profunda?

La respuesta a esta cuestión es que el universo entero fue creado y es gobernado por Dios. Cada aspecto del universo y del mundo en que vivimos juega un papel en el máximo general de «todo lo que les he mandado» porque Dios dijo (mandó) que el universo existiera. «Por la fe entendemos que el universo fue formado por la palabra de Dios, de modo que lo visible no provino de lo que se ve» (Heb 11:3).

La naturaleza del universo revelado en la Biblia muestra que nada escapa al control de Dios o a su plan. En primer lugar, el universo es *real*, no una ilusión (hinduismo).[20] En segundo lugar, el universo es *bueno*, no un medio intrínsecamente estropeado ni del que se haya que escapar (religiones orientales), ni intrínsecamente malo (concepción cristiana falsa).[21] En tercer lugar, el universo es un todo *integrado*, una unidad en diversidad, con elementos físicos (estrellas, planetas, moléculas, átomos) que son únicos y que interactúan entre sí.[22] El universo no es fundamentalmente espiritual (religiones orientales) ni solamente físico (materialismo); ni tampoco es el ámbito espiritual «superior» al ámbito natural (filosofía dualista). En cuarto lugar, el universo es *racional* y está *ordenado*; no es caótico ni está controlado por dioses caprichosos (credos orientales y animistas), ni carece de sentido (nihilismo).[23] En quinto lugar, el universo es *progresivo* y tiene pleno propósito, no es circular (religiones orientales).[24]

El máximo general no sólo se refleja en la naturaleza del universo, sino en cómo Dios lo gobierna, lo cual hace de tres maneras: mediante las leyes de la creación, su providencia y la sabiduría y la obediencia humanas.

En primer lugar, Dios gobierna el universo mediante las *leyes de la creación*. Anteriormente vimos que los nombres suelen revelar la naturaleza de las cosas. Entre los nombres de Dios están la Verdad,[25] la Bondad,[26] y la Belleza.[27] Estos nombres corresponden a las leyes divinas de la creación. La verdad se refleja en las leyes físicas y metafísicas de Dios. La bondad (justicia) se refleja en sus leyes morales. La belleza se refleja en sus leyes estéticas. Las leyes de la creación constituyen la infraestructura sobre la que se construyen las vidas individuales y las naciones. Las leyes físicas gobiernan el mundo físico, las leyes morales promueven el desarrollo humano, y las leyes metafísicas y estéticas hacen florecer las sociedades.

En segundo lugar, Dios gobierna el universo por medio de su *providencia*. La Biblia revela que Dios es tanto trascendente como inmanente. La trascendencia de Dios significa que Él existía antes de la creación, es independiente de ella y se sitúa fuera de ella. Su inmanencia tiene que ver con su gobierno providencial de la creación: Dios actúa en la creación, trabaja en el espacio y en el tiempo. Este concepto se opone al animismo, que afirma la inmanencia de Dios pero niega su trascendencia. Se opone al deísmo, que afirma su trascendencia, pero niega su inmanencia. Y se opone al humanismo secular, que niega la existencia de Dios.

Las leyes de la creación y la providencia de Dios confluyen de esta manera: Dios actúa *providencialmente* para gobernar el universo a través de sus leyes. Los deístas reconocen las leyes de la creación, pero niegan que Dios se implique en ella. Los ateos niegan al Dador de la ley, y lo separan racionalmente de las leyes de la creación. Pero la profunda revelación bíblica sostiene que Dios creó el universo y lo sostiene providencialmente. Pablo escribió: «Porque por medio de él fueron creadas todas las cosas... por medio de él forman un todo coherente» (Col 1:16-17).

En tercer lugar, *la sabiduría y la obediencia del hombre* es una forma de administrar la creación de Dios. Es imperativo que los seres humanos descubran y pongan en práctica las ordenanzas de la creación en su vida personal y nacional. Sólo por medio de la sabiduría —viviendo en el marco de la creación de Dios— pueden las gentes y las sociedades llegar a ser lo que Dios desea. Moisés subrayó el inseparable vínculo que enlaza la sabiduría humana con las leyes de Dios: «Miren, yo les he enseñado los preceptos y las normas que me ordenó el Señor mi Dios... Obedézcanlos y pónganlos en práctica; así demostraran su sabiduría e inteligencia ante las naciones» (Dt 4:5-6).

Moisés entendió también el máximo general de obedecer todo lo que Cristo mandó: «Hoy te ordeno que ames al Señor tu Dios, que andes en sus caminos, y que cumplas sus mandamientos, preceptos y leyes. Así vivirás y te multiplicarás... te he dado a elegir entre la vida y la muerte, entre la bendición y la maldición. Elige, pues, la vida» (Dt 30:16, 19). Los mandamientos de Dios separan la verdad de la mentira, el bien del mal, la belleza de la fealdad. La persona o nación que los entiende y los aplica se mueve hacia la vida. Los que no lo hacen, avanzan hacia la muerte. Intentar vivir fuera del marco del universo de Dios es necedad.

La visión motriz

Los mandamientos de Cristo impulsan la creación hacia su gran final —la Ciudad de Dios, la Nueva Jerusalén, el mismo Dios que viene a habitar para siempre entre los hombres—. Esta visión impulsó a Abraham al desierto: «Porque esperaba la ciudad de cimientos sólidos, de la cual Dios es arquitecto y constructor» (Heb 11:10). La búsqueda, el hallazgo y la aplicación de la sabiduría permiten a los seres humanos participar en esta gran historia. Mediante la sabiduría podemos descubrir ese orden y glorificar a Dios, desarrollar nuestra vida (dones y talentos), y la de comunidades, culturas y naciones, en dicho marco.

La gloria de Dios es el fin y el propósito de la creación. Dios creó el universo, lo sostiene, e invita a las personas a participar en la historia y en la consumación de la misma. Cuando se explora la creación, se ve más y más la gloria de Dios. Dios se ha escondido a nuestro alrededor y está esperando que las personas prudentes le busquen y le hallen.[28] La gente sabia y prudente llega a entender las leyes de la creación (a descubrir los pensamientos de Dios) y conocer al Único que es sabio para hacer que sus vidas y gobiernos se ordenen debidamente.

He aquí una perspectiva ligeramente distinta de esta verdad. Cuando Dios creó a los seres humanos, les hizo a su imagen para gobernar sobre la creación como vice-regentes suyos, para administrar su casa (*oikos*). Como vimos en el capítulo 10, *oikonomía* puede significar «gobierno de la casa», especialmente la gerencia, supervisión y administración de la propiedad de otro. La casa de Dios (*oikos*) ha de ser administrada por los seres humanos, edificada (*oikodomeō*) para alcanzar el potencial que Dios le ha señalado. Los humanos han de «administrar la casa» teniendo en cuenta las «leyes de la casa», las leyes que Dios ha establecido para gobernar su creación desde el principio. Éstas fueron desplegadas en la creación y se incorporaron a ella como un reflejo de la naturaleza de Dios. Estas son las leyes *por las que* Dios gobierna la creación a través de sus vice-regentes.[29]

Esto es lo que significan las palabras de Cristo «*todo* lo que les he mandado». Así como amar al prójimo es el mínimo irreducible de los mandatos de Dios, el administrar todas las leyes de la creación es el máximo general de sus mandatos. Los mandatos de Dios pertenecen a todas las personas; no son derecho exclusivo de los cristianos o de los judíos. Además, estas leyes invisibles son inmutables. No pueden ser quebrantadas. ¡«Funcionan», como la ley de la gravedad! Cuando una persona o nación vive conforme a estas leyes resulta más justicia, riqueza, salud y paz social.

Hemos de enseñar a las naciones a obedecer todo lo que Cristo nos ha mandado. Es tan sencillo como amar al prójimo como a uno mismo. Es tan profundo como usar nuestras mentes racionales para descubrir y acatar todas las leyes metafísicas, morales y estéticas de la creación. En los siguientes capítulos, examinaremos cada una de estas leyes, para procurar entender mejor cómo hacer discípulos de todas las naciones.

CAPÍTULO 15

Verdad: El orden metafìsico

La fe y la razón son como dos alas con las que el espíritu humano se eleva para contemplar la verdad; Dios ha puesto en el corazón humano un deseo de conocer la verdad —es decir, de conocerse a sí mismo— de manera que, conociendo y amando a Dios, los hombres y las mujeres pueden también llegar a la plena verdad acerca de sí mismos.

—JUAN PABLO II

Después de haber transitado 10 años en la vida cristiana, discipulado por un ministerio estudiantil y cursado estudios en un seminario evangélico, todavía no me daba cuenta de que a pesar de haber nacido de nuevo seguía teniendo una mentalidad atea. Interpretaba el arrepentimiento como una emoción: un sentimiento de lástima por el pecado. Esto concordaba con una vida motivada por los sentimientos y las emociones. Mi mente necesitaba nacer de nuevo.[1]

Pero llegó el momento en que mi amigo Udo Middlemann me confrontó: «Mira, Darrow, el cristianismo es verdadero, aunque no creas en él». Después de dos noches en vela entendí lo que Udo había querido decir. Estaba convencido de que el cristianismo era verdad *porque yo* creía en él, pero el cristianismo es verdad aunque nadie en el mundo lo creyera. Es una descripción de la realidad. Es verdadero porque Dios existe. Conocemos las cosas porque son, y como dijo san Agustín, «las cosas son porque Dios las conoce».[2]

Llegué también a darme cuenta que tenía que arrepentirme como la Biblia enseña el arrepentimiento. La palabra griega original, traducida por «arrepentimiento», significa «cambio de mentalidad».[3] Arrepentirse significa permitir que Dios nos diga lo que es real y verdadero. Conformar nuestro pensamiento, valores y estilo de vida a lo que es verdadero, bueno y hermoso. Como la razón y la fe, el arrepentimiento tiene lugar en la mente.

Como J. B. Phillips escribe en su paráfrasis de 1 Juan 2:4: «El hombre que pretende conocer a Dios pero no obedece sus leyes no sólo es mentiroso, vive, además, engañado». Conocer a Dios es obedecer sus leyes. Si decimos que conocemos a Dios pero no obedecemos sus leyes, habitamos en un *mundo de ilusión*, en un mundo propio, fingido.

Para vivir en el mundo de Dios, no en un mundo de ilusión, es preciso arrepentirse. El médico y poeta estadounidense Williams Carlos Williams, aun sin ser cristiano, ha captado así la necesidad de arrepentimiento: «A menos que haya una nueva mente no puede haber novedad de vida; la vida antigua seguirá repitiéndose con recurrencia mortecina».[4]

Como vimos en el capítulo anterior, el mínimo irreducible de todo lo que Cristo nos ha mandado es, sencillamente, amar al prójimo como a uno mismo; el máximo general que Él nos mandó es administrar las leyes de la creación —metafísicas, morales y estéticas—. Esto requiere mucha reflexión.

Las leyes de la creación tienen que ver con lo que llamaré «trinidad cultural» y con lo que los antiguos denominaron las tres grandes trascendencias: verdad, bondad y belleza. Anteriormente las definimos como elementos de la cultura del reino; comprenden la máxima enseñanza general a las naciones para que obedezcan todo lo que Jesús les ha mandado. Del mismo modo que los seres humanos fueron diseñados para la vida, también sienten necesidad de verdad, bondad y belleza. Estos son los deseos humanos fundamentales. No obstante, la pecaminosidad humana ha distorsionado lo que Dios creó; en la realidad del mundo caído, el pecado genera engaño, maldad y fealdad. La tarea a realizar para crear cultura del reino significa combatir la mentira con la verdad, la maldad con la bondad y la fealdad con la belleza.

En este capítulo comenzaremos a tratar la verdad, por lo que toca al orden metafísico. La metafísica versa en torno a las primeras causas, principios fijos. Como hemos señalado, afrontamos un combate en el que están en juego la mente, las ideas y los ideales. Las ideas tienen consecuencias. La verdad conduce a la vida y las mentiras a la muerte. La verdad, descubierta por medio de la revelación (aceptada por fe) y la razón, es la base de las sociedades libres.

La concepción bíblica de la mente

Vivimos en una sociedad cada vez más pragmática y anti-intelectual. Una cultura que una vez se interesara en la verdad hoy sólo se interesa en lo pragmático y lo emocional. Ya no nos preguntamos: «¿es verdad?», sino «¿da resultado?», o «¿es divertido?», o «¿se siente uno bien?». Nos preocupa más la experiencia subjetiva que la realidad objetiva. Las mentes se han atrofiado.

El mundo post-cristiano ha separado artificialmente la fe de la razón y la naturaleza de la gracia. El ateísmo científico asume que Dios no existe y, por tanto, nada que no sea materia física. No da cabida a la fe ni a la gracia (como vimos en los capítulos 4-6). Desgraciadamente, muchos cristianos también separan la fe de la razón y la gracia de la naturaleza. ¿Con qué resultado? Una iglesia cada vez más irrelevante en el mundo moderno.

La Biblia no distingue tales separaciones. Dios nos dotó de inteligencia y Jesús nos manda amar a Dios con toda nuestra mente.[5] Así pues, la mente humana es de suprema importancia para cualquier exploración y comprensión de la verdad. Tanto la razón como la fe presuponen la mente, ambas comparecen ante la norma de la revelación de Dios. Razonar significa hacerse preguntas, retarse a uno mismo y a otros, con hechos. Fe es convicción de la verdad de algo. La fe no es irracional ni carece de objetividad. Es, más bien, la convicción, basada en la evidencia, de la verdad de una cosa o de una afirmación.

Los autores del Nuevo Testamento reflejan la importancia de esta verdad empleando un número extraordinario de palabras relacionadas con la *razón*, el *intelecto* y la *mente*. En griego, se usan cuarenta términos 1.500 veces. Por ejemplo, *ginōskō* (conocer, reconocer, entender);[6] *gnōsis* (conocimiento);[7] *epignōsis* (conocimiento pleno, cosmovisión, conciencia);[8] *gnōmē* (propósito, decisión, juicio, consejo);[9] *gnōrizō* (dar a conocer);[10] *logikos* (razonable, lógico);[11] *dokeō* (pensar);[12] *logos* (cuenta, razón);[13] *nous* (mente o entendimiento);[14] y *phronimos* (persona sabia).[15]

Muchos cristianos que citan el pasaje de Romanos 12:1-3 probablemente no se den cuenta de que estos tres cortos versículos usan ocho palabras relacionadas con la mente.

> Así que, hermanos, os ruego por las misericordias de Dios, que presentéis vuestros cuerpos en sacrificio vivo, santo, agradable a Dios, que es vuestro culto racional [*logikos*]... transformaos por medio de la renovación de vuestro entendimiento [*nous*], para que comprobéis [*dokimazō*: comprobar, examinar] cuál sea la buena voluntad de Dios... Digo, pues... a cada cual que está entre vosotros, que no tenga más alto concepto de sí [*huperphroneō*] que el que debe tener, sino que piense [*phroneō*] de sí con cordura [*sōphroneō*], conforme a la medida de fe [*pistis*: convicción de la verdad] que Dios repartió a cada uno. (RV-60)

El teólogo, de origen británico-canadiense, y expositor bíblico, J. I. Packer, reta a los cristianos a usar la mente: «El evangélico *no teme los hechos*... ni teme pensar, ya que sabe que *toda verdad procede de Dios,* y la recta razón no puede poner en peligro la fe sana. ... Cuando es desafiado por los adversarios del cristianismo, él debe... *superarles en profundidad de pensamiento*».[16]

Hace cien años, J. Gresham Machen (1881-1937), teólogo estadounidense y experto en el Nuevo Testamento, dijo algo que sigue en pleno vigor para la iglesia actual: «Es un grave error... suponer que los llamados "conservadores" se aferran desesperadamente a ciertas creencias sólo porque son antiguas y se oponen al descubrimiento de nuevos hechos. Por el contrario... *damos la bienvenida a nuevos descubrimientos con todo nuestro corazón*... Procuramos... provocar a la juventud para que despierte de su complaciente repetición actual... y se lance a un análisis genuino de la base de la vida; y creemos que *el cristianismo no florece en la oscuridad, sino en la luz*».[17]

Los cristianos deben amar a Dios con toda su mente para operar en el marco de la razón y la revelación. No hay contradicción entre la ciencia y la fe, la razón y la revelación. Explorando con la Biblia en una mano y un microscopio en la otra, se descubre el orden que Dios ha insertado en el universo. Cuando el apóstol Pablo exhorta a «llevar todo pensamiento cautivo para que se someta a Cristo», no quiere decir, como muchos cristianos sugieren, sólo el pensamiento espiritual o religioso. Quiere decir todo pensamiento, ya sea acerca de historia, ciencia, arte, agricultura, atención sanitaria, educación, familia, ingeniería, empresa, comunicación, ética o belleza. Todo nos incumbe.

Revelación y razón

Dios se ha revelado a los seres humanos de dos maneras principales. La primera, *revelación general*, tiene lugar de dos maneras, una interior y otra exterior. El apóstol Pablo escribe: «Porque lo que de Dios se conoce les es manifiesto, pues Dios se lo manifestó. Porque las cosas invisibles de él, su eterno poder y deidad, se hacen claramente visibles desde la creación del mundo, siendo entendidas por medio de las cosas hechas, de modo que no tienen excusa» (Ro 1:19-20, RV-60).

Primero, la existencia de Dios es *manifiesta*. Los seres humanos han sido creados a imagen de Dios; de modo que cuando una persona reflexiona en su propia existencia, puede reconocer en su intelecto, emociones y voluntad el eco del intelecto, las emociones y la voluntad de Dios. Además, las leyes morales de Dios están inscritas en el corazón del hombre: «De hecho, cuando los gentiles, que no tienen la ley, cumplen por naturaleza lo que la ley exige, ellos son ley para sí mismos, aunque no tengan la ley. Éstos muestran que llevan escrito en el corazón lo que la ley exige, como lo atestigua su conciencia, pues sus propios pensamientos algunas veces los acusan y otras veces los excusan» (Ro 2:14-15). Muchos han llamado a esto «ley natural».[18]

Segundo, sabemos que Dios existe porque Él *se ha mostrado*. Dios se ha revelado a través de las cosas que ha hecho. El salmista lo describe admirablemente:

> Los cielos cuentan la gloria de Dios, el firmamento proclama la obra de sus manos. Un día comparte al otro la noticia, una noche a la otra se lo hace saber. Sin palabras, sin lenguaje, sin una voz perceptible, por toda la tierra resuena su eco,¡sus palabras llegan hasta los confines del mundo! Dios ha plantado en los cielos un pabellón para el sol. (Sal 19:1-4)

Dios diseñó la creación para un propósito, e introdujo leyes, estructura y función en el universo para completar su designio. Los seres humanos pueden observar el diseño de los objetos creados y aprender no sólo acerca de éstos, sino también de su Hacedor. La razón humana puede descubrir verdades que Dios ha proclamado como autoevidentes. La verdad autoevidente es lo suficientemente clara como para que la persona común pueda verla, entenderla y «no tener excusa».

La otra manera principal por la que Dios se da a conocer es mediante una *revelación especial* de su Palabra —tanto la Palabra viva (Cristo) como la Palabra escrita (La Biblia). La Palabra viva, el Hijo de Dios que se encarnó en Jesucristo, revela a Dios Padre.[19] Aunque la creación y la conciencia dan testimonio de la existencia de Dios y revelan algunas de sus características, el Hijo de Dios revela a Dios plenamente.[20]

La Palabra viva se halla en la Palabra escrita (la Biblia) y en el testimonio interior del Espíritu Santo. La Biblia es una recopilación de los hechos de Dios en la historia humana, así como del evento culminante de la encarnación del Verbo, y revela mejor la naturaleza y las características de Dios que la creación.[21] Como Palabra inspirada de Dios, la Biblia contiene toda la información necesaria para ser salvos del pecado y de la muerte, y para crecer en Dios.[22]

La revelación general —el conocimiento de Dios por medio de los hechos de la creación y la razón humana— complementa pero no suplanta la revelación especial. Por otra parte, a veces la fe trasciende lo racional, pero nunca es incongruente con la razón.

Aunque la razón y la revelación están disponibles para todos los seres humanos, no todos recurren a ambas. Blaise Pascal (1623-62), matemático, científico y filósofo francés, operó tanto desde la razón como desde la fe. Escribió en sus pensamientos: «La fe informa ciertamente de lo que no ven los sentidos, pero no es contraria a lo que ellos ven. Está sobre ellos, no contra ellos».[23]

Podemos distinguir cuatro perspectivas contemporáneas de la revelación y la razón, y la manera en que se descubre la verdad.

1. Los cristianos y los judíos, fieles a la Biblia, así como los musulmanes moderados y reformados, sostienen que se accede a la verdad por medio de la razón y la revelación.
2. Los ateos y los secularistas occidentales post-cristianos rechazan a Dios, niegan la revelación y buscan la verdad apoyándose sólo en la razón. Muchos cristianos liberales también niegan la revelación.
3. Los posmodernistas, animistas, y adeptos de la Nueva Era, niegan la revelación y abandonan la razón. En su búsqueda de la verdad concluyen que no hay respuestas razonables y racionales: ¡todo es misterioso! De tales premisas, ¿a qué otra conclusión podrían llegar?
4. Los yihadistas, muchos musulmanes fundamentalistas, algunas religiones tradicionales y muchos cristianos aceptan la revelación, pero no dan cabida a la razón en la búsqueda de

> la verdad. Tienden a caer en una mentalidad anti-intelectual que «no haga preguntas, que se limite a creer». La fe para ellos es una experiencia subjetiva sin realidad objetiva.

Los seres humanos fueron creados para pensar, razonar y razonar con Dios.[24] Tenemos mente, aunque nuestro entendimiento sea limitado. Puesto que hemos sido creados a imagen de Dios, podemos hacer preguntas que nuestras mentes finitas no pueden responder. Así sucede con todo niño inquisitivo: ¿Por qué se pone el sol por allí? ¿A qué distancia está la luna? ¿Por qué me sale sangre? Aunque sus propios padres no le puedan responder, él sigue preguntando. No concluye que no hay respuesta. Cuando formulemos una pregunta para la que no hallamos respuesta, debemos simplemente reconocer nuestras limitaciones en vez de asumir que no la hay. Seguiremos inquiriendo en pos de la verdad.

Principios que sustentan las sociedades libres

Hemos visto que Dios tiene una gran agenda para la historia. Su intención es que la gente entable una relación personal con Él a través de la salvación asegurada gracias a la muerte y resurrección de Jesucristo. También ha llamado a los que son salvos a ser agentes transformadores de la sociedad. La revelación de Dios, junto con la razón humana, nos permite discernir la verdad y aplicarla al ordenamiento de sociedades libres y justas.

Jesús relacionó la verdad y la libertad: «Jesús se dirigió entonces a los judíos que habían creído en él, y les dijo: —Si se mantienen fieles a mis enseñanzas, serán realmente mis discípulos; y conocerán la verdad, y la verdad los hará libres».[25] Note la diferencia entre creyentes y discípulos. Muchos habían creído, pero pocos eran discípulos. Un discípulo se aferra a la enseñanza de Jesús. Si éste persevera en la palabra de Cristo, conocerá la verdad y la verdad le hará libre.[26]

La Biblia no promueve ningún sistema de gobierno. No obstante, subraya principios sociales, económicos y políticos que, cuando se ponen en práctica, generan más salud, justicia y abundancia económica para una nación. ¡Las ideas tienen consecuencias! Como hemos dicho, la realidad espiritual influye en las instituciones sociales, políticas y económicas de una sociedad a través de la cultura. Las naciones que adoptan principios bíblicos florecerán; las que se asientan sobre principios falsos languidecerán. Un ejemplo clásico de tal fracaso es el comunismo, edificado sobre un sistema ateo cerrado. El comunismo colapsó porque su infraestructura metafísica no se ajustaba a la realidad.

A continuación examinaremos algunos principios clave de las sociedades libres, con referencia a EEUU como ejemplo imperfecto de la aplicación de la verdad bíblica en la fundación de una nación. El modelo estadounidense está lejos de ser intachable. Sus fundadores no entendieron ni aplicaron a la perfección los principios sobre los que edificaron. Muchos de los que afirmaron que «todos los hombres son creados iguales» eran dueños de esclavos. No obstante, gente imperfecta, creadora de un experimento imperfecto, estableció una nueva norma para la libertad y el gobierno civil.

A continuación siguen algunos principios clave articulados por los fundadores del experimento estadounidense de libertad y algunas reflexiones sobre cómo se aplican a nuestro estudio de la guerra de Oriente y las guerras culturales en Occidente.

Individualidad

Todo ser humano ha sido creado a imagen de Dios, está dotado de dignidad y honor, es igual ante Dios e igual ante la ley.[27] El profesor de historia de EEUU K. Alan Snyder asegura que «el concepto bíblico de individualidad se puede enunciar sucintamente: Dios ha creado todas las cosas distintas y singulares para un propósito específico. Ha otorgado identidad a cada parte de su creación, ya sean objetos materiales, animales o seres humanos».[28] Dios ha concedido a cada individuo una combinación única de destrezas y habilidades para extender su reino.[29] Cada individuo contribuye de manera distintiva e igualmente importante al propósito divino.

Aunque los EEUU no han modelado estos principios de manera perfecta, han establecido un nuevo estándar. Su idea de individualismo se opone a la uniformidad de países como Japón, China comunista y las naciones islámicas. También contrasta con la de sociedades que fundan el valor del individuo en la casta, la riqueza, el género o la raza. Trágicamente, los EEUU posmodernos, políticamente correctos, están abandonando este principio y adoptando en su lugar la concepción igualitaria de que todos son lo mismo y que las personas son intercambiables.

Derechos inalienables

Ser creado a imagen de Dios implica heredar derechos inalienables. Como establece la Declaración de Independencia: «Sostenemos que estas verdades son evidentes en sí mismas, que todos los hombres son creados iguales, que su Creador les ha dotado de ciertos derechos inalienables». Este decreto, calificado como «una de las frases más famosas en la lengua inglesa»,[30] contiene las «palabras más influyentes e importantes en la historia de los EEUU»,[31] que cimentaron la concepción moral de una nueva nación y cincelaron la «norma de oro» para otras naciones.

Los derechos concedidos por Dios son inalienables, «intransferibles».[32] Fueron incrustados en el universo en los días de la creación. Están garantizados por Dios, no —como argüirían los estadistas— por el gobierno. [33] Están imbuidos en la constitución humana y no pueden ser confiscados por el gobierno.

La Declaración de Independencia identifica tres derechos inalienables: la vida, la libertad y la búsqueda de la felicidad (que examinamos en el capítulo 5). La búsqueda de felicidad no es libertinaje hedonista. Felicidad equivale a *dichoso,* como indica la Traducción Literal de las Bienaventuranzas, de Young (Mt 5:3-7): «Dichosos los pobres en espíritu, porque el reino de los cielos les pertenece. Dichosos los que lloran, porque serán consolados. Dichosos los humildes, porque recibirán la tierra como herencia. Dichosos los que tienen hambre y sed de justicia, porque serán saciados. Dichosos los compasivos, porque serán tratados con compasión». La felicidad no es libertinaje, sino más bien fruto de la disciplina.

Los derechos exigen responsabilidades. A toda libertad corresponde una responsabilidad; la libertad sin responsabilidad moral conduce al libertinaje. Sin responsabilidad, la sociedad degenera en anarquía, que arrastra a la tiranía.

Los derechos humanos contrastan con la esclavitud de las sociedades antiguas (egipcia, griega, romana, maya, inca), así como con ejemplos antiguos y modernos de tribalismo, casta, raza y misoginia. El concepto de derechos humanos proviene de la Biblia, no de Grecia ni de Roma, ni de Mao, Hitler o Stalin. El secularismo engendra la eutanasia, la investigación con células madre embrionarias, el aborto a la carta y la clonación —los cuales niegan los derechos humanos básicos.

Familia

La familia, primera institución establecida por Dios, es el bloque con que se edifican las naciones. El matrimonio es una institución sagrada basada en una relación de pacto de por vida entre un hombre y una mujer y Dios. La fortaleza de la familia determina la fortaleza de la nación: las sociedades libres requieren ciudadanos virtuosos, y las primeras lecciones de virtud y ciudadanía se aprenden y se modelan en el hogar.

Los primeros estadounidenses entendieron que el amor era un marco mental para criar más que una emoción que viene y va. El culto familiar era fundamental para la formación moral y espiritual. El padre dirigía el culto: se cantaban himnos, se oraba y se leían las Escrituras. La mujer virtuosa de Proverbios 31 era emulada. Las mujeres eran fuertes en carácter y convicciones y administraban sus casas como iguales con sus maridos. La educación tenía lugar principalmente en el hogar, donde los futuros ciudadanos aprendían autogobierno para desenvolverse en una sociedad libre. Los padres también ayudaban a sus hijos a descubrir su vocación. Cada niño jugaba un papel en la extensión del reino. Cuando descubrían esa llamada, eran bendecidos para ir en pos de ella.

¡Qué contraste con la moderna redefinición del matrimonio y la familia! En algunos países el estado ha usurpado incluso la responsabilidad de los padres de educar y criar a sus hijos.

Educación

Las naciones libres precisan ciudadanos virtuosos y sabios que puedan realizar el autogobierno. Tales ciudadanos son producto de la educación religiosa, que proporciona formación moral, capital metafísico (la infraestructura de la mente) y virtud.

En su discurso de despedida, el presidente George Washington estableció una relación entre la religión y la moralidad nacional para prevenir al pueblo contra la educación meramente secular: «Concedamos cautelosamente la suposición de que la moralidad se puede mantener sin religión. Todo lo que se pueda conceder a la influencia de una educación refinada sobre mentes de estructura peculiar, *la razón y la experiencia nos impiden esperar que la moralidad nacional prevalezca con exclusión del principio religioso*».[34] Análogamente, Benjamin Rush (1746-1813), educador, médico, y uno de los padres fundadores, escribió: «La única Base para una educación provechosa en una república ha de sustentarse en la religión. Sin ella no puede haber virtud, y sin virtud no puede haber libertad».[35]

La educación moral y religiosa basada en la revelación de Dios forma ciudadanos inteligentes y virtuosos capaces de gobernarse a sí mismos, a sus familias y a su nación. Los ciudadanos que aprenden moral y ética son capaces de *gobernarse a sí mismos* y adquirir conocimiento y destrezas para *gobernar el mundo*; pueden confrontar la pecaminosidad individual e institucional y establecer así sociedades libres.

Contrástese el actual sistema educativo occidental, basado en premisas ateas, que prepara a la gente para el trabajo y el consumo. Somos una sociedad basada en el consumo. El sistema educativo actual prepara a la gente para producir y gastar. Con tal propósito, el conocimiento y las capacidades técnicas se anteponen al conocimiento y la sabiduría. Las escuelas son plataformas para la ingeniería social e instruyen a las personas para aceptar pasivamente el relativismo cultural, la corrección política y la tolerancia. El intelecto moderno concede poca estima a la sabiduría o la virtud. Ciertamente, la medida de la persona es la experiencia y la ignorancia suele tenerse por virtud.

Contrástese también la educación que muchos fundamentalistas reciben en las madrasas. En estas escuelas religiosas los alumnos cursan estudios islámicos principalmente a través de la lectura, la recitación y la memorización del Corán. Las matemáticas y la ciencia, y lo que Occidente llama humanidades, materias que exponen un mundo más amplio ante los alumnos, no forman parte de la educación que se imparte en esos centros.

Comunidad

Los seres humanos, creados a imagen del Dios trino, que existe eternamente en comunidad, han de relacionarse en familias y comunidades. Dios creó a cada persona —única en su género— para un propósito especial, que se cumple en unión con el cuerpo. Un individuo no puede prosperar apartado de la comunidad. No obstante, la comunidad no suplanta al individuo. La persona encuentra satisfacción y la comunidad resulta bendecida.

La comunidad implica unidad en la diversidad, sus miembros colaboran libremente por el beneficio de todos. Hace varios años un tornado azotó el territorio amish en el Medio Oeste de EEUU. Al cabo de un año los amish se habían ayudado unos a otros a reconstruir sus casas y establos, pero sus vecinos —que no formaban parte de la comunidad amish— seguían esperando la ayuda del gobierno. Muchas personas en este mundo moderno han perdido el sentido de la unidad, y lo han sustituido por una mentalidad individualista de sus derechos.

El historiador, pensador político y observador cultural, Alexis de Tocqueville, meditando en la temprana unidad estadounidense, dijo al respecto: «Los estadounidenses de todas las edades y condiciones... forman constantemente asociaciones. No sólo constituyen asociaciones comerciales y manufactureras... sino asociaciones de mil especies: religiosas, morales… En otros lugares, al frente de una nueva empresa, interviene el gobierno de Francia, o un hombre de rango en Inglaterra, pero en EEUU seguro que surgirá una asociación».[36]

Estas asociaciones voluntarias (a veces denominadas instituciones mediadoras) forman un núcleo de relaciones que no son gubernamentales ni personales. La gran variedad de asociaciones voluntarias en EEUU abarca la religión (iglesias y sinagogas); el servicio (Club de Leones, Club Rotario); la juventud (Boy Scouts, Girl Scouts, 4H); y el trabajo (sindicatos, asociaciones profesionales). Históricamente, estas asociaciones cultivaron la virtud y la moral. Funcionando orgánicamente, proporcionaron soluciones voluntarias a problemas comunitarios sin la intervención del estado, que suele ser más burocrática, más cara y menos eficaz.

La comunidad contrasta con el individualismo de la sociedad moderna occidental y también con la conformidad de muchas sociedades tradicionales que desatienden la unicidad del individuo.

Separación de iglesia y estado

El concepto de separación de la iglesia (es decir, la religión organizada) y el estado deriva de la Biblia. Cuando los fariseos interrogan a Jesús acerca del pago de impuestos, Él responde: «Denle al césar lo que es del césar y a Dios lo que es de Dios» (Mt 22:21).

Martín Lutero estableció una relación entre la Escritura y el gobierno humano distinguiendo a Dios Creador de Dios Redentor. Dios como Creador proporciona las *leyes de la naturaleza* que gobiernan la creación, y en ella, los seres humanos y la sociedad. Dios como Redentor proporciona lo que algunos llaman *ley divina* para el rescate de los humanos del efecto del pecado y la rebelión, y de todas las relaciones rotas. La distinción Creador/Redentor, de Lutero, condujo a la idea de los «dos reinos», iglesia y estado, como entidades separadas y esenciales. Cada una recibe su autoridad de Dios, y cumple funciones similares pero distintas. El estado empuña la espada para proteger a sus ciudadanos y proporcionarles paz y tranquilidad. La iglesia esgrime la Palabra de Dios para moldear buenos ciudadanos que sepan gobernarse a sí mismos y a la nación. Desde esta perspectiva, tanto la iglesia como el estado han de funcionar basándose en principios bíblicos. Uno no ha de dominar al otro.

Apoyados en las Escrituras y en los principios de la Reforma, los fundadores de EEUU resistieron a los que querían que el estado dominara a la iglesia o la iglesia dominara al estado. La Primera Enmienda dice en parte: «El Congreso no legislará respecto al establecimiento de una religión o la prohibición del libre ejercicio de la misma». El gobierno tiene prohibido interferir en el libre ejercicio de la religión o imponer una religión nacional (incluido el humanismo secular).

La separación de la iglesia y el estado conduce a la libertad de religión. El ateísmo conduce a una filosofía política y a una política de liberación *de* la religión, a extinguir la creencia religiosa de la vida y el espacio públicos. La libertad *de* religión (derivada irónicamente de la fundación no pluralista del teísmo judeocristiano) significa libertad para ser judío, musulmán, budista, cristiano, hinduista o ateo.

La separación de la iglesia y el estado contrasta abiertamente con la tiranía, tanto la tiranía religiosa (autoridad religiosa en control del estado, como los ayatollahs de Irán o los talibán de Afganistán) como la secular (el estado en control de la religión, como los países comunistas, y cada vez más, las democracias). Este principio también contradice a los cristianos que privatizan su fe y dejan a Dios fuera del mercado de las ideas.

Pecaminosidad humana

Aunque al principio éste pueda parecer un principio extraño, las sociedades libres necesitan reconocer la depravación humana.[37] Este principio contrasta con el concepto humanista de la perfectibilidad de la naturaleza humana que subyace en el socialismo y el comunismo.[38] Las estructuras gubernamentales y las leyes deben reconocer la realidad del pecado en lugar de abrazar la falsa noción de la perfectibilidad humana, ya que el «poder tiende a corromper, y el poder absoluto, a corromper absolutamente»[39]

Reconociendo que la tiranía de una mayoría es poco mejor que la tiranía de uno, los fundadores de EEUU diseñaron una república constitucional, asegurando la protección de los derechos de la minoría. Los ciudadanos estadounidenses eligen representantes que alcen la voz en su nombre en los diferentes órganos de gobierno. Estos representantes son llamados a rendir cuentas mediante elecciones frecuentes que ponen fin a su autoridad o la restablecen. Los fundadores crearon también controles y equilibrios adecuados para compensar los poderes: un poder legislativo que promulga las leyes, un poder ejecutivo que las administra y un poder judicial que las interpreta. Y fue habilitada una prensa libre para desenmascarar la corrupción, la injusticia y la transgresión de la ley.

Cuando una nación no cuenta con tales salvaguardas, los que ejercen el poder —seres humanos corruptibles— suelen convertirse en tiranos, acumulan poder y recursos y despojan los derechos de los ciudadanos.

El estado de derecho

Puesto que todas las personas somos pecadoras, una sociedad sana exige un estado de derecho en el que impere la ley. La Biblia revela un Dios justo que ha insertado leyes en el universo y que no actúa con parcialidad.[40] Para prosperar, las sociedades deben estar fundadas sobre el estado de derecho. Los padres fundadores entendieron esto. El presidente John Adams declaró: «La misma definición de república implica "imperio de la ley, no de los hombres"».[41]

La obra pionera de Samuel Rutherford, *Lex Rex*, publicada en 1644, declara que la ley debe estar por encima de todos, incluso de los monarcas. Desde la Edad Media, los países observaron la costumbre del «derecho divino de los reyes»: puesto que Dios ha concedido el poder de gobernar al rey, éste estaba por encima de la ley, sólo sujeto a Dios. Él podía promulgar cualquier ley, y todos, excepto él, tenían que obedecerla. Uno se puede imaginar las injusticias y la corrupción que ello originaba.[42] La *Lex Rex* de Rutherford subvirtió el concepto de «derecho divino».

Los padres fundadores de EEUU implementaron el respeto a la legalidad. Los presidentes y la legislatura debían acatar toda ley que ellos promulgaran. Los ciudadanos han de respetar las leyes civiles,[43] pero la ley divina universal (exhibida en los Diez Mandamientos) es superior. Si el estado exige violar la ley de Dios, no sólo está permitido resistirle (desobediencia civil), sino que es obligado hacerlo.[44] Los EEUU nacieron gracias a la desobediencia civil.

El pastor Jonathan Mayhew, de Nueva Inglaterra, graduado de Harvard, predicó un sermón en 1750 que influiría en el pensamiento de los fundadores de la nación: «Ningún mandatario civil ha de ser obedecido cuando imponga cosas incongruentes con los mandamientos de Dios: Tal desobediencia es legítima y gloriosa... Todos los mandatos que sean contrarios a la voluntad expresa del Legislador Supremo del cielo y la tierra son nulos y sin efecto: Por tanto, es obligatorio desobedecerlos, no acto de ilegalidad».[45]

Las leyes de la naturaleza y de la naturaleza divina justificaron la desobediencia civil decisiva: la declaración de la independencia de los EEUU. La Declaración de Independencia comienza diciendo: «Cuando en el curso de los acontecimientos humanos se hace necesario que un pueblo disuelva los lazos políticos que lo han vinculado a otro y adopte entre los poderes de la tierra la posición igual y separada a la que *las Leyes de la Naturaleza y de la Naturaleza Divina* le dan derecho, un respeto apropiado por la opinión de la humanidad exige que dicho pueblo declare los motivos que lo impulsan a la separación» (énfasis añadido).

Benjamin Franklin propuso blasonar el sello del nuevo estado con las palabras: «Rebelarse contra los tiranos es obedecer a Dios».[46]

La Declaración de Independencia sigue diciendo: «Que el Pueblo tiene el Derecho de cambiar o abolir cualquier otra forma de gobierno que tienda a destruir estos propósitos, y de instituir un nuevo gobierno, fundado en tales principios, y de organizar sus poderes en tal forma que la realización de su seguridad y felicidad sean más viables».

Desde una prisión de Birmingham, el pastor bautista y campeón de los derechos civiles Martin Luther King (1929-68) escribió uno de los alegatos más claros que justifican la desobediencia civil: «Uno podría legítimamente preguntarse: "¿Cómo se puede defender la violación de algunas leyes y el respeto de otras?" La respuesta estriba en el hecho de que existen dos tipos de leyes: leyes justas e injustas... Uno no sólo tiene la responsabilidad legal, sino también la responsabilidad moral de obedecer leyes justas. A la inversa, uno tiene la responsabilidad moral de *desobedecer* leyes injustas».[47]

En el siglo XXI, los cimientos de la ley y de la libertad están siendo socavados. El profesor de derecho de la Universidad de Harvard, Harold Berman (1918-2007) describe lo que depara el futuro cuando se destruyen los fundamentos:

> La ley es cada vez más fragmentaria, más subjetiva, se adapta cada vez más a la conveniencia y menos a la moralidad, se preocupa cada vez más de las consecuencias inmediatas y menos de la coherencia o la continuidad. De este modo, el terreno histórico de la tradición legal de Occidente se está disolviendo en el siglo XX, y la propia tradición se está viendo amenazada con el colapso... Esto no ocurrió repentinamente, ya que el sistema de creencias predominante en Occidente seguía siendo cristiano. Fue precisamente en el siglo XX cuando los cimientos cristianos de la ley occidental fueron rechazados casi por completo... Así pues, no sólo el pensamiento jurídico, sino también la estructura misma de las instituciones jurídicas occidentales han sido arrancados de su fundamento espiritual.[48]

El estado de derecho contradice la completa arbitrariedad de la corrección política moderna. El estado de derecho desafía el atractivo descarnado del poder que propugnaron la Revolución Francesa, la sangrienta revolución Bolchevique, los fascistas en Italia, y los nacional socialistas en Alemania. ¿Estamos dispuestos a obedecer leyes justas y a desobedecer leyes injustas?

Pacto

Dios ha ordenado tres instituciones fundadas en la noción de pacto: la familia, la iglesia y el gobierno civil. La palabra pacto aparece treinta y tres veces en el Nuevo Testamento y cuatrocientas veces en el Antiguo.[49] Un pacto, establecido entre las partes contrayentes delante de Dios, vincula la relación y sus funciones por la fuerza de la ley. Cada parte acepta cierta actuación. El pacto es tan fuerte que las partes que entablan un acuerdo verbal y estrechan las manos están obligadas de por vida.

Esta idea de pacto fue aplicada al gobierno estadounidense mediante lo que se denomina «el consentimiento de los gobernados». La Declaración de Independencia establece: «Que para asegurar estos derechos [a la vida, la libertad y la búsqueda de la felicidad] se instituyen gobiernos entre los hombres, *los cuales derivan sus poderes del consentimiento de los gobernados*» (énfasis añadido).

La gente se somete voluntariamente a los pactos que ellos mismos han suscrito. El primer pacto en EEUU fue el Pacto del Mayflower, de noviembre de 1620, que fundó la colonia Plymouth. Los firmantes se prometieron de manera «mutua y solemne, en la presencia de Dios, y uno del otro, Pactar y Aunarse en un Cuerpo Político Civil».[50]

El puritano Thomas Hooker (1586-1647), fundador de la Colonia de Connecticut, explicó el consentimiento de los gobernados: «Debe haber necesariamente compromiso mutuo, por ambas partes, de libre consentimiento».[51]

Los fundadores de los EEUU recurrieron a las relaciones de pacto para establecer su estado y sus cartas federales.

Joseph G. Lehman, presidente del Mackinac Center de Políticas Públicas, resume la distinción entre los gobiernos coercitivos y los gobiernos que promueven la libertad: «Los gobiernos que se acercan al polo compulsivo requieren gobiernos expansivos bastante fuertes para forzar al pueblo a hacer lo que de otro modo no haría. Las sociedades que se acercan al polo voluntario gozan de gobiernos más limitados. Por decirlo de otra manera, en algunas sociedades el gobierno constriñe a su pueblo. En otras, el pueblo constriñe a su gobierno».[52]

La Declaración de Independencia y la Constitución no son documentos seculares derivados de una ilustración atea, sino convenios modelados sobre pactos bíblicos entre Dios y su pueblo. Una relación de pacto de consentimiento entre los gobernados contrasta con el estado o la iglesia como soberanos de los asuntos de los hombres y también con la anarquía del hombre de hacer lo que le place según su propia opinión. El concepto de relaciones de pacto es uno de los factores que distinguen a los EEUU de otras muchas naciones.

Ética de trabajo

Antes de la Reforma protestante, todos los países del mundo eran pobres.[53] Una pequeña clase dirigente era rica; todos los demás eran criados bajo contrato o esclavos. El trabajo era considerado una maldición. La Reforma cambió ese estado de cosas. El filósofo, sociólogo y economista político alemán Max Weber (1864-1920), al explorar por qué algunos países eran ricos y otros pobres descubrió que la ética laboral protestante —el trabajo dignifica al hombre— marcaba la diferencia. Weber reconoció que la raíz de la pobreza subyacía en la ausencia de visión moral. La ética laboral proclamada desde los púlpitos de la Reforma desató la revolución económica que sacó a las naciones del pozo de la pobreza.

Los empresarios y financieros Kenneth y William Hopper extendieron las tesis de Weber a un estudio de las prácticas organizativas y gestoras de los puritanos que desataron abundante actividad económica en los EEUU durante generaciones. Cuatro características de los puritanos moldearon esta cultura: «la convicción de que el propósito de la vida… es establecer el Reino de los Cielos en la Tierra; la aptitud para el ejercicio de las destrezas manuales; la perspectiva moral que subordina los intereses del individuo a los del grupo; y la capacidad de ensamblar, galvanizar y ordenar recursos financieros, materiales y humanos para un propósito específico».[54]

Granjeros, tenderos y caldereros fundaron los EEUU. Sus vidas y sus políticas repudiaron la sociedad clasista europea aristócrata/campesina. Su ideal era construir una nación en la que prevaleciera la igualdad social. «Una disposición a ensuciarse las manos distinguió a los directores de sus homólogos europeos; esta distinción reflejó la relativa falta de estratificación social en el Nuevo Mundo; se aceptó que los hombres más destacados y los más humildes están hechos del mismo barro».[55]

Los fundadores de los EEUU entendieron que todo trabajo, no sólo la ocupación eclesiástica, es sagrado. No sólo los líderes religiosos, sino todos los seres humanos tienen una vocación. Esto contrasta con la creencia dominante en el mundo anterior a la Reforma, y con la mentalidad aún prevaleciente en muchos países, de que el trabajo es una plaga: que la gente que trabaja con sus manos es maldita. También contradice la idea que hoy sostienen muchos cristianos de que la obra «espiritual» es superior al trabajo «secular».[56] Todo seguidor de Cristo ha sido llamado a hacer obra cristiana «a tiempo completo» porque todo trabajo es sagrado.

Derecho a la propiedad

La idea del derecho a la propiedad es un concepto bíblico. Como vimos en el capítulo 10, sobre la Comisión Cultural, Dios delegó en mujeres y hombres la mayordomía de su casa y les bendijo (llamó y equipó) para cumplir con esa responsabilidad. Hay dos cláusulas en los Diez Mandamientos relacionadas con el derecho a la propiedad privada: «No robes» y «no codicies».[57] Cristo refirió dos parábolas para recalcar la importancia de la sabia administración de la propiedad.[58]

A menudo, según el paradigma materialista moderno, la propiedad queda reducida a las cosas materiales, pero el concepto bíblico de propiedad es mucho más completo y dinámico.[59] La propiedad es tanto interior como exterior en los seres humanos. La propiedad interna es aquella con la que una persona nace, o con la que es dotada en el nuevo nacimiento: una mente para razonar, un espíritu para apreciar, libertad de conciencia, responsabilidad moral, imaginación para crear, talentos naturales e intereses. La propiedad interna también incluye capital acumulado: conocimiento; destrezas; enculturación; las virtudes del trabajo esforzado, frugalidad y caridad; carácter; y un nombre de familia. Además, tenemos cuerpo, cinco sentidos y la capacidad de trabajar y de procrear.

Disponemos de propiedades externas en la creación (recursos naturales), en el hogar (bienes materiales), en la comunidad (bibliotecas y museos, herramientas y equipos y capital social). Además de los bienes de que disponemos en el espacio, también contamos con el activo —mal reconocido y mal utilizado— del tiempo. A cada uno le son dados los días de su vida para crear historia y riqueza.

La sabia administración de la propiedad interna desarrolla las capacidades necesarias para gestionar la propiedad externa.

Esta mayordomía ha de estar basada en el principio bíblico de *oikonomía*, administración del hogar, con el fin de incrementar a la larga su valor para todos sus miembros. La riqueza generada a través de la mayordomía moral ha de beneficiar a toda la sociedad. Tenemos la responsabilidad moral de dar de comer al hambriento, vestir al desnudo, recibir al extranjero, dar agua fresca al sediento y cuidar de las viudas y los huérfanos.[60] Esto contrasta vivamente con el hedonismo moderno caracterizado por la *crematística*, manipulación de la propiedad y la riqueza para maximizar el intercambio de valores a corto plazo y centrarse en el consumo personal.[61]

Los fundadores de EEUU instituyeron el principio del derecho a la propiedad en las políticas rectoras de la nación. John Adams dijo que «cuando una sociedad admite la idea de que la propiedad no es tan sagrada como las Leyes de Dios, y que no hay fuerza legal ni justicia pública que la proteja, surgen la anarquía y la tiranía. La propiedad debe ser sagrada o la libertad no podrá existir».[62]

Los fundadores promovieron el principio de la propiedad privada. La riqueza personal ha de ser libre y generosamente concedida.[63] La riqueza generada por los individuos no pertenece al estado, y no debe usurparse coercitivamente para ser «redistribuida». El Occidente ateo actual, con su sistema cerrado de recursos limitados, exige la «igualdad» de los individuos como punto de partida, justificando así la confiscación por el estado de la propiedad privada para redistribuir la riqueza. Esta no fue la idea de justicia económica que defendieron los fundadores; ellos se basaron en un sistema abierto, cuya riqueza es creada por agentes libres y moralmente responsables. La justicia económica asegura que las personas *son iguales ante la ley.* Los frutos de su trabajo y su creatividad son propiedad personal que puede ser usada como ellas crean conveniente. Todas las personas son iguales en valor e iguales ante la ley, pero las personas no son iguales. No son idénticas en destrezas, habilidades, capacidad intelectual, riqueza, raza, género, historial, deseos, iniciativa, y así sucesivamente.

Este concepto de justicia procede primeramente de nuestra igualdad a los ojos de Dios y, en consecuencia, de los derechos inalienables concedidos a todas las personas. En segundo lugar, procede del estado de derecho, de la igualdad ante la ley, que protege al más débil, al más vulnerable y desfavorecido en el nacimiento, y le permite alcanzar su pleno potencial. El papel de un estado libre y justo es garantizar la igualdad de derechos para todos, no proporcionar igual cantidad de cosas para todos.

La predecesora de la Carta de Derechos de Jefferson, la Declaración de Derechos de Virginia, redactada por George Mason, declara que «todos los hombres son por naturaleza igualmente libres e independientes. Y tienen ciertos derechos esenciales ... a saber, el disfrute de la vida y la libertad, los medios de adquirir y poseer propiedad, y perseguir y obtener la felicidad y la seguridad».[64]

La propiedad privada y la igualdad ante la ley permiten a los más pobres trabajar, ser creativos y generar riqueza para salir de la pobreza. El derecho de propiedad incluye la libertad para escoger la propia ocupación, el establecimiento de contratos vinculantes y la percepción de remuneración por el trabajo realizado sin confiscación de salarios por empleadores injustos ni impuestos de gobiernos tiránicos.

La fundación deliberada de los EEUU como nación asentada sobre principios bíblicos ha representado, aunque de manera imperfecta, una luz para el mundo. En una tragedia de proporciones épicas, los estadounidenses están abandonando la fe de sus antepasados y erigiendo una nación gobernada por personas, no por leyes. Ello acarreará un aumento de la pobreza, la inquietud social y la tiranía.

Al enseñar a las naciones «todo lo que Cristo nos ha mandado», además de la verdad, debemos mostrarles la bondad. Del orden metafísico pasamos ahora al orden moral.

CAPÍTULO 16

Bondad: El orden moral

Los Diez Mandamientos... no son un conjunto de severas prohibiciones impuestas por una deidad tribal arbitraria. Son más bien normas liberadoras que permiten a las personas convivir unas con otras y relacionarse con Dios, limitar la violencia y el fraude, conocer la justicia y superar el plano de los animales predadores.

—Russell Kirk

Los Diez Mandamientos son un regalo de los judíos al mundo. Proporcionan un marco moral para gobernar nuestra vida y un fundamento para edificar sociedades justas. Por medio de estos mandamientos, Dios trató de transformar una sociedad esclava, subyugada por la tiranía egipcia, para convertirla en una nación libre y modélica para el mundo.

Las leyes fueron inscritas en dos tablas de piedra. La primera tabla versa sobre la piedad, la responsabilidad que tenemos para con Dios; la segunda, sobre la moralidad, el deber que nos obliga para con los congéneres humanos. La primera nos enseña a amar a Dios; la segunda nos manda amar al prójimo. Como vimos con el «mínimo irreducible», Jesús redujo los Diez Mandamientos a dos: amar a Dios y amar al prójimo.

Antes de grabar los mandamientos en piedra, Dios los escribió en el corazón humano.[1] Los Diez Mandamientos, o Decálogo, son la forma negativa de la enunciación positiva ya escrita en la conciencia. Sin embargo, los seres humanos rehúsan escuchar la ley divina del amor, de modo que se hace imprescindible una más rigurosa exposición. De aquí que la ley moral sea un marco de referencia para individuos y naciones.

¿Qué relación tiene Cristo con la ley? En primer lugar, Él vino para cumplir la ley, no para anularla.[2] En segundo lugar, esperó que sus seguidores superaran el listón alzado por los escribas y fariseos.[3] Jesús establece un punto de referencia más alto —la obediencia de corazón, no legalista— en varias esferas, como el asesinato, el adulterio, el divorcio, los juramentos, la retribución y el amor a los enemigos.[4]

Hay una correlación directa entre la justicia moral de las personas y el bienestar de la sociedad.

Como ya hemos dicho varias veces, el discipulado es un proceso que tiene lugar de dentro hacía afuera, comenzando con el individuo, pasando por la familia, los sectores vocacionales de otras *ethnē,* y, finalmente, la sociedad en general. La virtud social es producto de la virtud de sus ciudadanos. Dicho de otra manera, el desarrollo de la moralidad de los ciudadanos precede al desarrollo nacional.

Michael Metzger, presidente e investigador del Instituto Clapham, ha escrito acerca de la pérdida de virtud moral no sólo en Occidente, sino también en la iglesia occidental: «Desde la antigüedad hasta el fin de la Edad Media, el conocimiento requería *hecho,_mito y verdad* combinados. El verdadero conocimiento comienza con *hechos, o experiencias,* como 'factum' o 'hecho consumado'. El conocimiento requiere todo el cuerpo, no sólo el cerebro. *Mito* es *imaginación,* las canciones y relatos que conforman la manera en que los individuos imaginan sus experiencias. La *verdad* es *razón,* las capacidades racionales que dan sentido a la imaginación».

La mentalidad primitiva europea cambió en la época de la Ilustración, cuando el hombre se erigió en el centro del universo. Metzger sigue diciendo: «El conocimiento más profundo se tornó cerebral, sin *hacer* necesariamente nada. En consecuencia, individuos e instituciones podían pretender conocer todo tipo de cosas sin mancharse las manos. El carrete tensamente enrollado del conocimiento —hecho, mito y verdad— se estaba desenrollando».

Esto ha provocado un fuerte impacto en la iglesia occidental moderna: «La iglesia moderna afirma "conocer a Dios" sin experimentarle ni obedecerle. Los creyentes modernos pretenden ser "siervos de Cristo" conociendo simplemente acerca del "servicio", en lugar de servir a otros».[5]

El desarrollo moral precede al desarrollo social, económico y político. Cuanto más autogobierno interior practique la gente (basado en las leyes de Dios), tanto más libre, más próspera y más justa será su sociedad. Y a la inversa, cuanto menos restrinja la gente sus apetitos, tantas más leyes, tribunales y cárceles serán necesarios para mantener el orden.

Como hemos visto anteriormente, Dios nos ha llamado a ir en pos de la virtud y a huir del vicio. El hecho de que estas dos palabras hayan sido casi por completo borradas de la vida y la cultura occidental da testimonio del control que la cultura atea amoral ha impuesto en nuestros países. Un ejemplo de lo distinto que es hoy Occidente de hace tan sólo dos siglos lo podemos constatar en el carácter de George Washington. El hombre que llegó a ser primer presidente de EEUU creía que el carácter moral es tan importante que cuando era jovencito (sólo tenía 14 años) estudió el tema y compiló, para el consumo popular, un librito de virtudes titulado *Reglas de urbanidad y buen comportamiento.* Washington quedó tan impresionado con una serie de pautas originadas en una congregación jesuita francesa del siglo XVI que las recogió y las comentó. Muchas de ellas no sólo siguen siendo pertinentes, sino que su general aplicación ayudaría hoy a transformar cualquier sociedad:

- No duermas cuando otros hablan, no permanezcas sentado cuando otros estén de pie, no hables cuando no debas, no camines cuando otros se detengan.
- No muestres satisfacción ante la desgracia ajena, aunque se trate de tu enemigo.

- Cuando veas que se castiga un delito, podrás sentir agrado internamente; pero muestra siempre compasión al transgresor sufriente.
- Denota buena educación el preferir a los interlocutores con quienes conversas antes que a ti mismo.
- No discutas con tus superiores, y presenta siempre tus opiniones con modestia.
- No procures ser maestro de tus iguales en las artes que profesan, pues pasarás por arrogante.
- Cuando reprendas a otro procura ser intachable, pues el ejemplo es más elocuente que la exhortación.
- No reproches nada a nadie, ni maldigas ni injuries a nadie.
- Sé modesto en tu atuendo, y procura acomodarte a la naturalidad.
- Cuando otro habla estate atento y no molestes al público. Si alguien vacila al hablar, no lo ayudes, ni le des sugerencias que no te han pedido; no le interrumpas ni le respondas hasta que haya terminado de hablar.
- No te comprometas a hacer lo que no puedes, sino cumple escrupulosamente tus promesas.

La virtud descansa en los hábitos morales del individuo y en la «preservación moral» de una nación. Cuando la mayoría de pobladores de un país sigue la virtud, la salud social, política y económica de la nación mejora. Cuando el pueblo sigue sus instintos más bajos, la nación sufre. El mundo occidental se vuelca en la ecología natural y la supervivencia del planeta. Haría bien en considerar la ecología moral, ineludible para la supervivencia de las naciones.

Vida o muerte

Dios ha creado un universo real, objetivo, fundamentado sobre leyes físicas, metafísicas, morales y estéticas. La observación de estas leyes lleva a la vida; el ignorarlas lleva a la muerte. Dios anhela que la gente escoja la vida. Merece la pena prestar atención a las palabras de Moisés:

> Este mandamiento que hoy te ordeno obedecer no es superior a tus fuerzas ni está fuera de tu alcance... ¡No! La palabra está muy cerca de ti; la tienes en la boca y en el corazón, para que la obedezcas. Hoy te doy a elegir entre la vida y la muerte, entre el bien y el mal. Hoy te ordeno que ames al Señor tu Dios, que andes en sus caminos, y que cumplas sus mandamientos, preceptos y leyes. Así vivirás y te multiplicarás, y el Señor tu Dios te bendecirá en la tierra de la que vas a tomar posesión. Pero si tu corazón se rebela y no obedeces, sino que te desvías para adorar y servir a otros dioses, te advierto hoy que serás destruido sin remedio. No vivirás mucho tiempo en el territorio que vas a poseer luego de cruzar el Jordán. Hoy pongo al cielo y a la tierra por testigos contra ti, de que te he dado a elegir entre la vida y la muerte, entre la bendición y la maldición. Elige, pues, la vida, para que vivas tú y tus descendientes. Ama al Señor tu Dios, obedécelo y sé fiel a él, porque de él depende tu vida. (Dt 30:11; 14-20)

Cuando yo era más joven y leía pasajes como estos, me imaginaba que Dios destruiría a la gente desobediente con rayos o les bendeciría si obedecían. Pero esta imagen no capta la realidad de las cosas. En el universo opera una relación natural de causa y efecto. En base a las leyes naturales que Dios ha establecido en la creación, algunos actos conducen a la prosperidad y la bendición mientras que otros conducen a la destrucción y la maldición.

El pastor y avivador Charles Finney (1792-1875) aseguraba que la ley moral es fundamental para establecer la ley civil de una nación: «De donde resulta que ningún gobierno es legítimo o inocente si no reconoce la ley moral como única ley universal, y a Dios como Legislador y Juez Supremo, ante quien las naciones, según su capacidad, así como los individuos, son responsables. La ley moral de Dios es la única ley que rige sobre las personas y las naciones, y ningún gobierno puede ser legítimo sino el establecido y administrado con miras a su apoyo».[7]

Esto suscita la cuestión de por qué algunos países que no son de tradición judeocristiana, como Japón y Singapur, han prosperado.

La respuesta que cabe dar es que los principios y las leyes morales no «pertenecen» a los cristianos y los judíos. Son leyes trascendentes que pertenecen a toda la humanidad. Cuando la gente o las naciones se someten a esas leyes, sean creyentes o no, cosecharán consecuencias positivas.[8] No obstante, los judíos y los cristianos, el pueblo del pacto con Dios, tienen especial entendimiento porque han recibido la revelación de Dios en la creación y en su Palabra.

Bondad

Los ateos han rechazado la fe judeocristiana, como hemos señalado en varios lugares, por razones morales. Quieren libertad para vivir para sí mismos, practicar el sexo sin límites, y borrar de sus conciencias que viven en un universo moral. Pero como el personaje Mitia Karamazov (Dimitri) percibe proféticamente en la aclamada novela de Dostoievski, *Los hermanos Karamazov*, si Dios no existiera, todo estaría permitido.[9] Sin Dios, sin un universo moral, la conducta humana no tiene límites por lo que respecta al asesinato, la esclavitud sexual o la pedofilia.

En el capítulo 6 citamos al presidente Teddy Roosevelt, quien dijo: «Sólo hay una moralidad. Todo lo demás es inmoralidad. Sólo hay una verdadera ética cristiana a la que se opone todo el paganismo».[10] Esta moralidad deriva de la naturaleza de Dios. Dios es *bueno*. «Enseñándoles a obedecer todo lo que les he mandado» incluye enseñar la noción moral de ser buenos (autogobierno cristiano interno) y hacer el *bien* a otros y a la creación. Podemos contrastar esta moralidad con la inmoralidad reinante hoy en Occidente.

Los disturbios en Londres y otras ciudades inglesas, en el verano de 2011, fueron un testamento del clima narcisista de ensimismamiento, gratificación instantánea y desorden que imperan en muchas ciudades occidentales. Tales vicios han desplazado las virtudes que comúnmente se observaban anteriormente: la familia, la comunidad, la frugalidad, el ahorro y el respeto a la ley.

El US National Drug Intelligence Center informó que en 2008, el 14,2 por ciento de niños y adolescentes, a partir de los 12 años, habían consumido ilícitamente droga el año anterior. La marihuana ocupaba el primer lugar en la lista, con 25,8 millones de consumidores, a partir de los 12 años. El consumo recreativo de drogas prescriptivas figuraba en segundo lugar, con 15,2 millones. Unos 5,3 millones de individuos consumieron cocaína, 850.000 metanfetamina, y 453.000 heroína.[11] El monto económico del abuso de drogas en EEUU ascendió a 215.000 millones de dólares;[12] pero pocos han contado el precio en términos de salud, muertes prematuras, familias destruidas y el impacto emocional y económico en la sociedad en general. Además, considérese el coste en vidas humanas de las guerras por tráfico de droga en México: 28.000 personas de 2006 a 2010.[13] El hecho es que no tenemos un problema de drogas; tenemos un problema moral que se manifiesta en esta clase de destrucción.

Un país fundado en la sacralidad de la vida afronta tendencias que sólo pueden ser calificadas de diabólicas. En los albores de la vida, el darwinismo social reclama la muerte del más débil, del no nacido. El hecho de que casi la mitad de embarazos en EEUU sean «no deseados» refleja que abunda una idea ligera del sexo. En vez de la belleza de la intimidad sexual dentro del matrimonio, el sexo, a comienzos del siglo XXI ha quedado reducido a diversión y recreación. Que cuatro de diez concepciones «accidentales» acaben en aborto indica un profundo desprecio por los más vulnerables. Casi uno de cada cuatro bebés concebidos en EEUU es exterminado deliberadamente. Entre 1973 y 2008 se practicaron en EEUU casi 50 millones de abortos legales.[14] Y es terrible que en 2011, el Instituto Guttmacher reportara que el 37 por ciento de las mujeres que conseguían abortar se identificaran como protestantes, y el 28 por ciento como católicas —un total del 65 por ciento, o dos de cada tres mujeres se identificaban como cristianas—.[15] Otra indicación del espantoso impacto que ha provocado el darwinismo social en la iglesia se observa en un trabajo realizado en 1996, que descubrió que «una de cada cinco mujeres que practican el aborto [en los EEUU] son cristianas evangélicas nacidas de nuevo».[16]

Al otro extremo de la vida, el darwinismo social invita a las sociedades a destruir a los débiles, los enfermos y los improductivos. Estados y personal sanitario están comenzando a «experimentar» la eutanasia y el suicidio médicamente asistido. En la década de 1990, Jack Kevorkian ayudó a más de cuarenta personas a cometer suicidio en Michigan. Su primer suicidio público asistido se produjo en 1990. Luego cruzó el estrecho umbral del suicidio asistido y asesinó efectivamente a un paciente. Afortunadamente, el estado de Michigan le juzgó culpable de asesinato en segundo grado y fue encarcelado. El movimiento que Kevorkian popularizó ha conducido a la legalización del suicidio médicamente asistido en Oregón, Washington y Montana. Un país que ya no considera sagrada la vida justifica el asesinato del nonato y el anciano.

Otro declive de la virtud se observa en el trato que se da a la tierra. Hemos sido puestos en el planeta para ser mayordomos de la tierra, para conservarla y hacerla fructificar. Muchos estadounidenses han violado la tierra talando bosques y contaminando lagos, ríos y la atmósfera con residuos industriales. En el nombre de la eficiencia hemos reducido los animales a máquinas productivas en vez de respetarlos como criaturas de Dios. Hemos considerado la agricultura como una industria, no como empresa familiar. En vez de dejar la tierra en mejor condición para la próxima generación, a menudo la desertizamos. El estilo de vida de muchos occidentales refleja un consumo notorio y una cultura del «despilfarro», que arrastra a derrochar agua, energía, tierra y otros recursos preciosos concedidos por Dios. El narcisismo que causó los disturbios en Inglaterra también indujo a arrasar la creación.

¿Qué aspecto ofrece la bondad para nosotros hoy como partícipes en la guerra de Oriente y la guerra en Occidente? Cada uno de los ejemplos precedentes de inmoralidad revela una oportunidad de extender y encarnar bondad en la sociedad. Los cristianos han de tomar partido por la libertad, el orden y la justicia; por la comunidad y la familia; y por la sacralidad de la vida humana de principio a fin. Hemos de crear paz, salud y prosperidad, y cuidar la creación de Dios, así como a las personas.

Una vez examinados los primeros dos componentes de la trinidad cultural —la verdad y la bondad— pasemos ahora al último elemento, la belleza.

CAPÍTULO 17

Belleza: El orden estético

La dimensión estética de la realidad es el canal por el que Dios, infinitamente libre e invisible, se hace visible.

—John R. Sachs

«Dios, en el principio, creó los cielos y la tierra» (Gn 1:1). Las primeras palabras de la Biblia revelan de qué va a tratar el hilo narrativo: creatividad, arte y belleza. Los primeros capítulos del Génesis comienzan con la revelación de que Dios existía antes que el universo y creó todas las cosas de la nada —lo invisible hizo lo visible—, dando forma a lo caótico y proyectando luz en las tinieblas.[1] La creación de Dios es hermosa porque refleja su naturaleza: está impregnada de luz, estructura, orden, armonía y bondad. Dios es el primer *artista*, autor de todas las cosas bellas.

La cosa más bella que usted haya visto es hermosa porque refleja a Dios. La cosa más espantosa que haya visto es horrible porque distorsiona la naturaleza divina. Parte de la tarea de la Gran Comisión, relacionada con la Comisión Cultural, consiste en crear belleza.

La naturaleza de la belleza

La belleza de Dios se distingue por su luz, su gloria, esplendor y resplandor. Él brilla más que el esplendor más glorioso de su creación. El fulgor que reluce en el cielo nocturno, la majestuosidad del Gran Cañón, o la ternura de una madre que amamanta a su hijo, son sólo un pequeño reflejo de lo divino, lo mismo que la luna es un pálido reflejo del sol.

¡Dios es luz![2] No hay tinieblas en Él; es más, las tinieblas huyen de la luz. La iluminación fue antes que el sol y la luna y existirá cuando éstos hayan pasado.[3] ¿Por qué? ¡Porque Dios es glorioso! Su luz resplandece de tal modo que no hay necesidad de ninguna otra fuente de luz. La gloria de Dios es claridad, esplendor,[4] y perfección infinita.[5] Jesús es también luz,[6] el resplandor de la gloria de Dios.[7]

Sion, la ciudad de Dios (lugar donde habita su nombre) está guarnecida de «perfecta hermosura».[8] Se nos exhorta a adorar a Dios en la «hermosura de su santidad».[9] Cuando miramos a Dios contemplamos gloria y hermosura.[10]

Cynthia Pearl Maus (1880-1970) fue una autora y editora que inspiró a muchos. Buena parte de sus escritos versan sobre la belleza y las artes. Ha descrito la naturaleza de la belleza de la siguiente manera:

> Estamos tan acostumbrados a pensar que la belleza es meramente decorativa y ornamental que olvidamos que es una necesidad moral. Dios labró la hermosura en la estructura del universo. La belleza es la forma superior de la justicia. La hermosura y la verdad no están separadas en el mundo de Dios, ni tampoco en el pensamiento humano... Dios, que pone tanto cuidado en abrir un lirio como en formar las colinas eternas, juntó la verdad y la belleza en santa unión; y lo que Dios ha unido no debe intentar desunirlo el hombre, porque la belleza tiene un valor moral para la verdad.[11]

La belleza es una necesidad moral, está fundida con la bondad y la verdad. Por una parte, la fealdad no es sólo fea y espantosa; está fundida con el mal y la mentira.

La belleza lleva esperanza a lugares donde hay pobreza y vida donde hay fealdad. El pastor congregacional W. M. O'Hanlon, comentando la inmensa pobreza y degradación de los suburbios de Belfast, en el siglo XIX, dijo que «la belleza es mensajera de Dios».[12] La belleza ilumina los lugares lúgubres y da esperanza a los desesperanzados. Larry Ward, fundador de Fundación Contra el Hambre Internacional, solía decir que él deseaba que esta organización de socorro plantara semillas de flores en campamentos de refugiados.

El arte de Dios

La Biblia describe cómo el *primer artista* comunica a través de su arte.

> Alcen los ojos y miren a los cielos: ¿Quién ha creado todo esto? El que ordena la multitud de estrellas una por una, y llama a cada una por su nombre. ¡Es tan grande su poder, y tan poderosa su fuerza, que no falta ninguna de ellas! (Is 40:26)

> Los cielos cuentan la gloria de Dios, el firmamento proclama la obra de sus manos. Un día comparte al otro la noticia, una noche a la otra se lo hace saber. (Sal 19:1-2)

> Ellos conocen la verdad acerca de Dios, porque él se la ha hecho evidente. Pues, desde la creación del mundo, todos han visto los cielos y la tierra. Por medio de todo lo que Dios hizo, ellos pueden ver a simple vista las cualidades invisibles de Dios: su poder eterno y su naturaleza divina. Así que no tienen ninguna excusa para no conocer a Dios.
> (Ro 1:19-20, NTV)

El arte divino (la creación) revela su existencia y los elementos de su naturaleza trascendente. Revela el designio, la estructura y el propósito de la humanidad, y la maravilla y la naturaleza de la creación.

Hace muchos años estuve conversando con mi buen amigo Darrell Phippen en el patio de mi casa, en Denver, Colorado. Era primavera y la capa de nieve se iba derritiendo lentamente. Los bulbos empezaban a florecer en colores rojo, amarillo y blanco. Mientras admirábamos su belleza, Darrell, ingeniero de profesión, exclamó admirado: «¡Fíjate en esto! ¡Mira los colores que brotan del terreno marrón! ¿Cómo hace Dios esto? ¿Cómo puede un bulbo grisáceo en un suelo marrón producir colores tan hermosos?».

La Escritura comienza y termina con belleza. Comienza en un jardín y concluye en una ciudad-jardín.[13] Comienza con el matrimonio de la primera pareja, Adán y Eva, y concluye con la boda real de la última, Cristo y su esposa, la iglesia. Con la cosecha de las naciones (véase el próximo capítulo), la gloria de cada nación será entregada a Cristo y a su esposa el día de su celebración nupcial. El esplendor singular de cada nación es un don para Cristo.

Sólo un corazón humilde puede reconocer plenamente y apreciar la belleza. El orgullo se rebela contra el orden creado, sustituye el bien por el mal, lo bello por lo feo. Reconocer la belleza «exige sentarse a los pies de un diente de león (amargón)»[14] o, cabe decir, delante del rostro de Dios.

El teólogo franciscano San Buenaventura captó poéticamente el poder de la revelación de Dios en la creación:

> Quienquiera, pues, que no haya sido iluminado por el esplendor de las cosas creadas es ciego; quienquiera que no haya despertado ante tales clamores está sordo: quienquiera que no descubra el *primer principio* en tan claras señales es un necio. Por tanto, abre los ojos, despierta el oído de tu espíritu, abre tus labios y aplica tu corazón para que en todas las criaturas puedas ver, oír, amar, adorar, glorificar y honrar a tu Dios, no sea que el mundo entero se levante contra ti.[15]

El arte humano

A los seres humanos les ha sido asignada la tarea de crear cultura piadosa. Fueron dotados con manos para cultivar la *tierra,* y mentes y corazones para cultivar el *alma.*[16] La gente puede emplear sus sentidos y su creatividad para componer una canción que nadie jamás ha oído, escribir un poema que nadie ha leído, pintar un cuadro que nadie ha visto, montar una danza jamás ejecutada o componer una pieza dramática jamás representada.

La cuestión fundamental es: ¿Reflejarán tales obras de arte belleza o fealdad? ¿Desprenderán vida o muerte? Cuando el artista hace arte que afirma la vida, el *creador segundo* revela al *primer Creador.* El mundo segundo del artista refleja la maravilla y la realidad del mundo primero.

Muchos autores católicos han aportado intuiciones profundas en torno a la naturaleza de la belleza y el arte. El biógrafo Tomás de Celano escribió de San Francisco: «En cada obra artistica él alababa al *gran artista*; todo lo que hallaba en las cosas creadas las refería a su Hacedor. Se regocijaba en toda obra de manos del Señor y miraba detrás de cada cosa agradable para contemplar la razón y la causa que les daba vida».[17]

J. R. R. Tolkien (1892-1973), autor de *El Hobbit* y de la trilogía El Señor de los anillos, reflexionó en la relación existente entre la primera creación y la segunda creación del artista. Tolkien afirma que fuimos creados para vivir en el marco del orden de la Creación.

> Probablemente todo escritor que crea un mundo secundario, una fantasía, todo sub-creador, desea en alguna medida ser un hacedor real, o trata de inspirarse en la realidad: espera que la cualidad peculiar de su mundo secundario (si no todos los detalles) deriven de la Realidad, o confluyan en ella. Si de veras alcanzara una cualidad cabalmente descrita por la definición del diccionario: «coherencia interna de realidad», sería difícil concebir cómo podría ser esto, si la obra no participara de alguna manera de la realidad.[18]

El arte comienza con lo que Dios ha provisto, con los principios estéticos y los recursos hallados «en el jardín». Lo único que crea un artista secundario es una nueva expresión de lo eterno y lo trascendente. C. S. Lewis (1898-1963), apologista cristiano, medievalista, autor y académico, describe la obra del artista: «Un autor nunca debe pensar de sí mismo que trae a la existencia belleza o sabiduría que antes no existían, sino simple y exclusivamente *intenta encarnar con su propio arte algún reflejo de esa eterna belleza y sabiduría*».[19]

Operando en el círculo de la realidad y la belleza, el artista secundario debe ir en pos de la excelencia en el cultivo de su disciplina artística. El erudito bíblico, comentarista y autor, Frank E. Gaebelein (1899-1983) explica por qué el artista debe buscar la excelencia: «Por quien y por lo que Dios es, por la belleza y la verdad manifestadas en su Hijo, por la perfección de su obra redentora, por todo ello, los evangélicos nunca pueden contentarse con una estética mediocre. Aquí, como en todo lo demás, se nos invita a la búsqueda incesante de la excelencia para glorificar al Dios de toda verdad».[20]

Vida o muerte

La expresión de un artista es un reflejo de su adoración. El arte contribuirá a crear una cultura sana o tóxica; promoverá la vida o la muerte. Cuando se honran las leyes de la creación y se aplican los principios bíblicos, la expresión del artista glorificará a Dios y contribuirá a construir una nación piadosa.

Elizabeth Youmans ha escrito acerca de la influencia de la Biblia en el arte: «En países en los que la Biblia ha influido poderosamente en el lenguaje, la ley y la cultura, las bellas artes reflejan hermosura, verdad y bondad moral. Cuando la Biblia no ha influido, o ha sido sacada como semillero del lenguaje y la cultura, las bellas artes reflejan la corrupción y la degradación de la belleza, la verdad y la bondad moral».[21]

Como la verdad se opone a la mentira, y el bien al mal, así también la belleza se opone a la fealdad. Tal como hay una verdad y una bondad *objetivas,* así también hay una norma tangible de belleza. Los relativistas alegan que «la belleza está en el ojo del contemplador». Pero la belleza absoluta tiene una norma objetiva: la gloria y el esplendor de Dios. La belleza verdadera está empapada de verdad y bondad, tal como Dios es hermoso, verdadero y bueno.

La gente contribuye con su creatividad a una cultura que edifica o destruye. O crea una cultura que sustenta el espíritu humano y purifica a las naciones, o envenena el alma y contamina a la sociedad. El padre Thomas Dubai ha escrito acerca de la influencia que ejerce sobre nosotros la música: «La música hermosa ennoblece y eleva el espíritu, ya que toca el núcleo más profundo de nuestro ser. Encierra un poder persuasivo hacia el bien, mientras que la música vulgar y grosera rebaja, degrada y promueve el mal».[22]

En una escala en la que lo feo y lo hermoso figuran en extremos opuestos, cada persona puede evaluar dónde se encuentra en términos de su contribución cultural. También se puede preguntar: «¿Estoy avanzando hacia la hermosura y la vida o hacia la fealdad y la muerte?». Una cultura que realza la vida comienza adorando al Creador, se basa en la realidad, imparte gozo y esperanza, transforma y guía a la gente hacia una vida edificante. Por otra parte, una cultura que produce muerte comienza adorando al hombre, o la naturaleza, o lo demoníaco, se basa en la ilusión, conduce a la desesperanza y la depresión, deforma y arrastra a la gente al mal y la perjudica.

El orden estético: Elementos de belleza

Como hemos mencionado, el buen arte revela la naturaleza del Creador y de la Creación primera. Cynthia Pearl Maus asegura: «El principio de las bellas artes es la encarnación de lo universal y eterno para hacer visible lo divino».[23]

El apóstol Pablo proporciona lo que John Erickson, creador de la serie infantil (*Hank, el perro vaquero*), define como «Gran Comisión» para el artista: «Por último, hermanos, consideren bien todo lo verdadero, todo lo respetable, todo lo justo, todo lo puro, todo lo amable, todo lo digno de admiración, en fin, todo lo que sea excelente o merezca elogio».[24] Esto es lo que distingue al arte que edifica.

Al menos cuatro ingredientes caracterizan el buen arte: talento artístico, contenido, orden y técnica.

Talento artístico es la capacidad de estimular el alma. Erickson declara: «Los jóvenes escritores deberían criticar los relatos sin forma, caóticos, egoístas y repugnantes. Su misión debería ser lo que los artistas que se precien han hecho siempre: iluminar el mundo, ordenar el caos y proporcionar sostén, esperanza y sentido a los que lo necesitan».[25]

El *contenido* que ocupa la expresión del artista revela la realidad y la gloria de Dios. Una creación que revela algo de la gloria de Dios desprende gozo. La creación artística de Dios revela su gloria. Ésta es manifiesta cuando se descubre la *realidad* a través de la expresión artística. En su tratado sobre la fantasía, Tolkien escribe: «La cualidad peculiar del "gozo" en la fantasía exitosa se puede explicar como una vislumbre repentina de la realidad o verdad subyacente. No es sólo un "consuelo" para suavizar la aflicción de este mundo, sino una satisfacción, y una respuesta a la pregunta "¿es verdad?" Yo respondí en principio a esta cuestión (acertadamente): "Si has construido bien tu mundo imaginario, entonces sí, será verdad en ese mundo". Eso le basta al artista (o a la parte artística del artista)».[26]

El *orden* de la expresión artística apunta a la coherencia y la armonía. El físico Paul Davies define así la relación entre la belleza y el orden: «Una y otra vez, el gusto artístico ha demostrado un principio rector fecundo, y conducido directamente a nuevos descubrimientos, aun cuando a primera vista parezca contradecir los hechos observados. ... La noción de belleza del físico se basa fundamentalmente en la armonía, la simplicidad y la simetría».[27]

Análogamente, Sir Archibald Russell (1904-95), ingeniero aeroespacial británico, asegura que las cosas son hermosas porque concuerdan con las leyes de la naturaleza: Cada forma y cada curva del Concorde [primer reactor de pasajeros supersónico] están dispuestas con arreglo al flujo natural condicionado por las leyes de la naturaleza».[28]

La *técnica* del artista consiste en revelar excelencia. No sólo el contenido del arte, sino también sus excelencias producen gozo en el observador porque señalan la gloria del *artista primero.* Dubay describe el resplandor de la perfección en una pieza de arte: «La Piedad de Miguel Ángel es luz en la piedra. Su resplandor no sólo deleita al observador, sino que exclama simultáneamente que la obra no se produjo por azar a raíz de la erosión causada por elementos inconscientes como el agua y el viento. Su forma, integridad, proporción y resplandor declaran su mensaje y el designio del maestro que la produjo».[29]

Las personas y las naciones pueden vivir en un mundo más hermoso. Pueden producir más belleza y menos vulgaridad, más edificación y menos decadencia, más esplendor y menos lobreguez, más expectación y menos tedio, más armonía y menos desconcierto.

Edith Schaeffer fundó L'Abri Fellowship con su esposo Francis, ya fallecido. Uno de los distintivos de L'Abri era la belleza que se inyectaba en la vida cotidiana. Los Schaeffer entendieron que Dios es hermoso y que su naturaleza debía reflejarse en el hogar. Los ejemplos abundaban en L'Abri. Las comidas se preparaban y se servían con gusto y esmero. Las mesas se adornaban con flores recién cortadas. El brillo suave de la luz creaba un ambiente agradable que invitaba a entablar conversación tranquila y estimulante en veladas distendidas. El huerto producía fruta, verduras y flores. En las casitas se escuchaba música ambiental clásica. Tal belleza costaba poco dinero, pero exigía intención. En *Hidden Art,* Edith describe esta expresión común de belleza.[30]

Desde L'Abri visité una base de misión en Austria que introducía Biblias al otro lado del *Telón de acero.* La disparidad era alarmante. Ni L'Abri ni esta base disponían de mucho dinero, pero a diferencia de la hermosa sencillez de L'Abri, la comida en la base se asemejaba al rancho de baja calidad que sirven algunos ejércitos. La comida se servía en ollas colocadas informalmente en las mesas y se repartía en platos de plástico. El comedor era oscuro y monótono. ¿Qué diferencia había entre estas dos expresiones? Esta base de misión funcionaba con una mentalidad estrictamente militar. Desde luego, estamos inmersos en un conflicto, como hemos visto. Pero la belleza puede estar presente aun en medio del combate.

Los fundamentalistas musulmanes se oponen a la inmoralidad, la vulgaridad y la tosquedad tan extendidas en la expresión artística occidental. Esto resulta evidente en la moda (p. ej., en el ejemplar de bañadores del *Sports Illustrated* y *Victoria Secret,* que exaltan la inmodestia y cosifican a la mujer; y en la moda gótica, caracterizada por la oscuridad, la morbidez y el erotismo); en la música (p. ej., *el gangster rap,* que fomenta el chauvinismo machista, la inmoralidad sexual, las drogas y la violencia); y en el teatro (p. ej., *Los monólogos de la vagina,* que fomenta la promiscuidad, la lujuria y la homosexualidad). Estas expresiones artísticas están empapadas de mentira y tinieblas, no de verdad y luz. Conducen a la esclavitud y a la muerte, no a la libertad y a la vida. Debemos confrontar esas formas falsas de belleza en nuestra sociedad.

Debemos reconocer que todos somos hacedores de cultura, que se nos ha concedido la tarea de crear belleza impregnada de bondad y verdad. Somos artistas en el hogar cuando preparamos y ofrecemos comidas, decoramos y elegimos tejidos, flores y las piezas de arte que exhibimos. En la oficina podemos trascender la mera funcionalidad creando un lugar de trabajo estéticamente agradable, adornado con música apacible, plantas y objetos artísticos. La fábrica puede ser un medio limpio y sano para los trabajadores, e incluir destellos de belleza.

Seamos creadores de belleza. Vivamos el orden estético, junto con los órdenes moral y metafísico, mientras esperamos la consumación del reino de Dios, en el que vamos ahora a detenernos.

CAPÍTULO 18

La consumación del Reino

El tesoro que los hombres hayan acumulado en el cielo resulta ser los tesoros y las riquezas de las naciones, lo mejor que han conocido y amado en la tierra, redimido de todas las imperfecciones y transfigurado por el esplendor de Dios.

—G. B. Caird

Jesucristo no ha escondido lo que desea para su creación: la Gran Comisión es su gran agenda para el mundo. Si abrazan esa agenda —y se ajustan al marco del orden creado por Dios— las naciones florecerán.

La agenda de Dios es *sencilla,* pero su implementación no es *fácil.* Hemos sido llamados a luchar en una guerra, un conflicto cósmico. Estamos inmersos en una batalla de cosmovisiones. Una batalla por el corazón y la mente de las personas, por las almas de las naciones. Los que seguimos a Cristo formamos la vanguardia. Debemos *pensar y actuar.* Debemos alistarnos en la guerra por las almas de las naciones y por el futuro del mundo.

Algunos bandos usan balas y bombas, pero ellos no ganarán esta guerra. Saldrán victoriosas las vidas bien invertidas y sacrificadas por otros. Vencerán la verdad contra la falsedad, la justicia contra la corrupción, la libertad contra la tiranía, la libertad contra el libertinaje, el amor contra el odio, y la belleza contra la vileza. Vencerán los que proclaman con sus palabras y vidas la verdad, la bondad y la belleza del reino venidero en medio de nuestro pobre y quebrantado mundo.

Como hemos mencionado en otras partes de este libro, los cristianos han de vivir con el fin de la historia en mente. Hemos de vivir «con anticipación», en espera de la certeza final de los tiempos. Nuestras vidas deben revelar *en el presente* lo que *todavía no existe* del cumplimiento final del reino de Dios.

«Y les aseguro que estaré con ustedes siempre»

Para finalizar el estudio de la Gran Comisión, vamos a considerar las palabras finales de Jesús: «Les aseguro que estaré con ustedes siempre, hasta el fin del mundo» (Mt 28:20). Algunas versiones traducen «les aseguro» por «he aquí», despojando al texto original de su fuerza. El original griego está en modo imperativo,[1] con todo el vigor de «id y haced discípulos». Cristo nos advierte: «¡Oigan, presten atención, Miren!».

¿Nos preocupan tanto nuestras vidas y circunstancias que no prestamos atención a Cristo y a su reino? ¿No reconocemos la presencia y el propósito de Cristo en nuestra vida porque nuestros pensamientos están en otra parte?

¡Jesús está con nosotros siempre... hasta el fin de los tiempos! Su poder, su autoridad, amor y gracia abundan. ¡He aquí que Él es el rey del cielo y de la tierra y del *tiempo*!

¿Cómo define Jesús su compromiso de estar con nosotros? Siempre, diariamente —literalmente «¡todos los días!»—. Piense en los votos de una boda convencional: «Yo te tomo para que seas mi esposa/o, y me entrego a ti para tenerte y sostenerte *de hoy en adelante,* y prometo serte fiel en las alegrías y en las penas, en lo bueno y en lo malo, en la salud y en la enfermedad, *todos los días de mi vida,* hasta que la muerte nos separe». La promesa es para los días buenos y para los días malos —para todos los días—. Jesús estará con nosotros todos los días.

Comenzamos este estudio examinando la *gran declaración* de Jesús: toda autoridad en el cielo y en la tierra le ha sido dada. Él es rey sobre todos.[2] Cristo es hoy rey del cielo y de la tierra. ¡Él ya ha ganado la batalla! En su victoria tenemos seguridad y esperanza. Su ejemplo nos anima. Nuestra tarea —discipular a las naciones— se lleva a cabo exhibiendo vidas que bautizan y enseñando lo que realmente transforma (es decir, la verdad de Dios). Hemos de seguir adelante izando el estandarte de Cristo para poner fin a las escaramuzas finales, para preparar la aparición gloriosa de nuestro gran Dios y Salvador, Jesucristo.

La extraordinaria conclusión de la Gran Comisión culmina el círculo de nuestro estudio. Mateo comienza su evangelio anunciando que Cristo es Emmanuel, *Dios con nosotros.*[3] Concluye con la proclama de que Él está con nosotros hasta el fin del mundo. ¿Cuál es el fin de los tiempos? La meta hacia la que avanza la historia.

La visión consumada

De principio a fin de la Biblia resulta patente el amor de Dios por las naciones. Dios levantó a Abraham y a su descendencia para *ser de bendición para todas las naciones.*[4] «En efecto, la Escritura, habiendo previsto que Dios justificaría por fe a las naciones, anunció de antemano el evangelio a Abraham: "Por medio de ti serán bendecidas todas las naciones"» (Gá 3:8). En estos últimos días, Dios ha levantado a la iglesia para que enseñe a las naciones.

Hay varios pasajes que describen la gloria del retorno de Cristo y la consumación de su reino. La cortina se abre y contemplamos destellos de la visión gloriosa. El Salmo 47 muestra una de las visiones más impresionantes del fin de los tiempos.

> Aplaudan, pueblos todos; aclamen a Dios con gritos de alegría.
> ¡Cuán imponente es el Señor Altísimo, el gran rey de toda la tierra!

> Sometió a nuestro dominio las naciones; puso a los pueblos bajo nuestros pies...
> Dios es el rey de toda la tierra; por eso, cántenle un salmo solemne.
> Dios reina sobre las naciones; Dios está sentado en su santo trono.
> Los nobles de los pueblos se reúnen con el pueblo del Dios de Abraham.(Vv. 1-3, 7-9)

La revelación de la consumación de la historia y la cultura es aún más detallada en las visiones paralelas de Isaías 60 y Apocalipsis 21. Estas visiones merecen ser examinadas.

Las puertas nunca se cierran

Ambas profecías anuncian que las puertas de la ciudad de Dios nunca se cierran.

> Tus puertas estarán siempre abiertas, ni de día ni de noche se cerrarán; a ti serán traídas las riquezas de las naciones; ante ti desfilarán sus derrotados reyes. (Is 60:11)

> Sus puertas estarán abiertas todo el día, pues allí no habrá noche. (Ap 21:25)

Las puertas se cierran por la noche para que no entren los enemigos. ¡Pero allá no habrá enemigos ni tampoco noche! De modo que las puertas ya no tendrán que cerrarse para impedir su ataque.[5] Las espadas serán convertidas en arados, y abundará la paz.[6]

Dios es la luz de la ciudad

El sol y la luna no serán necesarios en el nuevo cielo y la nueva tierra.

> Ya no será el sol tu luz durante el día, ni con su resplandor te alumbrará la luna, porque el Señor será tu luz eterna; tu Dios será tu gloria. Tu sol no volverá a ponerse, ni menguará tu luna; será el Señor tu luz eterna, y llegarán a su fin tus días de duelo.
> (Is 60:19-20)

> La ciudad no necesita la luz del sol ni de la luna, porque la gloria de Dios la ilumina, y el Cordero es su lámpara. (Ap 21:23).

La gloria de Dios alumbraba[7] antes que Él creara el sol y la luna.[8] Al final de los tiempos, no se necesitará la luz del sol ni de la luna; la gloria de Dios será la única fuente de luz.

Al final de la historia, toda la tierra rebosará de su gloria.[9] Las naciones rebosarán con el conocimiento del Señor «como rebosa el mar con las aguas» (Is 11:9; Hab 2:14), lo cual es imagen del bautismo. La transformación, o bautismo (recuerde la metáfora de los pepinillos en el capítulo 12), de las naciones será completa. La gloria de Dios será la luz de la ciudad.[10]

Las naciones serán atraídas por la luz de la gloria de Dios.[11] El profeta Isaías lo expresa admirablemente:

> La aurora del Señor brillará sobre ti; ¡sobre ti se manifestará su gloria! Las naciones serán guiadas por tu luz, y los reyes, por tu amanecer esplendoroso. (Is 60:2-3)

La luz atrae. Las polillas en la oscuridad son atraídas por la luz; las personas perdidas, por la luz que destella al final del túnel. La luz de la gloria de Dios atraerá a las naciones y los reyes de la tierra a la Ciudad de Dios.

No más sufrimiento ni dolor

El fin de la historia significa que no habrá más lágrimas, muerte o sufrimiento.

> Haré que la paz te gobierne, y que la justicia te rija. Ya no se sabrá de violencia en tu tierra, ni de ruina y destrucción en tus fronteras, sino que llamarás a tus muros "Salvación", y a tus puertas, "Alabanza".
>
> Oí una potente voz que provenía del trono y decía: «¡Aquí, entre los seres humanos, está la morada de Dios! Él acampará en medio de ellos, y ellos serán su pueblo; Dios mismo estará con ellos y será su Dios. Él les enjugará toda lágrima de los ojos. Ya no habrá muerte, ni

> llanto, ni lamento ni dolor, porque las primeras cosas han dejado de existir». (Ap 21:3-4)

Esta es la imagen del nuevo cielo y la nueva tierra, el cumplimiento de Shalom. Las cosas viejas pasarán y todas las cosas serán hechas nuevas.[12] Mel Gibson percibe poderosamente esta verdad en *La pasión de Cristo.* Jesús, golpeado en carne viva por los guardias romanos, tropieza en el camino hacia el Gólgota, cargado con la cruz. Cuando cae bajo el peso del madero, su mirada se cruza con la de su madre y exclama: «Madre, he aquí que hago nuevas todas las cosas». La licencia artística de Gibson sitúa Apocalipsis 21:5 en boca de Jesús, en el Calvario, y transmite una profunda verdad: la cruz de Cristo invirtió las consecuencias de la caída e hizo todas las cosas nuevas.

Las naciones se congregan para adorar

En la *teleios* —consumación de la historia— las naciones se congregarán para adorar a Cristo:

> ¡Levántate y resplandece, que tu luz ha llegado! ¡La gloria del Señor brilla sobre ti! Mira, las tinieblas cubren la tierra, y una densa oscuridad se cierne sobre los pueblos. Pero la aurora del Señor brillará sobre ti; ¡sobre ti se manifestará su gloria! Las naciones serán guiadas por tu luz, y los reyes, por tu amanecer esplendoroso. (Is 60:1-3)

El Salmo 86:9 y otros pasajes vislumbran una adoración entusiasta: «Todas las naciones que has creado vendrán, Señor, y ante ti se postrarán y glorificarán tu nombre».

Las Escrituras aluden al registro de las naciones (o pueblos). Una de las referencias más claras es el Salmo 87:3-7:

> De ti, ciudad de Dios, se dicen cosas gloriosas: «Entre los que me reconocen puedo contar a Rahab y a Babilonia, a Filistea y a Tiro, lo mismo que a Cus. Se dice: "Éste nació en Sion"».
>
> De Sion se dirá, en efecto: «Éste y aquél nacieron en ella. El Altísimo mismo la ha establecido.» El Señor anotará en el registro de los

> pueblos: «Éste nació en Sion». Y mientras cantan y bailan, dicen: «En ti se hallan todos mis orígenes.»

Este pasaje incluye varios elementos notables acerca del registro o empadronamiento de los pueblos. Nótese primeramente que Dios es el gran censor. En segundo lugar, el criterio para ser incluido es reconocer, o poseer un conocimiento íntimo de Dios.[13] Entre las naciones que cumplen los requisitos se hallan gentes y pueblos gentiles: Rahab, Babilonia, Filistea, Tiro y Cus. Las naciones gentiles son normalmente consideradas enemigas de Dios, pero acudirán al Señor en tropel al fin de los tiempos.[14] Dios pacta con Abraham bendecir a «todas las naciones». No pacta con los judíos para los judíos, sino con los judíos para las naciones. Él desea hacer un pueblo de muchos.[15]

En tercer lugar, tres veces se reconoce a los que figuran en el registro que han nacido en la «Ciudad de Sion». Esto es notable: ¡Se reconoce a los gentiles haber nacido en la Ciudad de Dios! La palabra hebrea traducida como «nacido» significa «dar a luz, ser descendiente, conocer ascendencia».[16] Un equivalente moderno podría ser un registro de hospital que inscribe los nombres de todos los que nacen en una ciudad o provincia. Esta lista celestial acredita que los gentiles han nacido (metafóricamente) en Sion, la Ciudad de Dios. Los individuos justos de las naciones, cuyos nombres estén inscritos en el registro de las naciones, entrarán en la Ciudad de Dios.[17]

Finalmente, las naciones se congregarán en gozosa celebración.[18] Cantarán a la fuente de su gozo, que fluye de Dios y de su trono.[19] Esto se describe hermosamente en el último capítulo de la Biblia, otro texto que cierra el círculo. Génesis 2 habla del árbol de la vida en el huerto. En Apocalipsis aparece el árbol que crece en la ribera del río de la vida, en la Nueva Jerusalén, para sanidad de las naciones:

> Luego el ángel me mostró un río de agua de vida, claro como el cristal, que salía del trono de Dios y del Cordero, y corría por el centro de la calle principal de la ciudad. A cada lado del río estaba el árbol de la

vida, que produce doce cosechas al año, una por mes; y las hojas del árbol son para la salud de las naciones. (Ap 22:1-2)

El don de las naciones

En la gran congregación de las naciones para adorar a Cristo y celebrar sus nupcias magnificentes,[20] los reyes de la tierra le presentarán la gloria de las naciones como regalo de bodas.

> Verás esto y te pondrás radiante de alegría; vibrará tu corazón y se henchirá de gozo; porque te traerán los tesoros del mar, y te llegarán las riquezas de las naciones. Te llenarás con caravanas de camellos, con dromedarios de Madián y de Efa Vendrán todos los de Sabá, cargando oro e incienso y proclamando las alabanzas del Señor. En ti se reunirán todos los rebaños de Cedar, te servirán los carneros de Nebayot; subirán como ofrendas agradables sobre mi altar,y yo embelleceré mi templo glorioso. (Is 60:5-7)

> Las naciones caminarán a la luz de la ciudad, y los reyes de la tierra le entregarán sus espléndidas riquezas... Y llevarán a ella todas las riquezas y el honor de las naciones. (Ap 21:24, 26)

Las culturas a través de la historia han celebrado y presentado dones. Temprano en la narrativa bíblica asistimos a la presentación de dones del patriarca de una tribu al de otra.[21] Cuando Dios llama al pueblo hebreo a edificarle un tabernáculo, el pueblo lleva dones para su construcción y mobiliario.[22]

Otras dos ilustraciones notables son los dones de la reina de Sabá a Salomón y el regalo de los Reyes Magos al niño Jesús. El libro de 1 Reyes recoge el viaje de la gran reina de Sabá (actual Yemen) y el reconocimiento de Salomón como rey sobre los demás reyes humanos.[23] Ella llegó a Jerusalén con una gran caravana de camellos cargados de especias, grandes cantidades de oro y piedras preciosas. Llevó dones que representaban la gloria de su nación.

Análogamente, los magos llegaron de Oriente para rendir homenaje al soberano real, el niño Jesús. Mateo relata la visita de estos embajadores gentiles al Rey de los judíos.[24] El evangelio, anunciado de antemano a Abraham, fue buenas nuevas no sólo para los judíos, sino para todas las naciones de la tierra. Los magos trajeron lo mejor que sus naciones podían ofrecer como tributo al heredero del rey David: oro, incienso y mirra.[25] Estos embajadores, al presentar dones en la natividad de Cristo prefiguran a los reyes de la tierra que llevarán la gloria de sus naciones al Rey de reyes en sus nupcias.

David cantó la gloria de la congregación de las naciones para rendir tributo a Dios:

> Por causa de tu templo en Jerusalén los reyes te ofrecerán presentes... Egipto enviará embajadores, y Cus se someterá a Dios. Cántenle a Dios, oh reinos de la tierra, cántenle salmos al Señor. (Sal 68:29, 31-32)

El libro de Apocalipsis anuncia que los reyes llevarán su esplendor, la gloria y el honor de sus naciones, a la Ciudad de Dios. La palabra griega *doxa* significa «esplendor» (Ap 21:24) y «gloria» (21:26). Se emplea a menudo para hacer referencia al esplendor de Dios. Esta palabra refleja el carácter y la reputación piadosos de una persona. La palabra griega *timē* significa preciosidad, valor, la estima de algo, el precio pagado. Aquí significa específicamente «el honor festivo que han de poseer las naciones, que será llevado a la Santa Ciudad, la Jerusalén celestial».[26]

Los dones son entregados para honrar al rey. Aun los reyes derrotados llevarán dones y doblarán su rodilla delante del soberano Rey de reyes, Jesucristo. Los dones de justicia llegarán incluso de los injustos: «Cuando tú, Dios y Señor, ascendiste a las alturas, te llevaste contigo a los cautivos; tomaste tributo de los hombres, aun de los *rebeldes*, para establecer tu morada» (Sal 68:18).[27] La palabra hebrea traducida por «rebelde» significa obstinado, desafiante, terco, testarudo, es decir, que desafía abiertamente a la autoridad.[28] Incluso los desafiadores se arrodillarán y darán lo mejor para rendir tributo a Cristo.

La gloria de las naciones

El Señor de todo declara: «Yo soy el Alfa y la Omega, el Primero y el Último, el Principio y el Fin» (Ap 22:13). Lo que comenzó en la creación culminará al final de los tiempos. Se habrá completado el círculo. Junto a las últimas bodas, las nupcias del Cordero,[29] recordamos el primer enlace, de Adán y Eva, en el jardín. La Nueva Jerusalén, la ciudad celestial, nos recuerda que la nueva creación sustituye a la original. La Comisión Cultural de cultivar y desarrollar la tierra dada en Génesis es consumada con la Ciudad de Dios y la cosecha de las naciones. A los primeros vice-regentes (Adán y Eva y sus descendientes) se les encomendó la tarea de crear artefactos, que será llevada por los últimos vice-regentes, para adornar la Nueva Jerusalén.

¿Qué «artefactos» llevará la progenie de Adán y Eva? Los frutos de su creatividad cultural, ¡la riqueza de las naciones![31] Dios no deseó que los pueblos y las naciones fueran pobres. Estableció un conjunto de leyes en la creación. Cuando la gente sabia descubre sus leyes y las obedece, la riqueza crece, la riqueza de los individuos y de las naciones. La gloria singular de cada nación es establecida.

El profesor de filosofía cristiana y presidente del Seminario de Teología Fuller, Richard J. Mouw, afirma: «Jesús murió para salvar a los pecadores, pero es también el Cordero que sirve de lámpara en la Ciudad Transformada. Como Cordero de Dios Él atraerá todos los bienes, artefactos e instrumentos culturales hacia sí».[32] La singular riqueza de cada nación será presentada para adornar la Ciudad de Dios. No sólo veremos gentes de toda tribu y nación, sino, además, los dones gloriosos de cada nación.

Anthony Hoekema (1913-1988), profesor de teología sistemática de origen holandés, comprendió la esencia del adorno de la Ciudad de Dios con los elementos divinos de la creatividad cultural:

> Uno puede aseverar, conforme a estas palabras, que entre los habitantes de la tierra habrá personas que alcanzaron gran prominencia y ejercieron gran poder en ella —reyes, líderes y por el estilo—.

> También cabe decir que siempre que la gente hizo algo sobre la tierra que glorificó a Dios será recordado en la vida venidera (véase Apocalipsis 14:13). Pero cabe decir mucho más. ¿Sería demasiado afirmar que, según estos versículos, la contribución singular de cada nación a la vida en esta tierra enriquecerá la vida de la nueva? ¿Heredaremos, quizás, entonces, los mejores productos de la cultura y el arte que esta tierra ha producido?[33]

C. S. Lewis entendió este sentido de asombro y maravilla en su libro infantil *La última batalla*. Peter, Edmund y Lucy son llevados al país de Aslan (cielo). (Susan no les acompaña porque ella deja de creer en Narnia.) Cuando Aslan —figura de Cristo— les llama para que «asciendan y se acerquen más», ellos perciben que «ya han estado allí». Prosiguiendo su viaje, descubren que están en Inglaterra, pero en toda su gloria. Toda la escoria ha sido quemada; sólo pervive la belleza singular de Inglaterra. En esta imagen Lewis capta cómo la bondad de cada cultura será redimida y purificada a la luz de la gloria de Dios.

¿Cuáles podrían ser esos dones de las naciones? He aquí algunas posibilidades:

- *Recursos naturales* (animales, plantas, minerales) que las personas han desarrollado y administrado.[34] Tal vez saboreemos café de Etiopía, Kenia, Yemen o Colombia. Quizás disfrutemos de bellos tulipanes de Holanda y rosas de Texas. Entre esos dones podrían figurar los mejores vinos de Francia, Sudáfrica, Chile o California.
- *Artefactos culturales* (productos manufacturados a partir de recursos naturales) como arte, música, poesía, danza y cocina. Tal vez los tejidos multicolores y estampados de los pueblos indígenas de Guatemala y Ghana, la pintoresca música armoniosa africana, o las sinfonías de J. S. Bach estén entre esos dones.
- La aplicación de *ideales bíblicos* como la libertad, la pacificación, la justicia y la hermosura. Puede que Nueva Zelanda

y Dinamarca icen la bandera de la justicia, Noruega la de la pacificación, EEUU la de la libertad, y Japón la de la hermosura.

- *Descubrimientos en ciencia y tecnología* tales como las curas herbales y medicinales que han contribuido a la sanidad de las naciones. Quizá la maravilla de la aviación sea presentada ante el Rey.

Note la relación simbiótica. La gloria de cada nación, brillando a la luz de la gloria de Dios, es gloria reflejada, como la luna refleja la gloria del sol. Pablo asegura: «Así, todos nosotros, que con el rostro descubierto *reflejamos* como en un espejo *la gloria del Señor*, somos transformados a su semejanza con más y más gloria por la acción del Señor, que es el Espíritu» (2 Co 3:18). La gloria de las naciones da gloria a Dios.

Una buena amiga mía, Gila Garaway, judía mesiánica, tiene una casa con vistas al hermoso lago de Tiberiades (mar de Galilea). Ella me habló del privilegio de haber podido mostrar su querido Israel a un grupo de pastores de Burundi. Un día se encontraban en las afueras de Belén contemplando un bosque plantado en una ladera rocosa. Los pastores se maravillaron de lo que vieron. Contaron a Gila que en Burundi el bosque ocupaba suelo fértil y oscuro. Nunca habían visto un bosque en un desierto. Y pidieron a Gila que les explicara cómo podía ser aquello. Ella les dijo que Dios había dado a cada pueblo una tierra. A los judíos les había dado un desierto. Cuando Él regrese al fin de los tiempos —recalcó—, preguntará a cada nación: «¿Qué hicisteis con la tierra que les fue dada?»

G. B. Caird (1917-84), profesor de exégesis de la Universidad de Oxford nos recuerda: «Nada del antiguo orden que tenga valor a los ojos de Dios será excluido en el nuevo. El cielo de Juan no es un Nirvana que niegue el mundo, adonde escapan los hombres de los males incurables de una existencia sublunar, sino el sello de afirmación de la bondad de la creación de Dios».[35]

Dios ha puesto a los seres humanos en este mundo como vicegerentes y co-creadores. Al encargarnos la Comisión Cultural, Él nos equipó con todo lo que necesitábamos para desarrollar el abundante potencial que esconde la tierra. Al darnos la Gran Comisión, Él llamó y capacitó a sus seguidores para llevar las buenas nuevas —en palabras y en actos— a un mundo quebrantado y fracturado. Desde la creación, Él ha observado lo que sus criaturas, portadoras de su imagen, hacen con estos recursos. Todavía hoy Él sigue observando.[36]

En el final de siglo, cuando la gloria y el honor de las naciones sean presentados a Cristo y su esposa, la Santa Ciudad,[37] ¿qué papel jugará usted en esa celebración cósmica? ¿Cuál es la riqueza de su nación? ¿Está ella preparada para el glorioso retorno del Rey?

«Manto de alegría en vez de espíritu angustiado»

Nuestro viaje comenzó con el panorama sombrío de este mundo. Los movimientos determinantes que han inaugurado el siglo XXI son la guerra de Oriente (la yihad), y la guerra en Occidente (las guerras culturales). Estas guerras están relacionadas con el desenredo moral y espiritual de Occidente y las concepciones fundamentales de tres narrativas profundamente distintas: el islam radical, el fundamentalismo secular y el teísmo judeo-cristiano. Sólo una de estas concepciones produce libertad; las otras dos acaban en anarquía y tiranía. Sólo una de estas concepciones sobrevivirá este conflicto.

El viaje por el contexto moderno de nuestra misión podría conducir a cualquier persona juiciosa a la desesperanza.[38] ¡Pero tenemos esperanza! Nuestra esperanza se halla en *Christus Victor*. Él ha vencido al temor a la muerte y a la muerte misma para «librar a todos los que por temor a la muerte estaban sometidos a esclavitud durante toda la vida» (He 2:15). Hemos sido liberados, no *del* sufrimiento, sino *para* el sufrimiento.[39] Hemos sido redimidos no para abrazar una vida fácil, sino una existencia que se rebela contra el estatus quo.

¡Basta ya de una vida pasiva que se limita a esperar el retorno de Cristo! ¡Basta ya de buscar la paz y la prosperidad personal!

¡Basta de un evangelio anémico que puede acarrear esperanza para la eternidad, pero no para el presente, que atrapa vidas humanas, comunidades y naciones en la ignorancia, la pobreza, la injusticia y la desesperanza!

¡No! El reino está a la ofensiva. Cristo es Rey del cielo *y de la tierra*. Él ha desplegado el estandarte del reino de Dios, la bandera de la libertad. Y exclama: «Síganme». Él nos guía. Muestra a los que le siguen la visión urgente del reino de Dios. Nos apremia, nos manda seguirle, en medio del combate, a lugares áridos y difíciles. En tales espacios hemos de exhibir vidas que bauticen y enseñen lo que realmente transforma. Nuestras vidas, aunque de manera limitada, han de prendar la imaginación de las personas atrapadas en la desesperanza y emancipar a las gentes encerradas en prisiones de desesperación. Y Él promete que estará con nosotros siempre y que las puertas del infierno no prevalecerán contra nosotros.[40]

El profeta Isaías escribió acerca de la apremiante visión que coronará la historia:

> El Espíritu del Señor omnipotente está sobre mí, por cuanto me ha ungido para anunciar buenas nuevas a los pobres. Me ha enviado a sanar los corazones heridos, a proclamar liberación a los cautivos y libertad a los prisioneros, a pregonar el año del favor del Señor y el día de la venganza de nuestro Dios, a consolar a todos los que están de duelo, y a confortar a los dolientes de Sion. Me ha enviado a darles una corona en vez de cenizas, aceite de alegría en vez de luto, traje de fiesta en vez de espíritu de desaliento. Serán llamados robles de justicia, plantío del Señor, para mostrar su gloria. Reconstruirán las ruinas antiguas, y restaurarán los escombros de antaño; repararán las ciudades en ruinas, y los escombros de muchas generaciones.
>
> Porque así como la tierra hace que broten los retoños, y el huerto hace que germinen las semillas, así el Señor omnipotente hará que broten la justicia y la alabanza ante todas las naciones. (Is 61:1-4, 11)

Estas palabras las encarnó Cristo y las han de vivir los que profesan su nombre. ¿Acierta a ver usted la bandera de la libertad desplegada? Su Rey le llama y le dice: «¡Sígueme!».

APÉNDICE: LA FORMACIÓN DE CÉLULAS DE AMOR

En el capítulo 13 comentamos el poder del amor abnegado para luchar contra la tiranía. La iglesia, sugerimos allí, debería fundar «células de amor». De manera similar a las células terroristas —pero de intención opuesta—, las células de amor son grupos pequeños que aman a sus enemigos e imbuyen valores del reino en sus miembros.

He aquí algunas pautas para los cristianos que desean formar células de amor:

- Comience en pequeño (recuerde la semilla de mostaza)
- Sea orgánico (estrella de mar, no arañas)
- Sea vírico (como la fuerza expansiva de la llama que arde en un matorral, no en un fuego de campamento)
- Ore, procure entender donde Dios ya está actuando y colabore con Él
- Trabaje sosegadamente, sin buscar el poder ni la gloria
- Guíe con demostración más que con proclamación
- Colabore activamente con otros creyentes e iglesias
- Sea innovador y creativo, no se encasille en una caja.
- Dé cosas y dese a sí mismo (tiempo, energía, reputación)
- Sea buen vecino (ame y sirva)

Para crear una ofensiva cultural del reino, recuerde que bautizar a las naciones significa conmoverlas con la verdad, la bondad y la belleza.

- Rete las mentiras y las ilusiones declarando la verdad
- Desafíe lo feo y lo vulgar creando belleza
- Confronte la corrupción, la injusticia y el mal con la bondad, la justicia y la integridad.

Una forma de comenzar es crear un foco exterior para su grupo pequeño, estudio bíblico o comité de iglesia.

Algunos recursos excelentes para iniciar células de amor se pueden hallar en la sección de materiales de la página web de Harvest Fundation (http://harvestfoundation.org/593954.ihtml). Considere los materiales «Discipline of Love» (Disciplina de amor) y «Seed Projects» (Proyectos de siembra). También, anímese con lo que otros están haciendo visitando la sección de historias y testimonios de las páginas web de The Harvest Foundation (http://harvestfoundation.org/619156.ihtml) y The Disciple Nations Alliance (http://www.disciplenations.org/stories).

NOTAS

Introducción: Choque de civilizaciones

1. Samuel P. Huntington, *Choque de civilizaciones,* Paidos, España 2005,
2. Es preciso distinguir *entre anarquía moral,* o ausencia de restricciones morales, y *anarquía política,* o ausencia de gobierno. Muchos secularistas occidentales son anarquistas morales, pero no políticos.
3. Como veremos más adelante, la anarquía moral conduce finalmente a la tiranía: cuando todos los valores son relativos y no hay verdad objetiva, los que copan el poder impondrán sus valores a los demás. El comunismo y el fascismo fueron ideologías ateas que condujeron a la tiranía.
4. Lc 4:18–19.
5. Los lectores más interesados en la intemporalidad de la Gran Comisión, y menos preocupados por el estado de cosas actual, pueden comenzar su lectura en la Parte 2.
6. Russell Kirk, *The American Cause* (Wilmington, Del.: Intercollegiate Studies Institute, 2002), x.
7. Ronald Reagan, «Alocución Inaugural, 5 de enero, 1967,» *Text of Speeches and Statements by Ronald Reagan, 33rd Governor of California,* Ronald Reagan Presidential Library, http://www.reagan.utexas.edu/archives/speeches/govspeech/01051967a.htm.
8. Kirk, *The American Cause,* 4; énfasis añadido.
9. Paul Berman, «The Philosopher of Islamic Terror,» *New York Times Magazine,* March 23, 2003.
10. Consúltese mi libro *Vida, trabajo y vocación: Una teología bíblica del quehacer cotidiano* (Tyler, TX: Editorial JUCUM, 2011).
11. Mt 28:18–20; Mr 16:15; Hch 1:8.
12. Véase el capítulo 10.
13. Col 2:15.

14. Yo prefiero usar la palabra *holística* a la más común *holista*, tomada del entorno de la Nueva Era, en el sentido de unidad sin diversidad. El *holismo* transmite la idea de la totalidad de la Palabra de Dios, a la persona total, en todo el mundo.
15. El Salmo 119:68 declara: «Bueno eres tú [Señor], y bienhechor; enséñame tus estatutos» (RV-60).

1. La guerra de Oriente: ¿Es esto una guerra?

Epígrafe: Akbar S. Ahmed, *Islam Today: A Short Introduction to the Muslim World* (New York: I.B. Tauris, 1999), 1.

1. «Bin Laden's Fatwa,» PBS NewsHour, August 1996, http://www.pbs.org/newshour/terrorism/international/fatwa_1996.html.
2. Dr. Matthew Robinson, «9/11: Threats about Airplanes as Weapons Prior to 9/11, » Justice Blind?, http://www.justiceblind.com/airplanes.html.
3. World Islamic Front, «Jihad against Jews and Crusaders,» Federation of American Scientists, February 23, 1998, http://www.fas.org/irp/world/para/docs/980223-fatwa.htm.
4. Bernard Lewis, «Europe and Islam,» Irving Kristol Lecture, March 7, 2007, 1.
5. Thomas Friedman, *Longitudes and Attitudes: The World in the Age of Terrorism* (New York: Anchor Books, 2002), 323.
6. Newt Gingrich, «A Third World War,» *Human Events*, July 17, 2006, http://www.humanevents.com/article.php?id=16065.
7. Ro 11:17; Ef 2:11–13.
8. Conviene destacar que Dios vio a Agar en su aflicción. En Génesis 16:8, Él la llama por su nombre. ¿Qué clase de Dios es éste? ¿El Dios y Creador infinito reconoce a una mujer, a una sierva? ¿Habla con ella y la llama por su nombre? Esto era inimaginable por aquel tiempo. E incluso hoy, en muchos lugares del mundo, las mujeres y los siervos son considerados ciudadanos de segunda clase. No obstante, el Dios viviente llama por su nombre a una persona a quien el mundo no reconoce. Agar reconoció lo que acababa de suceder exclamando: «Tú eres el Dios que me ve» (Gn 16:13, RV-60). Esta hermosa historia reafirma la dignidad de la mujer, incluidas las hijas árabes de Agar y todas las mujeres musulmanas.
9. E. A. Hammel, «Kinship-based Politics and the Optimal Size of Kin Groups,» PNAS, June 30, 2005, http://www.pnas.org/content/102/33/11951.full. La historiadora Mary Habeck relata que los musulmanes creen que «Dios decretó una ley de enemistad entre los seres humanos en el principio de los tiempos de manera que "el incrédulo por naturaleza aborrece el islam y a los musulmanes"» (Mary Habeck, *Knowing the Enemy: Jihadist Ideology and the War on Terror* [New Haven: Yale University Press, 2006], 84). Análogamente, el finado profesor de ciencia política de la Universidad de Harvard,

Samuel Huntington, describe la realidad actual del «asno salvaje»: «Dondequiera que se mire a lo largo del perímetro del islam, los musulmanes tienen problemas para convivir pacíficamente con sus vecinos... Los musulmanes suman aproximadamente un quinto de la población mundial, pero en la década de los noventa han fomentado más la violencia intergrupal que cualquier otro pueblo en otras civilizaciones. La evidencia es aplastante». (Samuel Huntington, *El choque de Civilizaciones y la Reconfiguracion del Orden Mundial* [España, Paidos, 2005], 256).
10. «Translation of the Inscriptions at the Dome of the Rock (Jerusalem),» Columbia University, http://www.learn.columbia.edu/courses/islamic/pdf/Inscrip_Dome.pdf.
11. La batalla de Viena se dirimió en dos días, y acabó el 12 de septiembre, 1683.
12. Hasan al-Banna, citado por R. Scott Appleby en «History in the Fundamentalist Imagination,» in Joanne Meyerowitz, ed., *History and September 11th: Critical Perspectives on the Past* (Philadelphia: Temple University Press, 2003), 166.
13. Hashemi Rafsanjani, citado por Mike Scruggs en «Deep Roots of Crisis in the Middle East,» *The Tribune Papers*, http://www.ashevilletribune.com/asheville/terrorism/Middle%20East%20Crisis%201%20RTF.htm.
14. Robert Fulford, «A War between Civilizations, » *The National Post*, October 9, 2001, http://www.robertfulford.com/Civilizations.html.
15. Habeck, *Knowing the Enemy*, 7.
16. «Napolitano Warns against Anti-Muslim Backlash,» *Fox News*, November 8, 2009, http://www.foxnews.com/politics/2009/11/08/napolitano-warns-anti-muslim-backlash/.
17. Kim R. Holmes, «Who Links Terrorism to Islam? Not America,» *The Washington Times*, February 19, 2010, http://www.washingtontimes.com/news/2010/feb/19/who-links-terrorism-to-islam-not-america/.
18. Robert Spencer, «Does America Have a "Muslim Problem"?» *FrontPageMagazine.com*, September 9, 2005, http://archive.frontpagemag.com/readArticle.aspx?ARTID=7325.
19. George Santayana, *The Life of Reason*, vol. 1, 1905.
20. Daniel Boorstin, «Losing Our Sense of History,» *Newsweek*, July 6, 1970, citado en el Doug's Blog, http://www.visionforum.com/news/blogs/doug/2009/03/4967/.

2. La lucha por el alma del islam

Epígrafe: M. Zuhdi Jasser, *The Third Jihad*, dirigida por Wayne Kopping y Erik Werth (Public Scope Films, 2008), DVD.
1. «Major Religions of the World Ranked by Number of Adherents,» Adherents.com, August 9, 2007, http://www.adherents.com/Religions_By_Adherents.html.

2.• Pew Forum on Religion and Public Life, *Mapping the Global Muslim Population: A Report on the Size and Distribution of the World's Muslim Population*, October 2009, 4, http://www.pewforum.org/newassets/images/reports/Muslimpopulation/Muslimpopulation.pdf.
3. Ibid., 5.
4. Ibid., 6.
5. Christopher M. Blanchard, *Islam: Sunnis and Shiites*, Congressional Research Service, January 28, 2009, 4, http://fas.org/irp/crs/RS21745.pdf.
6. Los chiíes reconocen al Ayatollah Ruhollah Khomeini como primera autoridad religiosa legítima después de la desaparición del duodécimo imam. Después de la muerte de Khomeini, acaecida en 1989, Seyed Ali Hoseyni Khãmene'i fue nombrado su sucesor. Aunque los chiíes creen que la intervención *divina* desencadenará el conflicto que precipite el retorno del Mahdi, su teología da cabida a la posibilidad de que la chispa que desencadene el conflicto se deba a la actuación *humana*. Tal acción podría ser un ataque nuclear de Irán contra el estado de Israel. Esto explica la encendida retórica del presidente iraní Mahmoud Ahmadinejad.
7. M. Zuhdi Jasser, «It's Time to Root Out Political Islam,» *The Arizona Republic*, January 9, 2010, www.azcentral.com/arizonarepublic/opinions/articles/2010/01/08/20100108jasser09.html.
8. Scott Helfstein et al., «Deadly Vanguards: A Study of al-Qai'da's Violence Against Muslims,» Combating Terrorism Center at West Point, December 2009, 2, http://www.ctc.usma.edu/posts/deadly-vanguards-a-study-of-al-qaidas-violence-against-muslims.
9. Hirsi Ali, Ayaan *Mi Vida, Mi libertad.* Galaxia Gutemberg, España (2007)
10. Una minoría musulmana es radical. Se calcula que oscila entre el 1 y el 10 por ciento. Lo que significa que entre 1,3 y 13 millones son islamistas.
11. Joel C. Rosenberg, *Dentro la Revolución* (Carol Stream, Ill: Tyndale, 2009), 36.
12. El capítulo «From Mecca to Medina», del libro de Mary Habeck *Knowing the Enemy: Jihadist Ideology and the War on Terror,* me ayudó a entender la raíz histórica de las diferencias entre los musulmanes de mentalidad reformada y los yihadistas.
13. M. A. Muqtedar Khan, «Two Theories of Jihad,» Ijtihad, www.ijtihad.org/ijtihad.htm.
14. Ibid.
15 Brigitte Gabriel, *Because They Hate: A Survivor of Islamic Terror Warns America* (New York: St. Martin's Press, 2006), 152, cita a Ibn Warraq, *What the Koran Really Says.*
16. Will Durant, *La edad de la fe,* Editorial Suramericana, Buenos Aires, *1956*
17. Dean Derhak, «Muslim Spain and European Culture,» www.load-islam.com/artical_det.php?artical_id=492&section=indepth&subsection=Islamic%20history.

18. Kenneth Latourette, *A History of Christianity, Volume I: Beginnings to 1500* (New York: Harper, 1953), 497.
19. JB, mensaje por e-mail al autor, 22 de junio, 2010.
20. *Arab Human Development Report 2002* (New York: United Nations Development Programme, 2002), 8, http://hdr.undp.org/en/reports/regionalreports/arabstates/RBAS_ahdr2002_EN.pdf.
21. Debe tenerse en cuenta que esta estimación de la pobreza en el mundo musulmán es conforme al nivel occidental; los yihadistas nunca aceptarían tal evaluación.
22. Fouad Ajami, *The Foreigner's Gift: The Americans, the Arabs and the Iraqis in Iraq* (New York: Free Press, 2006), 60–61.
23. *Arab Human Development Report 2002*, 5.
24. *The Report in Numbers: Selected Data from the Arab Human Development Report 2009* (New York: United Nations Development Programme, 2009), 10, http://www.arab-hdr.org/publications/contents/2009/ahdrnumbers-e.pdf.
25. Ibid., 12.
26. Freedom House, *Freedom in the World 2012*, http://www.freedomhouse.org/report/freedom-world/freedom-world-2012.
27. *Arab Human Development Report 2002*, 2; énfasis añadido.
28. *The Report in Numbers*, 24.
29. Ibid.
30. Ibid., 25.
31. Ajami, *The Foreigner's Gift*, 61.
32. *Arab Human Development Report 2002*, 3.
33. Daniel del Castillo, «The Arab World's Scientific Desert,» *The Chronicle of Higher Education*, March 5, 2004, citado por Richard Rupp en «Higher Education in the Middle East: Opportunities and Challenges for U.S. Universities and Middle East Partners,» *Global Media Journal* 8, no. 14 (Spring 2009), http://lass.calumet.purdue.edu/cca/gmj/sp09/gmj-sp09-rupp.htm.
34. *Arab Human Development Report 2003* (New York: United Nations Development Programme, 2003), http://www.arab-hdr.org/publications/other/ahdr/ahdr2003e.pdf.
35. Correspondencia electrónica personal, 22 de junio, 2010.
36. Citizens Against Sharia, *Sharía Utopia Is a Myth Part 1: Muslim Countries Among Most Corrupt*, http://citizensagainstsharia.wordpress.com/2008/03/14/sharía-utopia-is-a-myth-part-1-muslim-countries-among-most-corrupt/.
37. Athar Osama, «Muslim Science Must Join the 21st Century,» SciDev.net, November 3, 2006, http://www.scidev.net/en/opinions/muslim-science-must-join-the-21st-century.html.

3. La tiranía de la yihad

Epígrafe: El ministro de defensa sirio Hafez al-Assad, 1966, citado por Daniel Pipes en *Syria Beyond the Peace Process,* Policy Paper Number 40 (Washington, DC: The Washington Institute for Near East Policy, 1996), 89.

1. Mary Habeck, *Knowing the Enemy: Jihadist Ideology and the War on Terror* (New Haven: Yale University Press, 2006), 65.
2. Ibid., 153.
3. Ibid., 125.
4. Stuart Robinson, *Mosques and Miracles: Revealing Islam and God's Grace* (Upper Mount Gravatt, Aus.: City Harvest Publications, 2004), 310; énfasis añadido.
5. El novelista británico Salman Rushdie fue declarado apóstata después de publicar su cuarta novela, *Versos Satánicos,* en 1988.
6. Anwar Sadat, tercer presidente de Egipto, firmó un tratado de paz con Israel; luego fue declarado apóstata y asesinado.
7. Lawrence Wright, *The Looming Tower: Al-Qaeda and the Road to 9/11* (New York: Knopf, 2006), 142.
8. Imam Khomeini, *Excerpts from Speeches and Messages of Imam Khomeini on the Unity of Moslems* (Tehran: Ministry of Islamic Guidance, 1979), 2, 4, citado por George Grant, *The Blood of the Moon: The Roots of the Middle East Crisis* (Brentwood, Tenn.: Wolgemuth & Hyatt, 1991), 72.
9. Osama bin Laden, «Declaration of War against the Americans Occupying the Land of the Two Holy Places,» August 1996, http://www.pbs.org/newshour/terrorism/international/fatwa_1996.html.
10. «Golda Meir on Peace,» Jewish Virtual Library, http://www.jewishvirtuallibrary.org/jsource/Quote/MeironPeace.html.
11. Ibid.
12. «Controversial Imams,» *Telegraph,* July 20, 2005, http://www.telegraph.co.uk/news/1400034/Controversial-imams.html.
13. Walid Phares, *The War of Ideas: Jihad against Democracy* (New York: Palgrave Macmillan, 2007), 40.
14. *Obsession: Radical Islam's War against the West,* dirigida por Wayne Kopping, 2006, www.obsessionthemovie.com.
15. Robinson, *Mosques and Miracles,* 212.
16. Friedman, *Longitudes and Attitudes,* 342–43.
17. Alex Alexiev, *Wahhabism: State-Sponsored Extremism Worldwide,* US Senate Subcommittee on Terrorism, Technology and Homeland Security, Thursday, June 26, 2003, http://kyl.senate.gov/legis_center/subdocs/sc062603_alexiev.pdf.
18. Oren Dorell, «"Honor Killings" in USA Raise Concerns,» *USA Today,* November 30, 2009, http://www.usatoday.com/news/nation/2009-11-29-honor-killings-in-the-US_N.htm.

19. David Bukay, «efensive or Offensive *Jihad*: Classical Islamic Exegetes vs. the New Islamists' Propaganda,» 4, http://www.acpr.org.il/ENGLISH-NATIV/11-issue/bukay-11.doc.
20. Kirk Semple, «Iraq Bombers Blow Up 2 Children Used as Decoys,» *The New York Times,* March 21, 2007, http://www.nytimes.com/2007/03/21/world/middleeast/21iraq.html.
21. Walid Phares, «The Caliph-Strophic Debate,»*History News Network,* October 22, 2006, http://hnn.us/articles/31036.html.
22. Ibid.
23. Alocución del presidente George W. Bush en el Centro Islámico de Washington, DC, 17 de septiembre, 2001, http://www.americanrhetoric.com/speeches/gwbush911islamispeace.htm.
24. *Dictionary of Biblical Languages with Semantic Domains: Hebrew.* s.v. «shalom.»
25. *Dictionary of Biblical Languages with Semantic Domains: Greek,* s.v. «eirēnē.»
26. *American Dictionary of the English Language,* s.v. «peace.»
27. Syed Kamran Mirza, *An Exegesis of Islamic Peace,* http://www.faithfreedom.org/Articles/SKM/islamic_peace.htm.
28. Abidullah Ghazi and Tasneema K. Ghazi, *Teachings of Our Prophet: A Selection of Ahadith for Children* (Skokie, Ill: IQRA International Education), 3.
29. Uwe Siemon-Netto, «Scholar Warns West of Muslim Goals,» *United Press International,* June 18, 2002, http://www.hvk.org/articles/0602/180.html.
30. Ibid.
31. Tahera Rahman, «Boom in UK Converts to Islam,» *Al Jazeera,* January 5, 2011, http://www.aljazeera.com/news/europe/2011/01/201115141940879721.html. El reportaje, titulado «A Minority within a Minority: A Report on Converts to Islam in the United Kingdom,» («Minoría dentro de una minoría: Un informe sobre conversos al islam en el Reino Unido»), fue escrito por Kevin Brice, de la Universidad de Swansea en Gales.
32. «NBC News: 20,000 Americans Convert to Islam Each Year,» http://www.youtube.com/watch?v=Rfx4glTU5JQ.
33. Amil Imani, «Islam-Bashers Repent, » *American Thinker,* November 19, 2009, http://www.americanthinker.com/2009/11/islam_bashers_repent.html.
34. *La tercera Jihad,* dirigida por Wayne Kopping , Link disponible en: http://www.youtube.com/watch?v=Qxhp8vHtp0s
35. Nissan Ratzlav-Katz, «American Jihadist Cell Planned Attacks in Israel, Jordan, Kosovo,» *Israel National News,* July 28, 2009, http://www.israelnationalnews.com/News/News.aspx/132611#.TpTCeHH1uHl.
36. «Rehabbing the D.C. Snipers,» *Investors Business Daily,* October 17, 2007, available at http://sweetness-light.com/archive/ibd-cnn-drops-jihad-from-dc-sniper-story.
37. Adam Liptak, «Virginia Justices Set Death Sentence in Washington Sniper Case,» *The New York Times,* April 23, 2005, http://www.nytimes.com/2005/04/23/national/23sniper.html?_r=1.

38. Al-Awlaki fue después obligado a huir a Yemen, donde, hasta su muerte, acaecida en septiembre de 2011, siguió reclutando e instruyendo activistas de al-Qaeda, como el nigeriano Umar Farouk Abdulmutallab, quien intentó derribar el vuelo 253 de la Northwest Airlines sobre Detroit, Michigan, el día de Navidad de 2009.
39. La presentación de diapositivas se encuentra en: http://www.washingtonpost.com/wp-dyn/content/gallery/2009/11/10/GA2009111000920.html.
40. Gary Bauer, «Waiting for the American Jihad, » *Human Events,* March 13, 2009, http://www.humanevents.com/article.php?id=31057.
41. «Prison Radicalization: Are Terrorist Cells Forming in U.S. Cell Blocks?» Committee on Homeland Security and Governmental Affairs (September 19, 2006), 18.
42. Frank Cilluffo et al., «Out of the Shadows: Getting Ahead of Prisoner Radicalization,» Critical Incident Analysis Group and Homeland Security Policy Institute, 2006, i.

4. La guerra en Occidente: Las guerras culturales

Epígrafe: Janeane Garofalo, citada por Marcus Rubyman en «Janeane Garofalo: Flag-Burning Chokes Me with Pride!» *Hollywood Investigator,* July 30, 2002, http://www.hollywoodinvestigator.com/2002/garofalo.htm.

1. Por supuesto, EEUU no es el único país con valores judeocristianos que ha hecho aportaciones al mundo, pero como escribo, por necesidad, desde la perspectiva de un estadounidense, buena parte del material que sigue está relacionado con la historia y la cultura de los EEUU.
2. «John Adams: The Foundation of Government,» *Encyclopædia Britannica,* http://www.britannica.com/presidents/article-9116853.
3. Aleksandr Solzhenitsyn, «Our Own Democracy,» *National Review,* September 23, 1991, 44.
4. Bruce Frohnen, «T. S. Eliot on the Necessity of Christian Culture, Family Research Council Witherspoon Lectures, January 5, 2001, http://www.freerepublic.com/focus/fr/548010/posts.
5. Russell Kirk, «Civilization without Religion?» The Heritage Foundation, August 21, 1992, http://www.heritage.org/research/lecture/civilization-without-religion.
6. Patrick J. Buchanan, «The Aggressors in the Culture Wars,» The American Cause, March 8, 2004, http://www.theamericancause.org/patculturewars.htm.
7. Daniel Lapin, *America's Real War* (New York: Multnomah Books, 1999), 45.
8. François Heisbourg, citado por E. J. Dionne Jr., «God and Foreign Policy: The Religious Divide between the U.S. and Europe,» event transcript, July

10, 2003, http://pewforum.org/Politics-and-Elections/God-and-Foreign-Policy-The-Religious-Divide-Between-the-US-and-Europe.aspx.
9. «Lincoln's "House Divided" Speech,» PBS Online, http://www.pbs.org/wgbh/aia/part4/4h2934t.html.
10. Francis A. Schaeffer, *A Christian Manifesto* (Wheaton, Ill: Crossway Books, 1981), 18.
11. Para leer más acerca de este cambio, consúltese mi libro *Discipulando naciones, el poder de transformar culturas,* sexta edición2010 (Tyler, Editorial JUCUM 2001).
12. Milan Kundera, *El libro de la risa y el olvido,* Editorial Six Barral, Barcelona 1988.
13. James Kurth, «The American Way of Victory,» *National Interest,* Summer 2000, 5, citado por Pat Buchanan en *The Death of the West: How Dying Populations and Immigrant Invasions Imperil Our Country and Civilization* (New York: Thomas Dunne Books, 2002), 243.
14. William Lind, «Turn Off, Tune Out, Drop Out: A Cultural Conservative's Strategy for the 21st Century,» *Against the Grain,* Free Congress Foundation, Washington, DC, 1998, citado por Buchanan en *The Death of the West,* 84.
15. Jim Nelson Black, *When Nations Die* (Wheaton, Ill.: Tyndale House, 1994), xix, citado por Buchanan en *The Death of the West,* 187.

5. La libertad del teísmo bíblico

Epígrafe: Will Durant, citado en «Teachers: The Essence of the Centuries,» *Time,* August 13, 1965.
1. David Aikman, *Jesus in Beijing: How Christianity Is Transforming China and Changing the Global Balance of Power* (Washington, DC: Regnery, 2006), 5; énfasis añadido.
2. Se puede acceder al texto completo de la Declaración de Independencia en http://www.archives.gov/exhibits/charters/declaration_transcript.html.
3. Francis Schaeffer, *How Should We Then Live?* (Old Tappan, N.J.: F. H. Revell, 1976), chapter 11, «Our Society.»
4. Veremos en capítulos posteriores que Dios ha creado un universo que obedece leyes físicas, morales, estéticas y metafísicas. El potencial que Dios nos ha asignado se desarrolla al máximo —somos más felices— cuando optamos por vivir dentro del marco de sus leyes. Somos más desgraciados cuando violamos las ordenanzas de la creación. Así pues, la «búsqueda de felicidad» debe definirse teniendo en cuenta la concepción bíblica de los fundadores y no la mentalidad amoral secular moderna. Para más sobre este punto consúltense mis tres reflexiones sabáticas sobre la búsqueda de felicidad en the Darrow Miller and Friends Blog, http://disciplenations.wordpress.com/2009/06/12/sabbatical-reflections-3a-the-pursuit-of-happiness/.

5. William Blackstone, *Blackstone's Commentaries with Note of Reference to The Constitution and Laws of the Federal Government of the United States and of the Commonwealth of Virginia,* http://www.constitution.org/tb/tb-1102.htm.
6. James Reichley, *Religion in American Public Life* (Washington, DC: Brookings Institution, 1985), 348.
7. Sal 19:1–4; 111:2; Pr 25:2; Ro 1:20.
8. Thomas Jefferson, Query XVIII of his notes on the State of Virginia, citado en William Federer, *America's God and Country* (St. Louis: Amerisearch, 2000), 323. En 1802, Jefferson aseguró a sus amigos, en la Asociación Bautista de Danbury, que EEUU no instituiría la religión como habían hecho los británicos (el monarca de Inglaterra era cabeza de la Iglesia Anglicana y del estado). En su carta hizo referencia a un «muro de separación» entre la iglesia y el estado: ninguna iglesia estatal ha de dominar, sino que todos los ciudadanos tienen libertad de conciencia para practicar o no la religión (Thomas Jefferson, «Letter to the Danbury Baptist Association, 1802,» http://oll.libertyfund.org/index.php?Itemid=264&id=1067&option=com_content&task=view).

   Los secularistas modernos han tergiversado las palabras de Jefferson en el sentido de prohibir la fe en la vida pública. Jefferson, como hemos visto, reconoció que los principios cristianos garantizaban la libertad de conciencia y de religión. Los humanistas seculares desmontan la historia de Jefferson y los EEUU para purgar los principios bíblicos de la vida pública y llenar ésta de ideas ateas. Se oponen a la libertad *de* religión y fomentan la libertad *para* alejarse de la religión.
9. Noah Webster, *History of the United States, to which Is Prefixed a Brief Historical Account of Our [English] Ancestors* (New Haven: Durrie & Peck, 1832), 310.
10. Jürgen Habermas, *Time of Transitions* (Malden, Mass.: Polity Press, 2006), 150–51; énfasis añadido.
11. Kenneth Woodward and David Gates, «How the Bible Made America,» *Newsweek,* December 27, 1982, 44.
12. Donald Lutz, citado por D. James Kennedy en «Hardly a "Godless Constitution,"» *The Christian Index,* 2005, http://www.christianindex.org/1470.article.
13. *The Impact of Christianity,* Faith Facts, http://www.faithfacts.org/christ-and-the-culture/the-impact-of-christianity#government.
14. D. James Kennedy and Jerry Newcombe, *¿Y qué si Jesús no hubiera nacido?,* Caribe Betania Editores 1981, (descatalogado, se puede conseguir usados)
15. Loraine Boettner, «Calvinism in America,» *Studies in Reformed Theology* 8, no. 16, http://www.reformed-theology.org/html/issue06/calvin.htm.
16. George Bancroft, «A Word on Calvin the Reformer,» in *Literary and Historical Miscellanies* (New York: Harper and Brothers, 1855), 406.

17. Noah Webster, *History of the United States* (New Haven: Durrie & Peck, 1832), 339.
18. John Adams, *The Works of John Adams, Second President of the United States*, vol. 2 (Boston: Little, Brown, and Company, 1865), 6–7.
19. «The Faith and Wisdom of George Washington,» The George Washington Society and Foundation, http://www.georgewashingtonsociety.org/Mission.html.
20. Robert Winthrop, *On Religious Support to the State*, conferencia pronunciada en la reunión anual de la Sociedad Bíblica de Massachusetts, Boston, Mass., May 28, 1849, http://www.fortifyingthefamily.com/religion_state.html.
21. *The American Heritage Dictionary of the English Language*, 4th ed., s.v. «pluralism.»
22. Ibid.
23. D. James Kennedy, «The New Tolerance,» *The Christian Post*, May 17, 2007, http://www.christianpost.com/news/the-new-tolerance-27459/.
24. Richard Dawkins, *The Selfish Gene*, 30th anniversary ed. (New York: Oxford University Press, 2006), 2.
25. Jue 21:25.
26. Allegra Stratton, «David Cameron on Riots: Broken Society Is Top of My Political Agenda,» *The Guardian*, August 15, 2011, http://www.guardian.co.uk/uk/2011/aug/15/david-cameron-riots-broken-society.
27. Francis Schaeffer, *How Should We Then Live?* (Old Tappan, N.J.: F. H. Revell, 1976), chapter 11, «Our Society. »
28. A. James Reichley, *Religion in American Public Life* (Washington, DC: Brookings Institution Press, 1985), 347.
29. Freedom House, *Freedom in the World 2012*, http://www.freedomhouse.org/report/freedom-world/freedom-world-2012.

6. La tiranía del fundamentalismo ateo

Epígrafe: Fedor Dostoievski, *The Brothers Karamazov*, (Los hermanos Kamarazov) .

1. Umberto Eco, *El Péndulo de Foucault* (Debolsillo, España ,2011).
2. Raymond Bragg, «Humanist Manifesto I,» American Humanist Association, http://www.americanhumanist.org/Who_We_Are/About_Humanism/Humanist_Manifesto_I.
3. Ibid.
4. Paul Kurtz and Edwin H. Wilson, «Humanist Manifesto II,» *The Humanist*, September/October 1973, http://www.secularhumanism.org/index.php?section=fi&page=kurtzmanifesto_28_6.
5. Daniel O. Conkle, «Secular Fundamentalism, Religious Fundamentalism, and the Search for Truth in Contemporary America» in *Law and Religion:*

A Critical Anthology, ed. Stephen M. Feldman (New York: New York University Press, 2000), 330.
6. Richard S. Lindzen, «There Is No "Consensus" on Global Warming,» *Wall Street Journal*, June 26, 2006, http://online.wsj.com/article/SB115127582141890238.html.
7. John J. Dunphy, «A Religion for a New Age,» *The Humanist* 43, no. 1 (January–February 1983), 26.
8. Gary Wolf, «The Church of the Non-Believers, » *Wired* 14, no. 11 (November 2006), 2, http://www.wired.com/wired/archive/14.11/atheism.html?pg=2&topic=atheism&topic_set=.
9. Donald Kagan, «El nihilismo rechaza toda base objetiva en la sociedad, la moralidad y el concepto mismo de objetividad, e incluso la posibilidad de establecer comunicación», *Academic Questions* 8, no. 2 (Spring 1995), 56, citado por Brannon Howse en *One Nation under Man: The Worldview War between Christians and the Secular Left* (Nashville: B&H Publishing Group, 2005), 22.
10. El profesor de historia moderna de Europa, Richard Weikart, relaciona el darwinismo y la Alemania nazi: «Entre los historiadores alemanes hay escaso debate acerca de si Hitler era o no un darwinista social. Él ciertamente se apoyó en ideas darwinistas. Éstas influyeron en gran manera en todo lo que hizo. No fueron sólo una parte periférica de su ideología. ... [Hitler bebió] en lo que muchos eruditos, biólogos y genetistas alemanes... enseñaban» (Alexander J. Sheffrin, «"Expelled" Correct on Darwin, Hitler Link, Says Christian Group,» *The Christian Post*, May 1, 2008, http://www.christianpost.com/article/20080501/-expelled-correct-on-darwin-hitler-link-says-christian-group/).
11. Taketoshi Nojiri, «Values as a Precondition of Democracy,» *Democracy: Some Acute Questions*, 92, citado por Michael Novak en *The Universal Hunger for Liberty: Why the Clash of Civilizations Is Not Inevitable* (Cambridge, Mass.: Basic Books, 2006), 164.
12. Alan Keyes, speech, Republican presidential candidates dinner, New Hampshire, February 19, 1995, Center for Reformed Theology and Apologetics, http://www.reformed.org/social/index.html?mainframe=http://www.reformed.org/social/keyes_on_abortion.html.
13. David Johnson, *Theodore Roosevelt: American Monarch* (Philadelphia: American History Source, 1981), 91.
14. Aldous Huxley, *Ends and Means: An Enquiry into the Nature of Ideals and into the Methods Employed for Their Realization* (London: Chatto & Windus, 1941), 272, 275.
15. David Kupelian, *The Marketing of Evil: How Radicals, Elitists, and Pseudo-Experts Sell Us Corruption Disguised as Freedom* (Washington, DC: WND Books, 2005).

16. Laura Schlessinger, «As Predicted, Bestiality Goes Mainstream,» *Jewish World Review,* March 24, 2000, http://www.jewishworldreview.com/dr/laura032400.asp.
17. Ap 6:16 hace alusión a tales personas: «Todos gritaban a las montañas y a las peñas: "¡Caigan sobre nosotros y escóndannos de la mirada del que está sentado en el trono y de la ira del Cordero!"».
18. Edward Gibbon, *The Decline and Fall of the Roman Empire* (1788; repr. New York: Quill Pen Classics, 2008).
19 Jack L. Arnold, «Church History: The Fall of Rome, Early Church History, part 16,» *Third Millennium Ministries Magazine Online* 1, no. 30 (September 20, 1999), http://reformedperspectives.org/newfiles/jac_arnold/CH.Arnold.CH.16.html.
20. Malcolm Muggeridge, «The Great Liberal Death Wish,» *Imprimis* 8, no. 5 (May 1979), http://www.orthodoxytoday.org/articles/MuggeridgeLiberal.php.
21. Ibid.
22. Neal Postman, *Amusing Ourselves to Death: Public Discourse in the Age of Show Business* (New York: Penguin Books, 1986), 155–56.

7. La conexión entre las guerras gemelas

Epígrafe: Will Durant, *Caesar and Christ, vol. 3, Una breve historia de la civilización, desde la antiguedad hasta los albores de la edad moderna,* (Editorial Sudamericana, Argentina, 2003).

1. David Levinsky, «Practice for Worst-Case Scenario—Hostage-Crisis Drill Plays Out in Burlington Township,» *Burlington County Times,* March 23, 2007, 1B.
2. Véase, por ejemplo, Bernd Debusmann, «Islam, Terror and Political Correctness,» *Reuters,* February 19, 2010, http://blogs.reuters.com/great-debate/2010/02/19/islam-terror-and-political-correctness/.
3. Ayaan Hirsi Ali, *Mi Vida, Mi libertad.* Galaxia Gutemberg, España (2007)
4. Robert B. Reich, «The Last Word: Bush's God, » *The American Prospect,* June 17, 2004; énfasis añadido.
5. Los indicios apuntan a un multiculturalismo mal orientado. Quizás estemos también asistiendo a la influencia de la industria del aborto: la importancia de un asesinato depende de la identidad de la víctima. Algunas víctimas de asesinato no importan. Note el racismo implícito de los que profesan ser tolerantes.
6. Dr. Rowan Williams, interview, «Sharia Law in UK Is "Unavoidable"», *BBC News,* February 7, 2008, http://news.bbc.co.uk/2/hi/uk_news/7232661.stm.
7. Mathias Döpfner, «Europa—dein Name ist Feigheit,» *Die Welt,* November 20, 2004. English translation from Snopes.com, updated July 29, 2006, http://www.snopes.com/politics/soapbox/dapfner.asp.

8. Mark Steyn, *America Alone: The End of the World as We Know It* (Washington, DC: Regnery, 2006), 56.
9. Dado el índice de natalidad de reposición (2,33), aun en el interior del país, la mayor parte de las familias no se toman en serio el mandato bíblico de «sed fructíferos y multiplicaos».
10. Malcolm Muggeridge, citado por Ray Stedman en «Are These the Last Days,» Ray Stedman Ministries, http://www.raystedman.org/thematic-studies/prophecy/are-these-the-last-days; énfasis añadido.
11. Margaret Wente, «A Wanderer from Islam with a Message for the West,» *The Globe and Mail,* June 8, 2010, texto disponible en http://wwsg.com/a-wanderer-from-islam-with-a-message-for-the-west.
12. Paul Berman, *Terror y libertad,* Tusquets Editores, Barcelona 2007, 296 págs.
13. Walid Phares, *The War of Ideas: Jihadism against Democracy* (New York: Palgrave Macmillan, 2007), 3.
14. Steyn, *America Alone,* 158.
15. Bernard Lewis, *The Crisis of Islam: Holy War and Unholy Terror* (New York: Modern Library, 2003), 81.
16. Samuel P. Huntington, *Choque de civilizaciones,* (Paidos, España ,2005).
17. Estas palabras son profundamente irónicas. Proceden de uno de los hombres más malvados de la historia, y, sin embargo, evocan las palabras del apóstol Pablo en Romanos 1:18–32. Pablo describe lo que sucede en el comportamiento de un pueblo cuando éste cesa de adorar al Dios viviente. La suma de todo ello se resume en Romanos 1:32: «Y no es que no sepan lo que hacen. Saben perfectamente bien que están escupiendo al rostro de Dios. Pero no les importa —peor aún, ¡premian a los que destacan en hacer cosas perversas!» (*Perífrasis*).
18. Osama bin Laden, «Letter to the American People,» Guardian.co.uk, November 24, 2002, http://www.guardian.co.uk/world/2002/nov/24/theobserver; énfasis añadido.
19. Matt C. Abbott, «The Pro-pedophilia Conference,» Renew America, August 17, 2011, http://www.renewamerica.com/columns/abbott/110817.
20. Un cincuenta y siete por ciento de pastores aseguran que la adicción a la pornografía es la transgresión sexual más perjudicial para su congregación («Statistics on Pornography, Sexual Addiction and Online Perpetrators,» Safe Families, http://www.safefamilies.org/sfStats.php). Un cuarenta y cuatro por ciento de jóvenes evangélicos apoyan el matrimonio entre individuos del mismo sexo (Bruce Nolan, «Gay Marriage Divides Evangelicals along Generational Gap,» *Huffington Post,* September 7, 2011, http://www.huffingtonpost.com/2011/09/07/gay-marriage-evangelicals_n_952888.html).
21. John F. Burns, «Bin Laden Stirs Struggle on Meaning of Jihad,» *The New York Times,* January 27, 2002, http://www.nytimes.com/2002/01/27/

international/asia/27JIHA.html?scp=8&sq=john%20burns%20january%202002&st=cse.

8. La conquista de la cultura

Epígrafe: Juan Pablo II, *Address of His Holiness John Paul II to the Plenary Assembly of the Pontifical Council for Culture,* March 18, 1994, http://www.vatican.va/holy_father/john_paul_ii/speeches/1994/march/documents/hf_jp-ii_spe_18031994_address-to-pc-culture_en.html.

1. James Davison Hunter, *Culture Wars: The Struggle to Define America* (New York: Basic Books, 1991).
2. *Enhanced Strong's Lexicon,* s.v. «ochurōma.»
3. *Strong's Exhaustive Concordance of the Bible,* electronic ed. (Ontario: Woodside Bible Fellowship), s.v. «logismos. »
4. *Enhanced Strong's Lexicon,* s.v. «aichmalōtizō.»
5. *Diccionario de uso del español,* de María Moliner; «cautivar».
6. Sheikh Ahmad al Qataani, entrevistado en directo por Al-Jazeera, diciembre 2001, citado por Salem Voice en «Millions of Muslims Converting to Christianity,» *Islam Watch,* January 5, 2007, http://www.islam-watch.org/LeavingIslam/Muslims2Christianity.htm. Se puede acceder a la entrevista en http://www.youtube.com/watch?v=pnAfsjZZ0c8.
7. Joel Rosenberg escribe: «Después de atravesar el mundo musulmán en los últimos años y de entrevistar a más de 150 pastores y líderes de ministerio que laboran en el interior de los países más difíciles para *Dentro de la Revolución,* puedo informar que en Irán, más de 1 millón de musulmanes chiíes se han convertido a Cristo desde 1979. En Pakistán, hay actualmente más de 2,5 millones de seguidores de Jesucristo. Y en Sudán, más de 5 millones. No en todos los países millones de personas han abandonado el islam para recibir las enseñanzas de Jesús contenidas en el Nuevo Testamento. En Siria, hay entre 4.000 y 5.000 creyentes, pero en 1967 casi no había ninguno. En Arabia Saudí hay actualmente unos 100.000 seguidores de Jesús, pese a que no había casi ninguno en 1967. Pero, en general, la tendencia ha sido exponencial, aunque no se haya divulgado» («More Ex-Muslims Will Celebrate Easter This Year Than Any Other Time in History,» *Joel C. Rosenberg's Blog,* April 10, 2009, http://flashtrafficblog.wordpress.com/2009/04/10/more-ex-muslims-will-celebrate-easter-this-year-than-any-other-time-in-history/). The website «Ex-Muslims» lists various sites referencing how Muslims are leaving Islam, http://www.former-muslims.com/forum/viewtopic.php?t=2133.
8. Mt 26:47–56; Lc 22:41–53.
9. Lawrence E. Harrison, *The Central Liberal Truth: How Politics Can Change a Culture and Save It from Itself* (New York: Oxford University Press, 2006), 9.

10. El filósofo indio Vishal Mangalwadi pregunta «Must the sun set on the West?» en una serie de conferencias así tituladas. Véase su página web: www.revelationmovement.com.

9. Cristo y el Reino

Epígrafe: Dallas Willard, *La conspiración divina,* Zondervan, 2013

1. *El Señor de los anillos: Las dos torres,* dirigida por Peter Jackson (Burbank, Calif.: New Line Cinema, 2002), DVD.
2. Iglesia Reformada Episcopal, «A Pastoral Letter on Mission,» http://rechurch.org/recus/ID84eb63aced10d3/?MIval=/recweb/articles.html&display=missions.
3. Mt 28:16.
4. Eso no quiere decir que Jesús temiese morir, sino que su victoria sobre la muerte significó también victoria sobre el temor a la muerte. Él afrontó con éxito su prueba y venció ese temor, así como toda tentación.
5. John Stott sugiere que la copa que Jesús temía «simbolizaba... la agonía spiritual de cargar con los pecados del mundo, es decir, de soportar el juicio divino que tales pecados merecían» (John Stott, *The Cross of Christ* [Downers Grove, Ill.: InterVarsity Press, 2006], 78).
6. Mt 26:36–46.
7. Mt 12:22–29.
8. Mt 28:5–6.
9. Hch 2:24.
10. Col 1:20.
11. Heb 2:14–15.
12. Keith Green, «The Victor,» *No Compromise,* Sparrow Records, 1978. Para acceder a un vídeo de esta conmovedora canción visite: www.youtube.com/watch?v=Wil0PBylyW0.
13. G. K. Chesterton, citado por John Warwick Montgomery en «The Un-Apologist,» *Christian History* 21, no. 3, 39.
14. Is 9:7; Lc 1:32-33; Mt 13:31–33.
15. Ap 20:10.
16. Mt 16:18.
17. N. T. Wright, entrevistado por Tim Stafford, «Mere Mission,» *Christianity Today,* January 5, 2007, http://www.christianitytoday.com/ct/2007/january/22.38.html?start=4; énfasis añadido.
18. Ro 1:22–23.
19. Gn 1:26–27; Gn 12:2–3; Mt 28:18–20; Col 1:20.
20. Ap 5:9–10.
21. Fil 2:9–11.
22. Todos los dirigentes promulgan leyes para gobernar. Jesús es el Rey y desea que las naciones sean enseñadas y aprendan a obedecer todo lo que Él les ha

mandado. Impera el orden en el reino de Dios, pero vivimos en un mundo caído donde hay *des*orden porque no todas las personas obedecen el orden divino. Cuando la gente desobedece el orden de Dios, se instala el desorden en la vida y en las naciones. Esto se corrige mediante la restauración del orden del Creador en las mismas.

23. Como contó el pastor Curi a Mandie Miller, en Puerto Rico, 15 de septiembre, 2008.
24. Para más sobre este punto, véase Vision Conference Notebook Materials: *The ABC's of Culture: The Web of Lies,* http://www.disciplenations.org/vc/host-tools.
25. Mt 24:6–8; Ap 6:1–8.
26. Mal 3:2–4; 1 Co 3:12–13.
27. Dn 7:14–27; Heb 12:26–29.
28. St. Agustín, citado por Charles Colson y Ellen Vaughn en *El Cuerpo* (Nashville: W Publishing Group, 1994, descatalogado)
29. Dn 2:35, 44–45; 7:27.
30. Is 9:6–7; Mt 16:18; 28:20b; 1 Co 15:25–27; Ap 11:15.
31. Mt 13:31–33.
32. Is 25:8; 1 Co 7:31.

10. Reavivamiento de la comisión cultural

Epígrafe: Herman Bavinck, *Our Reasonable Faith,* citado por David Bruce Hegeman en *Plowing in Hope: Towards a Biblical Theology of Culture,* 2nd ed. (Moscow, Ida.: Canon Press, 2007), 31.

1. Un examen más detallado del material presentado en esta sección se puede encontrar en el capítulo 7, «La Meta-narrativa esencial», y en la parte 3, «El mandato cultural», de mi libro *Vida, trabajo y vocación: Una teología bíblica del quehacer cotidiano* (Tyler, TX: Editorial JUCUM, 2011).
2. Gn 1:4, 10, 12, 18, 21, 25.
3. Gn 1:7, 9, 11, 15, 24, 30.
4. Gn 1:31.
5. *Oikonomia* aparece nueve veces en el Nuevo Testamento, en la parábola del mayordomo infiel, de Lucas 16 y en cuatro epístolas de Pablo. Note especialmente cómo la emplea Pablo en Efesios 1:10, donde habla de «una administración [*oikonomia*] adecuada en la plenitud de los tiempos», es decir, la suma de todas las cosas en Cristo, tanto en los cielos como en la tierra. Se usa de manera similar en Efesios 3:9, Colosenses 1:25, y 1 Timoteo 1:4.
6. Note la creación singular del hombre. El texto se aparta de la forma normal: «que haya», o «que exista», y Dios dice: «Hagamos al hombre». Robert L. Reymond señala que este lenguaje sugiere «casi una pausa en la actividad divina con el propósito de celebrar un consejo divino solemne» (Robert L. Reymond, *A New Systematic Theology of the Christian Faith,* 2nd ed. [Nashville: Thomas Nelson, 1998], 416).

7. Gn 6:5–6; Ro 3:23.
8. Gn 3:16–18; Ro 8:19–22.
9. Ez 22:29; Mi 2:2.
10. Heb 11:8–10, 13–16.
11. He escogido deliberadamente la palabra *consumación* en vez de la expresión *retorno de Cristo.* A menudo, cuando pensamos en el retorno de Cristo, nos imaginamos que las cosas irán de mal en peor, y que cuando estén suficientemente mal, entonces regresará Cristo. Esta es una imagen incorrecta, en mi opinión, ya que supone que la iglesia adopta una postura derrotista, defensiva y desligada de la tarea que Cristo le ha asignado. Dios está actuando en la historia. Cristo ya es el Rey del cielo y la tierra. Cuando Él regrese al final de la historia, todo lo que ha llevado a cabo será completo.
12. Col 1:20; Ro 8:18–23.
13. *Enhanced Strong's Lexicon,* s.v. «telos.»
14. Gn 12:3–4; (2) Hab 2:14; (3) Ap 19:6–9; Ef 5:22–33; (4) Ap 21:1–4; (5) Is 60:1–3; Ap 21:21–26; (6) Ap 21:4.
15. *Vine's Expository Dictionary of New Testament Words,* s.v. «sunteleia.» El diccionario *Vine's* sigue diciendo: «La palabra no denota terminación, sino un desarrollo progresivo de acontecimientos hasta alcanzar su punto culminante».
16. Mt 5:48; Stg 1:2–5; Ro 8:28–30; Col 1:28.
17. 1 Cr 16:24–28; Sal 67:1–4; 99:1–4; Is 60:1–3; Ap 15:3–4; 21:24.
18. También podríamos denominarla comisión *ecológica.*
19. Ro 8:19–22.
20. Buena parte de lo que sigue se ha tomado del material de Scott Allen, colgado en el blog del equipo DNA, el 2 de noviembre de 2009, *The Cultural Mandate and The Great Commission,* http://disciplenations.wordpress.com/2009/11/02/the-cultural-mandate-and-the-great-commission/.
21. Christian Smith, *American Evangelicalism: Embattled and Thriving* (Chicago: University of Chicago Press, 1998), 198.

11. La primera tarea: Hacer discípulos de todas las naciones

Epígrafe: Dietrich Bonhoeffer, *Resistencia y sumisión. Cartas y apuntes desde el cautiverio* (España, Ediciones Sígueme, 2004)

1. Abraham Kuyper, *Abraham Kuyper: A Centennial Reader,* ed. James D. Bratt (Grand Rapids: Eerdmans, 1998), 488.
2. Jn 1:1, 4–9, 14.
3. William Temple, citado por Philip Yancey en «Denominational Diagnostics: What I Look for to Find a Healthy Church,» *Christianity Today,* November 11, 2008, http://www.christianitytoday.com/ct/2008/november/27.119.html?start=2.

4. Gary Skinner, citado en «Model Church Profile: Watoto Church, Kampala, Uganda,» Disciple Nations Alliance, http://www.disciplenations.org/dna-news/stay-connect-with-the-dna/model-church-profile-watoto-church-kampala-uganda.
5. Hch 16:31.
6. *Dictionary of Biblical Languages with Semantic Domains: Greek (New Testament)*, s.v. «ethnos.»
7. *Collins English Dictionary,* s.v. «ethos.» La palabra inglesa procede del griego, se deletrea igual y tiene el mismo significado.
8. Matthew Henry, Comentario Biblico de Matthew Henry: Obra completa sin abreviar (13 tomos en 1) (Grand rapids, Michigan,: Hendrickson, 1991).
9. Mt 5:15.
10. *Enhanced Strong's Lexicon,* s.v. «poreuomai.»

12. Bautismo de las naciones: Unión y transformación

Epígrafe: Christopher Wright, *Deuteronomy,* New International Biblical Commentary (Peabody, Mass.: Hendrickson, 1996), 160.

1. Jn 15:1–8; 17:20-26; Ef 1:22–23; 2:20-22; 4:15–16; 5:30; Col 1:18; 2:19.
2. William Hendriksen, *The Gospel of Matthew,* The New Testament Commentary (Grand Rapids: Baker Books, 1979), 1000–1001.
3. Millard J. Erickson apunta: «Hay una estrecha relación entre el bautismo y nuestra unión con Cristo en su muerte y su resurrección. Pablo enfatiza este punto en su epístola a los Romanos 6:1–11. El uso del tiempo aoristo sugiere que en algún momento concreto el creyente se identifica realmente con la muerte y la resurrección de Cristo» (*Christian Theology,* 2nd ed. [Grand Rapids: Baker Books, 2007], 1109–10).
4. Robert Lynn, «We Have Known Water: A Missional Reflection on Baptism,» BreakPoint, January 19, 2007, http://www.breakpoint.org/component/content/article/104-worldview-church/944-we-have-known-water.
5. James Montgomery Boice, *Bible Study Magazine* (May 1989), citado en Bible Study Tools, http://www.biblestudytools.com/lexicons/greek/kjv/baptizo.html.
6. Por supuesto, Dios hablaba en sentido figurado. Como Esteban (entre otros) testificarían posteriormente: «El Altísimo no habita en casas construidas por manos humanas» (Hch 7:48).
7. El lugar del nombre indica el establecimiento de la presencia de Dios: 1 R 8:43; 2 Cr 6:33; 20:9; Dn 9:18; Jer 7:10, 11, 14, 30; 25:29; 32:34; 34:15.
8. Christopher Wright, *Deuteronomy,* New International Biblical Commentary (Peabody, Mass.: Hendrickson, 2006), 159.
9. *Strong's Enhanced Lexicon,* s.v. «Baal.»
10. La intención de Dios es restaurada en Oseas 2:16–17.

11. Para más sobre este punto véase Darrow L. Miller, Opresión de la mujer, pobreza y desarrollo de las naciones: Vindicación de la dignidad de la mujer para construir naciones sanas (Tyler, Texas: Editorial JUCUM, 2012), Capítulo 13.
12. Note que el versículo no dice en los *nombres,* sino en el *nombre* del Padre y del Hijo y del Espíritu Santo, reflejando así la unidad de Dios.
13. Gn 1:1; Sal 33:6, 9; Mal 2:10; 1 Co 8:6; Heb 11:3.
14. Jn 1:3; Col 1:16.
15. Gn 1:2.
16. Jn 3:16; 1 Co 15:3–4; Ef 1:13; 1 P 3:18.

13. Vivir la Palabra: Amor y servicio

Epígrafe: Madre Teresa, *Ven, se mi luz: las cartas privadas de la Santa de Calcuta,* (Planeta, España, 2009).

1. Rodney Stark, *La expansion del cristianismo: Un estudio sociolóigico,* Editorial (Trotta, Madrid 2009).
2. Ibid., 211; énfasis añadido.
3. Jn 8:31–32; Stg 1:22–25; 1 Jn 3:17–18.
4. Jn 8:32; 17:17; 2 Ti 2:15.
5. Mt 6:10.
6. Fil 2:1–8.
7. *Familia:* Ef 5:25; Tit 2:4; Col 3:21; Lc 11:11–12. *Vecinos:* Mt 19:19; Lc 10:29; Ro 13:9; Gál. 5:13; Stg 2:8. *Paisanos:* Éx 32:31–32; Ro 9:2–3; 10:1. *Extranjeros:* Lv 19:34; Dt 10:19; Heb 13:2.
8. Éx 23:4–5; Mt 5:44; Lc 6:27; Ro 12:14, 20; 1 P 3:9.
9. John Piper, «The Spring of Persistent Public Love,» sermon, January 14, 2007, http://www.desiringgod.org/resource-library/sermons/the-spring-of-persistent-public-love.
10. Ori Brafman and Rod A. Beckstrom, *La araña y la estrella de mar,* Editorial Empresa Activa, 2007, 258 págs.
11. Hendrik Berkhof, *Christ and the Powers,* trans. John H. Yoder (Scottdale, Pa.: Herald Press, 1977), 58; énfasis añadido.
12. Cipriano, citado por Stark en *La expansion del cristianismo:*; énfasis añadido.
13. Mt 5:13; 5:14–16; 13:33; 13:31–32.
14. Jn 13:1, 14–15, 34; 15:12; Ef 5:2.
15. Jn 13:34–35; 14:15, 21–24; 15:9, 10–12; 1 Jn 3:23; 4:21.
16. Leslie K. Tarr, «A Prayer Meeting That Lasted 100 Years,» *Christian History* no. 1, January 1, 1982.
17. Priya Abraham, «The Good Jihad,» *World,* December 8, 2007, http://www.worldmag.com/articles/13572.
18. Stuart Robinson, *Mosques and Miracles: Revealing Islam and God's Grace* (Upper Mount Gravatt, Qld., Aus.: City Harvest, 2004), 298.

19. Lilian Calles Barger, *Eve's Revenge: Women and a Spirituality of the Body* (Grand Rapids: Brazos, 2003), 186.
20. Martin Luther King Jr., «Letter from Birmingham Jail,» April 1963, http://www.stanford.edu/group/King/frequentdocs/birmingham.pdf.
21. J. Richard Pearcey, «How the New Resistance Can Win the Culture War,» The Pearcey Report, March 26, 2010, http://www.pearceyreport.com/archives/2010/02/how_the_new_res_1.php.
22. La Dr. Elizabeth Youmans diseñó su currículo AMO «para cultivar específicamente la mentalidad, la imaginación y la creatividad cristianas bíblicas, así como la conciencia y el carácter cristianos», http://www.amoprogram.com/en/school.

14. Enseñanza a las naciones: La tarea global

Epígrafe: Abraham Kuyper, *Conferencias sobre el Calvinismo-una cosmovisión bíblica* (Clie, España 2011)

1. Oí al Dr. Schaeffer decir esto en las postrimerías de la década de los sesenta, cuando mi esposa y yo estudiábamos y trabajábamos en L'Abri Fellowship, en Suiza.
2. *Enhanced Strong's Lexicon*, s.v. «didaskō.»
3. Ibid., s.v. «tēreō.»
4. Cuando Cristo regrese, todo lo que Satanás ha construido será completamente destruido, en tanto que lo que Dios ha edificado —su reino— será consumado y alcanzará su cumplimiento. Todo lo que Dios está haciendo en la historia será completado. La iglesia debe abandonar su desocupación, su *espera* pasiva del retorno de Cristo, y seguirle en la batalla. Los cristianos han sido llamados por Cristo a participar en la Gran Comisión: «Seguidme; venid en pos de Mí».
5. Ibid., s.v. «pas.»
6. *Strong's Enhanced Lexicon*, s.v. «entellomai.»
7. Ibid., s.v. «teleios.»
8. Sal 72:19; Is 6:3; Is 11:9; Hab 2:14.
9. Jue 17:6.
10. Elizabeth L. Youmans, «The Christian Principle of Self Government,» *AMO® Apprenticeship Manual* (Orlando: Chrysalis International, 2010), 127.
11. R. J. Slater, *Teaching and Learning America's Christian History* (San Francisco: Foundation for American Christian Education, 1960), 199, in Youmans, *The Christian Principle of Self Government*, 1.
12. *American Dictionary of the English Language*, s.v. «virtue.»
13. James Davison Hunter, *The Death of Character: Moral Education in an Age Without Good or Evil* (New York: Basic Books, 2000), 222.

14. Dt 6:6–9; Pr 2:1; 3:1; 4:20–22; 6:21; 7:1–2.
15. John Winthrop, «A Model of Christian Charity,» 1630, Collections of the Massachusetts Historical Society (Boston, 1838), 3rd Series, 7:31–48, http://history.hanover.edu/texts/winthmod.html. He actualizado esta cita para que sea más legible.
16. John F. Kennedy, «City upon A Hill,» speech, State House of Boston, January 9, 1961, http://www.kennedytour.com/city-on-a-hill.html.
17. Ronald Reagan, «Farewell Address to the Nation,» speech, Oval Office, Washington, DC, January 11, 1989, http://www.reagan2020.us/speeches/farewell.asp.
18. Véase también Marcos 12:28–31; Lucas 10:26–28. «La Ley y los Profetas» es una forma abreviada para designar el Antiguo Testamento, e incluye los libros de Moisés (la Torá, o el Pentatéuco), los Profetas y los Escritos.
19. Otros pasajes que marcan el mínimo irreducible de una ley son Mt 7:12; Ro 13:8–10; Stg 2:8.
20. Gn 1; Jn 1:1–3.
21. Gn 1:4, 10, 12, 18, 21, 25, 31. Muchos cristianos conciben que el universo es malo porque pasan por alto los dos primeros capítulos de Génesis y van directamente al capítulo 3.
22. Gn 1–2; Sal 8.
23. Sal 33:10–11; Is 46:10–11.
24. Job 19:25–27; Sal 102:18–19; Dn 2:45; Mt 16:27–28.
25. Nm 23:19; Sal 119:160; Is 65:16; Jn 14:6.
26. Dt 32:4; Sal 25:8; 92:15; 119:68; Is 5:16.
27. Sal 27:4; 29:2; 48:1–2; 50:2; 145:5.
28. «Gloria de Dios es ocultar un asunto, y gloria de los reyes es investigarlo» (Pr 25:2).
29. Afirmar que Dios gobierna activamente la creación por medio de sus leyes es refutar el deísmo. Los deístas reconocen estas leyes naturales pero argumentan que Dios creó el universo y después se desentendió de él, permitiendo que siguiera su curso, sólo regido por las leyes que Él embutió en el sistema. El Dios de los deístas es Creador, pero no Señor soberano. Dios, según revelan las Escrituras, hizo las leyes de la creación, la cual gobierna por medio de ellas. Si Dios retrajera su mano, estas leyes no podrían sostener el universo.

15. Verdad: El orden metafísico

Epígrafe: Juan Pablo II, *Fides et Ratio,* Encíclica, 14 de septiembre, 1998, http://www.vatican.va/holy_father/john_paul_ii/encyclicals/documents/hf_jp-ii_enc_15101998_fides-et-ratio_en.html.

1. Ro 8:5–6; 12:1–2; Ef 4:22–24; Col 3:10.

2. *Conf.* VII.4; XIII.38; *De Civ Dei* XI.10, citado por Vivian Boland en *Ideas in God According to Saint Thomas Aquinas: Sources and Synthesis* (Leiden, The Netherlands: E. J. Brill, 1996), 78.
3. *Enhanced Strong's Lexicon*, s.v. «metanoeō.»
4. William Carlos Williams, *Paterson*, rev. ed. (New York: New Directions Books, 1995), 50.
5. Mt 22:37.
6. *Enhanced Strong's Lexicon*, s.v. «ginōskō.»
7. Ibid., «gnōsis.»
8. Ibid., «epignōsis.»
9. Ibid., «gnōmē.»
10. Ibid., «gnōrizō.»
11. Ibid., «logikos.»
12. Ibid., «dokeō.»
13. Ibid., «logos.»
14. Ibid., «nous.»
15. Ibid., «phronimos.»
16. J. I. Packer, *Fundamentalism and the Word of God* (Grand Rapids: Wm. B. Eerdmans, 1958), 34; énfasis añadido.
17. J. Gresham Machen, citado en ibid., 27; énfasis añadido.
18. C. S. Lewis desarrolla este concepto en el apéndice de *La abolición del hombre* y en el primer capítulo de *Mero cristianismo*.
19. Jn 1:1–18.
20. Col 1:15,19.
21. Col 1:25–26.
22. Dt 32:46–47; Jn 6:68; 2 Ti 3:16–17.
23. Blaise Pascal, *Pensamientos* (Ediciones Ibericas, España, 2011).
24. Gn 2:19–20; Is 1:18 (niv1984); Hch 17:2; 18:4.
25. Jn 8:31–32.
26. Véase también Sal 119:43–48; Is 61:1; Jn 17:17; Hch 17:11; Stg 1:25.
27. Como veremos, esto no quiere decir que todos disfruten de las mismas condiciones y obtengan los mismos resultados.
28. K. Alan Snyder, *If the Foundations Are Destroyed: Biblical Principals and Civil Government* (Longwood, Fla.: Xulon, 2010), 32; énfasis añadido.
29. Sal 139:13–16; Mt 25:14–15; Lc 19:12–13; Ro 12:6–8.
30. Stephen Lucas, «Justifying America: The Declaration of Independence as a Rhetorical Document» in Thomas W. Benson, ed., *American Rhetoric: Context and Criticism* (Carbondale, Ill.: Southern Illinois University Press, 1989), 85.
31. Joseph J. Ellis, *American Creation: Triumphs and Tragedies in the Founding of the Republic* (New York: Vintage Books, 2008), 56.
32. *American Dictionary of the English Language*, s.v. «unalienable.»

33. Un estadista cree que el máximo control de la vida social, política y económica de una nación recae sobre el gobierno.
34. George Washington, «George Washington's Farewell Address to the People of the United States,» http://www.earlyamerica.com/earlyamerica/milestones/farewell/text.html; énfasis añadido.
35. Benjamin Rush, 1798, citado por Michael Novak en *On Two Wings: Humble Faith and Common Sense at the American Founding* (San Francisco: Encounter Books, 2003), 34.
36. Alexis de Tocqueville, *La democracia en America* vol. 2, (Alianza Editorial, España, 1996).
37. Gn 3:1–7; 6:5–6; Is 6:1–5; Ro 1:28–32; 3:23.
38. Michael Novak explica en *El Espiritu de capitalismo democratico*: «Aunque los socialistas prometen frecuentemente, mediante su sistema coercitivo, 'un nuevo hombre socialista' de índole virtuosa que el mundo nunca ha visto, el capitalismo democrático (que también depende de y fomenta la conducta virtuosa) no promete tal cosa. Su economía política, aunque depende de un grado superior de virtud cívica en sus ciudadanos, (y de un sistema moral-cultural especialmente sólido, separado del estado), está diseñado para pecadores. Es decir, para seres humanos tal como son.

    «Muchas revoluciones sociales prometen reinos de santos. Muchas prometen un nuevo tipo de hombre moral. Y otras muchas intentan instaurar este tipo superior de moralidad a través del poder coercitivo del estado. Es precisamente este ímpetu del corazón humano lo que al capitalismo democrático le parece más engendrador de mal.

    «Hay, a este respecto, dos corrientes principales de pensamiento revolucionario: la utópica y la realista. Los revolucionarios utópicos imaginan que el origen del mal humano subyace en los sistemas y las estructuras sociales, y que anulando éstos se extirpa el mal y florece la virtud. Por el contrario, los realistas sostienen que el origen del mal humano radica en el yo y en la limitación necesaria de toda forma de organización social. Los realistas sostienen que ningún sistema o estructura social real o imaginaria, no importa cuán ingeniosamente diseñada haya sido, desterrará el pecado de la esfera de libertad humana… Para los utópicos, la moralidad brota de las estructuras y de los sistemas… Para los realistas, la moralidad fluye de la voluntad y los actos del individuo» (Michael Novak, *El Espiritu de capitalismo democratico*: (Editorial tres tiempos, Argentina, 1983).
39. Lord Acton, «Letter to Bishop Mandell Creighton, 1887,» Online Library of Liberty, http://oll.libertyfund.org/index.php?option=com_content&task=view&id=1407&Itemid=283.
40. Dt 10:17; 2 Cr 19:7; Job 34:19; Hch 10:34; Ro 2:11; 1 P 1:17.
41. John Adams, citado por John Eidsmoe en *Christianity and the Constitution: The Faith of our Founding Fathers*, 4th ed. (Grand Rapids: Baker Books, 2002), 372.

42. Cuando la legislatura brasileña fue instituida, una de sus primeras leyes fue ¡eximir a los legisladores del cumplimiento de todas las leyes! Afortunadamente, esta exención ha sido eliminada.
43. Ro 13:1–7.
44. Hch 5:25–29: Pedro sostuvo delante del Sanedrín que hemos de servir a Dios antes que a los hombres. Hch 17:6–9: Los cristianos desafían el decreto de César asegurando que Jesús es Rey. Hechos 17:11: El amor a la verdad condujo a cuestionar a las autoridades religiosas. Hechos 19:23–40: la predicación de Pablo tuvo impacto económico sobre los artesanos de Éfeso, lo cual causó malestar civil.
45. Jonathan Mayhew, «A Discourse Concerning Unlimited Submission and Non-Resistance to the Higher Powers,» 1750, http://www.lawandliberty.org/mayhew.htm.
46. Roy Moore and John Perry, *So Help Me God: The Ten Commandments, Judicial Tyranny, and the Battle for Religious Freedom* (Los Angeles: WorldNetDaily, 2005), 208.
47. Martin Luther King Jr., «Letter From Birmingham Jail,» April 16, 1963, http://www.mtholyoke.edu/acad/intrel/mlkbirm.htm; emphasis added.
48. Harold Berman, citado por Amos y Gardiner en *Never Before in History: America's Inspired Birth* (Dallas: Haughton, 1998), 63–64.
49. Ibid., 43.
50. Ibid., 41.
51. Thomas Hooker, citado en ibid., 40.
52. Joseph G. Lehman, «Civil Society: Moral Arguments for Limiting Government,» *Indivisible: Social and Economic Foundations of American Liberty*, The Heritage Foundation, 15, http://thf_media.s3.amazonaws.com/2010/pdf/Ind.Ch1.Lehman.pdf.
53. Sobre la sacralidad del trabajo y la mayordomía en la Biblia, véase el capítulo 10.
54. Kenneth Hopper and William Hopper, *The Puritan Gift: Reclaiming the American Dream amidst Global Financial Chaos* (New York: I.B. Tauris, 2009), 3.
55. Ibid., 7.
56. Para más sobre este punto, consúltense los capítulos 11 y 12 de Darrow L. Miller, *Discipulando Naciones: El poder de la verdad para transformar culturas*, (Managua: Fundación contra el Hambre Internacional, 2001) y el capítulo 15 de mi libro *Vida, trabajo y vocación: Una teología bíblica del quehacer cotidiano* (Tyler, TX: Editorial JUCUM, 2011).
57. Éx 20:15, 17.
58. La parábola de las minas (Lc 19:11–27) y la parábola de los talentos (Mt 25:14–30).
59. Para más sobre este punto, consúltese Scott Allen y Darrow L. Miller, *The Forest in the Seed* (Phoenix: Disciple Nations Alliance, 2007).

60. Mt 25:34–36; Stg 1:27.
61. Para más sobre la creación y administración de la riqueza, consúltense los capítulos 15 y 16 de mi libro *Vida, trabajo y vocación: Una teología bíblica del quehacer cotidiano* (Tyler, TX: Editorial JUCUM, 2011).
62 John Adams, citado por Mark Levin en *Liberty and Tyranny: A Conservative Manifesto* (New York: Threshold Editions, 2009), 126.
63. 2 Co 8:2; Ef 4:28; 1 Ti 6:18.
64 La Declaración de Derechos de Virginia, 15 de mayo, 1776, http://www.constitution.org/bcp/virg_dor.htm; énfasis añadido.

16. Bondad: El orden moral

Epígrafe: Russell Kirk, *The Roots of American Order* (Washington, DC: Regnery Gateway, 1991), 27.

1. Pr 20:27; Ro 2:14–15; 7:15–23; 1 Jn 3:19–21.
2. Mt 5:17–18; Ro. 10:4.
3. Mt 5:18–20; Ro 10:3.
4. Mt 5:21–48.
5. Michael Metzger, «Clickers,» DoggieHeadTilt, June 6, 2011, http://www.doggieheadtilt.com/clickers/.
6. He escogido algunas reglas de urbanidad de Washington y actualizado su lenguaje. Se puede acceder a toda su lista de reglas en the Colonial Williamsburg site: http://www.history.org/almanack/life/manners/rules2.cfm.
7. Charles G. Finney, «Lecture 20: Human Government,» *Systematic Theology* (1878 edition), Wesley Center Online, http://wesley.nnu.edu/related_traditions/finney/systematic/lecture20.htm.
8. En *Discipulando Naciones*, 176, recalqué que varias culturas asiáticas «contienen elementos que son equivalentes funcionales de la ética bíblica. El confucianismo, por ejemplo, tiene una ética del trabajo similar a la [ética] protestante...Funciona, también, en ambos sentidos. La inclinación actual de Occidente hacia el presente, dando escasa atención al futuro, es un equivalente funcional del pensamiento animista».
9. Fyodor Dostoyevsky, *Los hermanos Karamazov* part 4, libro11, capítulo 4 (Catedra,España, 2004).
10. George Grant, *Carry a Big Stick: The Uncommon Heroism of Theodore Roosevelt* (Elkton, Md.: Highland Books, 1996), 99.
11. «Impact of Drugs on Society,» *National Drug Threat Assessment 2010*, National Drug Intelligence Center, http://www.justice.gov/ndic/pubs38/38661/drugImpact.htm.
12. «Report: Drug abuse costs $215 billion,» *United Press International*, March 26, 2010, http://www.upi.com/Top_News/US/2010/03/26/Report-Drug-abuse-costs-215-billion/UPI-43111269583190/.

13. «México asegura que han muerto 28.000 personas en la guerra de la droga desde 2006», *BBC News*, http://www.bbc.co.uk/news/world-latin-america-10860614.
14. «Facts on Induced Abortion in the United States,» Guttmacher Institute, August 2011, http://www.guttmacher.org/pubs/fb_induced_abortion.html.
15. Ibid.
16. «Abortion Common among All Women, » Guttmacher Institute, 1996, http://www.guttmacher.org/media/nr/prabort2.html.

17. Belleza: El orden estético

Epígrafe: John R. Sachs, «Beauty,» in *The New Dictionary of Theology,* ed. Joseph A. Komonchak, Mary Collins, Dermot A. Lane (Collegeville, Minn.: Liturgical Press, 1991), 84.

1. Gn 1:1ss; Sal 33:6; Is 40:26; Jn 1:3; Hch 17:24; Heb. 11:3; Ap 4:11.
2. Sal 4:6; 27:1–2; 104:2; Ez 1:27; Mt 17:1–7; Jn 1:6–9, 14; 2:11; Heb. 1:3; 1 Jn 1:5.
3. Gn 1:3–5, 14–19; Ap 21:23–26.
4. 1 Cr 16:27; 29:11; Is 58:8; 60:1; 60:19.
5. Dt 32:3–4; 2 S 22:31; Job 37:16; Sal 5:4; 119:96; 1 Jn 1:5.
6. Mt 17:1–6; Col 1:15; 2 P 1:16–18.
7. Jn 1:14; 2:11; 2 Co 4:6; Heb 1:3.
8. Sal 48:1–3; 50:1–2; 96:4–6.
9. Sal 29:1–2; 96:7–9; 2 Cr 20:21.
10. Sal 27:4; 90:17; Mt 17:1–2; 2 Co. 3:17–18.
11. Cynthia Pearl Maus, *Christ and the Fine Arts: An Anthology of Pictures, Poetry, Music, and Stories Centering on the Life of Christ* (New York: Harper & Brothers, 1938), 8.
12. W. M. O'Hanlon, *Walks among the Poor of Belfast: and Suggestions for Their Improvement* (Belfast, Ireland: Mayne, 1853), 102.
13. Ap 22:1–2.
14. Thomas Dubay, *The Evidential Power of Beauty: Science and Theology Meet* (San Francisco: Ignatius, 1999), 77.
15. San Buenaventura, *Experiencia y teologia del Misterio, El itinerario del alma de Dios, La vida de san Francisco de Asís, El árbol de la vida,* (Biblioteca de autores cristianos, España, 1973)
16. Gn 2:15; 2:19–20.
17. Tomás de Celano, *Second Life*, cxxiv, 165, http://www.hnp.org/who/francis.cfm.
18. J. R. R. Tolkien, Árbol y hoja (Minotauro, España, 2002)
19. C. S. Lewis, «Christianity and Literature,» *Genesis: Journal of the Society of Christians in the Arts, Inc.* 1, no. 2 (1975): 22; énfasis añadido.
20. Frank E. Gaebelein, *The Christian, the Arts, and Truth: Regaining the Vision of Greatness* (Colorado Springs: Multnomah, 1985), 59.

21. Dr. Elizabeth Youmans, «The Fine Arts and Literature,» *AMO Training Manual*, Chrysalis International 2003, 2.
22. Dubay, *The Evidential Power of Beauty*, 58.
23. Cynthia Pearl Maus, citado por Elizabeth Youmans en «The Fine Arts and Literature,» 2.
24. John R. Erickson, *Story Craft: Reflections on Faith, Culture, and Writing by the Author of Hank the Cowdog* (Perryton, Tex.: Maverick Books, 2009), 109; cita de Fil 4:8.
25. Ibid., 82.
26. Tolkien, *Árbol y hoja.*
27. Paul Davies, *God and the New Physics* (New York: Simon and Schuster, 1983), 220–21.
28. Archibald Russell, citado por Francis A. Schaeffer en *How Shall We Then Live? The Rise and Decline of Western Thought and Culture* (Wheaton, Ill.: Crossway Books, 1976), 196.
29. Dubay, *The Evidential Power of Beauty*, 116.
30. Edith Schaeffer, *Hidden Art: Ideas for Creating Beauty in Everyday Life* (Wheaton, Ill.: Tyndale, 1971). Este libro también ha sido publicado con el título *The Hidden Art of Homemaking: Creative Ideas for Enriching Everyday Life.*

18. La consumación del Reino

Epígrafe: G. B. Caird, *A Commentary on the Revelation of St. John the Divine* (New York: Harper & Row, 1966), 279–80.

1. *Enhanced Strong's Lexicon*, s.v. «idou.»
2. Mt 28:18; Ap 17:14; 19:16.
3. Mt 1:22–23.
4. Gn 12:3; 18:18; 22:18; 26:4; 28:14; Sal 72:17; Hch 3:25.
5. Is 60:11; 62:10; Ap 21:25.
6. Is 2:4
7. Gn 1:3.
8. Gn 1:14–19.
9. Nm 14:21; Neh 9:5; Sal 72:19; Is 6:3; Mal 1:11; Mt 6:10 (el cumplimiento de «venga tu reino, hágase tu voluntad en la tierra como en el cielo»); Ap 5:13.
10. Zac 2:4–5; 14:6–7; Is 60:19–20; Ap 21:11, 23; 22:5.
11. Is 2:5; 55:5; 60:3; 62:1–3; 66:18–20; Ap 21:24.
12. Is 2:2–5; 11:6–9; 25:6–9; 61:2–3; 65:18–19; Jer 31:13; Os 13:14; 1 Co 15:26, 54–58; Ap 20:14; 22:3.
13. La palabra hebrea *yada*, «conocer», no sólo significa tener conocimiento acerca de algo (p. ej., conocimiento acerca de Dios) sino conocer algo o a una persona

íntimamente (Éx 33:13, 17; Is 43:10; 53:11; Jer 9:23–24). El equivalente griego en el Nuevo Testamento es *ginosko* (Jn 17:3; Fil 3:7–10; 2 P 1:3). Hemos de conocer el amor, la bondad y la belleza, la compasión y la veracidad de Dios, y también disfrutar de su presencia y comprometernos con Él en su misión.

14. Sal 22:27; Is 45:22; 49:6, 12; Zac 2:11; 8:22–23; Ro 15:10–12.
15. Ef 2:11–22.
16. *Strong's Enhanced Lexicon*, s.v. «yalad.»
17. Is 26:2; 35:8; Mt 13:41–43; Ef 5:5; Ap 22:14.
18. Sal 47:1–7; 67:3; 86:9; 102:15; 148:7, 11–14; Is 24:15–16; 42:10–12; Ap 7:9–10; 15:4.
19. Sal 46:4; 84:6; Ap 7:17.
20. Sal 45:10–16; Mt 22:2; 25:1–10; Ef 5:32; Ap 19:6–10.
21. Gn 24:10.
22. Éx 25:1–8.
23. 1 R 10:1–13.
24. Mt 2:2.
25. Mt 2:11.
26. W. E. Vine, *Diccionario Expositivo de Palabras del Antiguo y Nuevo Testamento exhaustivo de Vine* (Nelson, Nashville, TN, 2007)
27. Véase también Mal 3:2–4.
28. *Dictionary of Biblical Languages with Semantic Domains: Hebrew (Old Testament)*, s.v. «sarar.»
29. Ap 19:6–10.
30. Ap 21:1–4.
31. Sal 72:10–11; 86:9; Is 35:2; 56:7; 60:5–13; 66:11–12; Ez 7:27.
32. Richard J. Mouw, *When the Kings Come Marching In: Isaiah and the New Jerusalem* (Grand Rapids: Eerdmans, 2002), 108.
33. Anthony Hoekema, *The Bible and the Future* (Grand Rapids: Eerdmans, 1994), 286.
34. Is 60:5–9, 13.
35. G. B. Caird, citado por D. B. Hegeman en *Plowing in Hope: Towards a Biblical Theology of Culture,* 2nd ed. (Moscow, Idaho: Canon Press, 2007), 90–91.
36. La expresión latina *coram Deo,* «ante el rostro de Dios», nos recuerda que hemos de vivir continuamente conscientes de la presencia de Dios.
37. La Biblia utiliza la expresión «esposa de Cristo» como metáfora, tanto para la iglesia como para la Nueva Jerusalén. Pablo compara la unión de Cristo y la iglesia con la del marido y su mujer (Ef 5:22–33). San Juan, autor del libro de Apocalipsis, denomina a la esposa de Cristo Nueva Jerusalén (Ap 21:2, 9–10) y dice que ella viste lino fino, es decir, está ataviada con los actos de justicia del pueblo de Dios (Ap 19:7–8).
38. Dos libros populares y recientes, escritos por analistas de la cultura occidental, abordan el futuro con pesimismo: *After America: Getting Ready for*

Armageddon, de Mark Stey, y *Suicide of a Superpower: Will America Survive Until 2025?,* de Patrick J. Buchanan. Ninguno de los dos autores aprecia realmente la realidad del *Christus Victor.*

39. Ro 8:17–18; 2 Co 1:5–7; 4:10; Fil 3:10; 2 Ti 2:12; 1 P 2:21; 4:13.
40. Mt 16:18.

ÍNDICE TEMÁTICO Y ONOMÁSTICO

ÍNDICE DE TEXTOS BÍBLICOS

Antiguo Testamento

Nuevo Testamento

ACERCA DEL AUTOR

Darrow L. Miller ha sido más de treinta años un popular orador que diserta sobre temas como el cristianismo y la cultura, apologética, cosmovisión, pobreza y la dignidad de la mujer. Ha viajado e impartido conferencias en setenta países, y sus libros y publicaciones han sido traducidos en veinte idiomas.

Darrow obtuvo una licenciatura en educación superior para adultos y cursó estudios de posgrado en filosofía, teología, apologética cristiana, estudios bíblicos y misiones. Él y su esposa. Marilyn, cursaron estudios en el Institute for Holy Land Studies en Jerusalén y estudiaron y trabajaron con Francis y Edith Schaeffer en L'Abri Fellowship, Suiza, de 1969 a 1971.

Darrow fue vicepresidente de la Fundación Contra el Hambre Internacional (FHI) en los departamentos de reclutamiento, desarrollo de personal y creación de currículos sobre cosmovisión y desarrollo. Durante su periodo de servicio en la FHI, el Dr. Bob Moffitt y él fundaron la Disciple Nations Alliance (Alianza para el Discipulado de las Naciones) (DNA). La DNA es una organización no lucrativa que trata de propagar una escuela de pensamiento —o si se prefiere, un virus— a través de la enseñanza, la publicación y la tutoría. La red global DNA abarca organizaciones similares, con personal destacado en sesenta países, cuya misión consiste en «equipar a la iglesia para transformar el mundo».

Darrow y su esposa Marilyn residen en Blue Ridge, Arizona. Tienen cuatro hijos y trece nietos.